지적 장애와
자폐 아동을 위한

집중적
상호작용
핸드북 원서 **2**판

Dave Hewett 편저

이경아 · 김희영 · 안유인 공역

The Intensive
Interaction Handbook,
Second Edition

학지사

The Intensive Interaction Handbook, Second Edition
by Dave Hewett

이 책을 Penny Lacey의 삶과 작업에 대한 기억에 바치고,
내 마음속에 영원히, JA

'집중적 상호작용'은 발달 초기 단계와 이후 발달 단계에서 의사소통의 어려움이 있는 자폐인들에게 기본적인 의사소통 방법을 가르칠 수 있는 치료법 중 하나입니다. 자폐인과 대화상대자 간의 교감을 바탕으로 타인에 대한 집중력을 높이고, 나아가 대화에 참여하는 자폐인이 먼저 상호작용을 시작하도록 유도하는 데 주안점을 두고 있습니다.

지적 장애와 자폐를 가진 자녀를 둔 부모나 조력, 지원하는 선생님들은 언제나 의사소통 습득과 말과 글 배움에 집중합니다. 말할 수 있고 상호작용이 가능하다면, 훨씬 더 많은 부분에서 다른 사람들과 소통할 수 있게 되고 '정상적인' 발달을 이룰 것으로 기대하기 때문입니다. 저는 자폐를 가진 제 아들을 이해하고자 특수교육을 공부하였습니다. 발달적 측면에서 상호작용, 의사소통, 언어 습득, 사회적 맥락의 이해와 적응적 행동이 지적 장애와 자폐인들에게 정말 필요한 교육이라는 점을 배웠습니다. 가족과 학교, 지역사회 상담 분야에서 주변의 관심과 긍정적인 배움의 경험이 발달장애인에게 꾸준히 제공되어야 한다는 것을 알게 되었습니다.

일반적인 발달을 보이는 아이들은 체계적인 집중학습 없이도 숨을 쉬는 것만큼 자연스럽게 상호작용과 의사소통을 배워 나갑니다. 그에 비하여 발달장애인들은 자신의 생활연령 기준을 점차 따라가지 못하고, 어린 단계에 머물거나 아주 독특하고 유별난 모습으로 자라납니다. 부모들은 자녀와의 상호작용에 유능하면 자녀의 느린 발달이 개선될 것이라고 기대합니다. 하지만 가끔은 아무리 애를 써도 성인기에 정상발달이라고 부르는 수준에 도달하지 못하고, 인지 수준이 자신의 장애를 아는 정도에 이를 때 공격성이나 위축이 더 커져 가는 모습을 보게 됩니다. 말과 글을 습득할 수 있도록 돕는 다양한 의사소통 지도, 사회적 기술 훈련들은 해답을 가지고 있을까요?

제가 분명히 아는 것은 주변의 보다 많은 사람과 상호작용을 빈번하게 성공적으로 유지하는 것이 발달장애인들의 성장과 삶에 크게 도움이 된다는 사실입니다. 조금 더 강조하고 싶은 것은, 도움이 되는 상호작용은 무엇보다도 긍정적이고 우호적인 관계 안에서 이루어지는 것이라는 점입니다. 현장에서 다양한 치료 영역과 복지, 의료 영역 종사자들을 만나고 발달장애인들에 대해 설명하고 부탁하려고 애써 왔습니다. 현장의 교육과 치료 상황은 제가 어린아이를 키울 때와 비겨 볼 때 많이 좋아졌습니다. 그래도 여전히 아쉬운 점이 많습니다. 계획적이고 전문적인 제안이 지나치게 중시되는 현재의 방식이 가장 걱정됩니다. 의사소통도 상호작용도 결국 사람 간의 관계와 신뢰에 기본을 두어야 하는데 어쩐지 본질보다 틀이 강조되어 버린 느낌입니다. 특히 재활사와 사회복지사 그리고 그 외 여러 지원 인력이 '발달장애의 이해' '발달장애인과의 의사소통'을 배우고 있습니다만, 장애 영역과 특수교육에 대해 배우지 않았다는 이유로 전문성을 인정받지 못하고 자신의 역할 안에서 발달장애를 가진 개인과 '만나는' 방식에 대해 혼란을 가지는 것이 안타깝습니다.

이 책을 번역하게 된 것은 제가 2018년 6월 영국 런던에서 열린 오티즘 쇼 인 런던^{Autism Show in London} 행사장을 방문하여 데이브 휴이트의 강연을 들었던 작은 경험으로부터 시작되었습니다. 한국에서는 들어 본 적 없는 낯선 이론과 실제에 대한 강연이라 호기심에 참여하였는데, 교사와 특수교사, 부모 그리고 관련된 치료사와 사회복지사들로 큰 강의장이 발 디딜 틈 없이 꽉 차 있었습니다. 휴이트의 강연은 상호작용의 개념과 확장에 대한 도식, 비디오 클립을 통해 수집된 상호작용의 실제 영상들과 이를 기록한 결과 보고서를 중심으로 현장 교육의 경험을 나누는 방식으로 진행되었습니다. 제게는 데이브 휴이트가 플로어에 모인 교사들과 관련 종사자들의 질문에 전혀 주저함 없이 자폐인과의 상호작용, 의사소통을 격려한 점이 인상적이었습니다. '어려운 일' '불가능하다' '당신은 전문가가 아니다' 등의 사전 한계 없이 구체적으로 변화 가능한 교육적인 방법을 쉽게 제시하는 태도가 마음에 들었습니다. 이들은 발달장애인과의 상호작용과 의사소통에 대한 핵심을 분명 알고 있었던 겁니다! 당시 현지에서 몇 달간 진행되는 수련 과정에는 참여할 수 없었으나 현장에서 구매한 책과 온라인에서 검색할 수 있는 비디오클립을 구해서 한국에 돌아왔습니다.

　앞서 말씀드린 것처럼 부모이며 특수교육, 학교 적응, 가족 상담 영역의 전문가로서, 이 책을 통해서 제가 알고 있던 것을 다른 이들과 나눌 수 있을 것 같았습니다. 하지만 책을 번역하는 과정에서 내용의 범위가 매우 넓어서 번역이 쉽지 않았습니다. 발달과 언어 영역의 전문가가 깨달은 자기영역의 말로 내용을 설명하고 공유지식을 나누는 것이 중요하다는 것을 알게 되었습니다. 그래서 책의 내용을 함께 안내할 분으로 언어재활 영역에서 발달 지연으로 인한 말·언어 습득 지연을 오래 가르쳐 온 김희영 선생님께 도움을 청했습니다. 그리고 말하듯 쓰인 이 책의 특성상 영국과 한국의 문화 차이로 인한 문장의 어색함을 잘 다듬어 줄 안유인 선생님의 도움을 받게 되었습니다.

　모두 자신이 맡은 다른 일들을 하며 이어 간 번역 작업이라는 점, 상호작용과 발달, 의사소통에 대하여 거의 새로 배워 가다시피 하며 이어 간 번역 작업이라는 점과 코로나라는 특수 상황이 이 책의 늦은 완성을 변명할 이유가 될 수 있을지 모르겠습니다. 김희영 선생님의 말씀으로는, 언어재활사의 말·언어 기반 치료 작업 이전에 이루어져야 할 기본적 상호작용에 대해 많이 배웠다 하셨고, 저는 경험적인 작업을 하면서도 이론적 틀을 고려하며 핵심적인 사항을 기록하고 진전을 함께 고민하는 팀 작업 체계에 대해 많이 배웠습니다. 궁극적으로는 이 작업을 함께해 온 우리 모두가 일방적인 대화상대자의 가르침을 전달하는 것이 아니라, 아동 혹은 성인 발달장애인이 가지고 있는 독특한 상호작용 방식과 흥미를 기반으로 역동적이고 현상학적인 교육적 배움의 장면을 구축하고 확장하는 방식을 알게 되었다고 생각합니다. 이 책을 읽으시는 분들도 자신이 만나고 있는 발달장애를 가진 아이들과의 상호작용, 의사소통에서 만남의 순간들을 포착하여 대화의 주도권과 관계의 힘을 상대방에게 '다시 돌려주는' 발상의 전환을 책 안에서 발견하게 될 것입니다.

　긴 기간 동안 기다려 주신 학지사 출판사와 꼼꼼하게 교정을 봐주신 교정팀께 깊은 감사를 드립니다.

　현장의 발달장애 아동과 성인들을 떠올립니다. 부모님과 만나는 모든 이를 생각해 봅니다. 미약한 시도입니다만, 상호작용과 의사소통의 가능성을 믿고 진정으로 마음을 다해 서로 만나고 좋은 관계를 맺어 가는 일에 도움이 되기를 바랍니다.

역자 대표

집중적 상호작용 온라인 커뮤니티 참여

집중적 상호작용 접근법은 활성화된 온라인 커뮤니티에 의해 지지를 받고 있다. 이는 커뮤니티가 그 구성원들을 뒷받침하기 위해 협력 공간을 제공하고 그 범위를 넓히기 위해 사용된다. 그리고 가장 최근의 집중적 상호작용 뉴스와 발전상을 최신 상태로 유지하도록 도움을 준다.

다음을 통해 커뮤니티를 찾아보자.

▶▶ THE INTENSIVE INTERACTION INSTITUTE WEBSITE
www. intensiveinteraction.org

▶▶ 페이스북
The Intensive Interaction Users Group:
www.facebook.com/groups/13657123715

▶▶ Dave Hewett's personal page:
www.facebook.com/dave.hewett.71

▶▶ 유튜브

집중적 상호작용에 대한 비디오를 무료로 이용하려면 Dave Hewett Channel을 방문해 보라.

www.youtube.com/user/III209

▶▶ 트위터

@ii_intensive

#IntensiveInteraction

차례

─────────────── 제3부 ───────────────

이슈, 주제 및 커뮤니티

제**1**부

인간의 의사소통 및
집중적 상호작용의 배경

제**1**장

인간의 의사소통의
본질

데이브 휴이트

제1부 인간의 의사소통 및 집중적 상호작용의 배경

개요

- 우리는 어떻게 의사소통하는가?
- 의사소통의 문제가 우리 모두에게 어떻게 영향을 미치는가?

의사소통자(의사전달자)가 되는 것은 멋지지 않은가? 인간의 의사소통에 함께 참여하거나, 또는 다른 사람들이 하는 일을 지켜보는 것만으로도 훌륭한 일이라고 생각되지 않는가? 당신은 '사람들을 지켜보는 것'을 좋아하는가? 우리 대부분은 다른 사람들의 의사소통을 지켜보는 것을 매력적인 일이라고 생각한다. 그렇지 않은가?

당신이 인생에서 즐기면서 행한 모든 것에 대해 생각해 보자. 그렇다. 많을 것이다. 하지만 대부분의 우리에게 가장 좋은 것은 단지 다른 사람들과 함께 있고 수다를 떠는 것이라는 사실이 아닌가? 대부분의 사람은 매일 다른 사람과 함께 있고 수다를 떤다.

다음은 일반적인 의사소통에 관한 간략한 서문이다. 특별한 의사소통이 필요한 일부 사람들을 위한 의사소통 이슈(문제)들에 대해 구체적으로 생각하기 전에, 우리 모두에게 영향을 미치는 의사소통 이슈에 대해 잠시 생각하는 시간을 갖도록 하겠다.

우리 인간은 풍부하고 세련된 방법으로 의사소통을 하며, 그것은 지구상의 다른 종과 구별된다. 다른 동물들은 우리처럼 의사소통을 할 수가 없다. 인간은 믿기지 않을 정도로 정교한 언어를 사용하여 의사소통을 하며, 인간은 아마 다른 동물들보다 더 세밀하고 시각적인 의사소통자들일 것이다.

여러분은 앞으로 종종 '의사소통 채널communication channels'이라는 문구가 사용되는 것을 보게 될 것이다. 우리는 때때로 이 책에서 그 문구를 사용할 것이다. 그것은 유용하다. 인류는 다음과 같은 채널들을 통해서 의사소통한다.

- 소리sound: 말과 언어, 으르렁거리는 발성, 또한 다양한 다른 소음(소리)들로 의사소통을 할 수 있다—입술 핥기, 손뼉 치기, 발 구르기 등
- 시각vision: 상호 간의 신호를 읽기—얼굴 표정, 눈 맞춤, 제스처, 보디랭귀지, 사람으로부터 나오는 통제할 수 없는 무의식적인 시각적 정보
- 촉각touch: 신체 접촉—악수, 포옹, 쓰다듬기, 두드림, 토닥거림, 키스, 애무, 친밀한 피부 접촉 등
- 냄새smell: 우리는 서로를 통해 후각 정보를 얻는다. 예를 들어, 페로몬으로부터, 보통 무의식적인 수준의 정보를 얻는다. 우리는 포유류이다.

물론 인간과 다른 동물들과의 가장 분명한 차이점은 바로 언어의 발달이다. 앞서 언급

했듯이 인간은 매우 디테일한 방법의 언어를 통하여 의사소통을 할 수 있다. 대부분 말로 하지만 수어 사용자들은 유사한 복잡성similar complexity과 디테일로 표현을 한다.

[그림 1-1] 의사소통은 우선적(즉각적)이고 가장 즐겁다.

[그림 1-2] 눈 맞춤, 얼굴 표정 그리고 제스처는 말에 버금가게 중요하다.

사실, 우리 모두가 비록 수어 사용자가 아닌 경우라도 우리는 많은 시각적인 정보, 즉 일종의 시각적인 언어를 교환한다. 우리는 상호작용을 하면서 상대방으로부터 시각적인 정보를 얻기 위해 서로를 세밀히 관찰한다. 다음은 시각적인 정보들이다.

- 다양한 얼굴 표정: '섬세한 얼굴 표정'―눈 맞춤과 눈 맞춤 적응(조정)^{adjustments}(대부분 무의식적)
- 보디랭귀지 및 자세(둘 다 의도적이고 무의식적인)
- 제스처(둘 다 의도적이고 무의식적인)
- 근접성과 존재감 그리고 사람들이 신체적으로 서로 간에 익숙해지는 방식

사실, 이 분야를 연구하는 과학자들은 인간의 의사소통에서 시각적 의사소통이 무엇보다도 즉각적이라는 것을 종종 관찰할 수 있을 것이다. 그들은 우리의 의사소통의 90퍼센트가 비언어적이라고 추정한다. 그러므로 말^{speech}은 나머지 8~10퍼센트를 차지할 것이다. 말은 의사소통의 세부적인 의미에 '(약간의) 광택'을 입히는 것이다.

[그림 1-3] 대부분 인간의 의사소통은 즐거운 '수다(잡담)'이다.
그러나 모든 의사소통에서 우리는 서로를 시각적으로 세심하게 '읽는다'.

여러분은 앞의 목록에서 '비의식적인'이라는 문구가 사용된 것을 알게 될 것이다. 인간의 의사소통에 관한 연구에서 보면, 대면 의사소통을 할 때 우리의 능력이 얼마나 대단한지에 대한 인식이 점점 늘고 있다. 대화를 할 때 여러분이 경험하게 되는 과정에 대해 잠시 생각해 보자.

대화를 하는 중에는, 물론 교대로 말의 주고받음^{turn taking with speech}이 있게 된다. 그러나 그 말의 주고받음과 서로 간의 조화를 맞추기 위해서는 시각적인 신호(시그널)로 서로 '신호^{cue}'를 주고, '이해하고(조율하고)^{tune in}' 그리고 그 신호를 성공적으로 읽어 내야 한

다. 그렇게 하지 않으면 대화는 엉망이 될 것이다.

더 나아가, 의사소통을 하는 사람들은 서로 간 일종의 심리적·감정적 '이해(조율)^{tuned} ^{innes}'에 도달한다. 각 사람들은 상대방의 얼굴을 시시각각으로 세심히 훑어본다. 이는 상대방이 무엇을 생각하고 느끼는지에 대해 일반적인 이해를 도울 수 있는 시각적 정보의 작은 파편이라도 얻기 위함이다. 당신은 상대방에 대해 귀로 듣고 있을 뿐만 아니라 눈으로도 '듣고 있다'.

눈 맞춤의 퀄리티는 매우 중요하다(우리는 일반적으로 아무 눈길도 받지 못하는 것을 불편하게 생각한다). 그러나 너무 오래 눈을 맞추지 않는 것도 매우 중요하다(오랜 시간의 직설적인 눈 맞춤은 포유동물들에게 공격적일 수 있다는 신호로 해석되기도 한다). 영국 문화에서는, 대화 중에 눈을 맞추는 것은 시선이 떠났다가 돌아오는 찰나의 순간으로 본다.

그러나 어떤 사람이 길게 말을 하고 있으면 지속적으로 그를 바라보는 것을 우리는 받아들일 수 있다.

서로 시각적으로 '읽는' 능력은 매우 빠르게 일어난다. 몇몇 약간의 경우, 그것은 의식적인 조작^{operation}이다. 대부분의 경우는 무의식적인 수준의 인지로 다루어진다. 이렇게 많은 양의 정보를 다루는 뇌의 처리 능력은 무의식적일 때 더 잘 조작된다. 그 정보에서 나온 결론들은 그 대상$^{other\ person}$의 상태에 대한 직관적인 통찰처럼 느껴지는 것으로 상대방의 의식에 빨리 피드백된다. 우리는 그것을 '자동 인지 과정$^{automatic\ cognitive\ processes}$'이라 부른다. 만약 여러분이 이에 대해 한 번도 생각해 보지 않았다면, 인간의 의사소통은 여러분의 생각보다 더 복잡한 것으로 되어 버릴 수 있다. 그렇지 않은가?

한편, 이 모든 것은 왜 우리가 사람들을 바라보는 것을 이리도 좋아하는지에 대한 한 가지 설명이 될 것이다. 우리는 시각적인 숙련자이므로 다른 사람들을 단지 보는 것만으로도 그들에 대한 흥미로운 정보의 파편을 쉽게 얻을 수 있다.

사람들이 신체적 접촉 정보를 사용하는 정도는 다양한 요인에 따라 다르다.

관계의 본질 그리고 서로를 얼마나 잘 아는지가 중요한 요인이다. 다른 또 하나의 요인은 문화이다. 그래서 서로 다른 문화를 가진 사람들 간의 신체적인 접촉 소통의 차이점을 관찰하는 많은 연구가 있다. 우리는 모두 이에 대한 개인적인 경험을 가져야 한다. 일반적으로 전통적인 영국 백인 사회는 접촉 소통$^{touch\ communication}$이 다른 문화와 국가에서처럼 자주 집중적으로 사용되지 않는 사회라고 관찰되었다.

이러한 이슈들은 아귈(Argyle, 1969), 몬타규(Montagu, 1986) 그리고 필드(Field, 2001)

('추가 읽기 및 자료' 참조)의 책에서 설명하고 분석하였다.

그러나 우리 모두는 풍부하게 아름다운 따뜻한 신체 접촉이 아기들의 발달과 웰빙에 절대적으로 중요하다는 것을 알고 있다. 사실, 그것은 연령에 상관없이 발달의 초기 단계에 있는 사람들에게 해당되는 경우이다. 의사소통과 접촉과의 관계는 그들에게 매우 중요하다. 이 책의 주제는 상호작용에 있어서 신체적인 접촉의 사용이다. 집중적 상호작용 활동은 이 채널을 통해 긍정적으로 사용될 수 있다. 신체 접촉의 문제가 우리의 작업에서 '어려움'으로 나타나는데, 이는 12장에서 다룰 것이다.

그러나 다시 구어^{spoken language}로 돌아가 보자. 말을 통한 소통은 물론 매우 중요하다. 그것은 인류로 하여금 차별화되고 복잡한 방식으로 일을 할 수 있게 하였다. 우리는 말과 언어^{speech and language}로 대화할 수 있고, 책을 쓸 수 있고, 사회, 문화, 역사, 정부, 교육, 유럽연방(EU), 유엔(UN), 세계은행, 도시, 자동차, 우주로켓 등을 가질 수 있다. 그러나 이와 같은 일을 할 수 있는 능력이 인간의 의사소통의 목적도 아니고 주된 기능도 아니라고 생각하는 사람들이 있다. 의사소통은 이러한 모든 요구를 충족시키는 것으로 보인다(Adler & Rodman, 2009: 6-8).

신체적 요구

의사소통은 신체적 건강에 필수적이기 때문에 매우 중요하다. 사실, 만족스러운 의사소통의 부재는 삶 자체를 위기에 빠트릴 수 있다는 증거가 있다 …… 개인적인 의사소통은 우리의 행복을 위해 필수적인 것이다.

정체성 요구

의사소통은 우리로 하여금 생존할 수 있게 하는 것 이상의 역할을 한다. 그것은 정말 유일한 방법이다—우리는 우리가 누구인지 배운다 …… 우리의 정체성은 다른 사람과의 상호작용을 하는 방식으로부터 생겨난다.

사회적 요구

'기쁨' '애정' '포용' '도피' '여유' '통제'가 포함된다. 그리고 '이러한 요구들이 충족되지 않았을 때 당신의 삶이 얼마나 공허해질 것인가를 상상'해 보자.

현실적 요구

일상의 중요 기능들. 예를 들어 미용사에게 옆머리를 조금 잘라 달라고 말할 수 있고, 의사에게 어느 부위가 아픈지 짚어 줄 수 있는 도구가 된다.

로빈 던바(Robin Dunbar, 1996)가 저술한 흥미로운 책에서('추가 읽기 및 자료' 참조), 그는 인간 의사소통의 첫 번째 기능은 사회적 가십social gossip이라고 제안한다. 이것은 인간에게 있어서 침팬지들과 고릴라들이 서로의 털을 손질하며 사교socialising하는 것과 상응하는 바이다. 그의 연구는 말하기 시간의 65퍼센트 이상이 이런저런 사회적 주제를 차지하고 있다는 것을 보여 준다.

사실, 여러분 자신의 매일의 의사소통에 대해 생각해 보도록 하자. 구체적 산물, 결과를 가지고 중요성을 띠는 것이 과연 얼마나 될까? 물론 많은 경우 그러할 것이고, 일부의 결과물은 성취하는 것이 매우 중요한 일이 된다. 즉, "설탕 두 개 주세요."라는 말을 성공적으로 전달하는 것은 매우 중요하다.

그러나 우리가 주고받는 대부분의 의사소통은 구체적인 산물이나 결과를 내지 않는다. 그들 대부분은 보아하니 소용없고 의미 없고 상대와의 허풍일 뿐이다.

- "다시 밝아졌죠?"
- "어젯밤에 그것을 보았나요?"
- "아니요, 그에게 투표하지 않았어요, 그의 탱고를 좋아하지 않아요."
- "저 화장실 좀 다녀올게요.I'm just off to the loo"
- "아이린이 무엇을 하였는지 들었나요?"
- "우리는 주말에 사파리 공원에 갔었어요."
- "어떻게 지내세요?"

왜 우리는 서로 이런 말들을 할까? 왜냐하면 인간의 원초적인 욕구는 단지 사회적이되기 위함이기에, 사회적이 되기 위해서이다. 우리가 이렇게 하면, 의사소통을 통해 앞에 열거된 인간의 깊은 요구들이 충족되는 것이다. 이러한 형태의 잡담(수다) 의사소통은 '사교적 의사소통'으로 간주될 수 있다.

집중적 상호작용은 사람들로 하여금 이러한 소통능력을 발전시키는 데 도움을 준다.

첫째, 인간의 깊은 욕구를 충족시키기 위해 의사소통을 하고 사회성을 갖추는 기본적인 인간의 욕구가 있다. 그리고 또한, 사람들은 말과 언어의 발달을 포함한 구체적인 의사소통을 개발하고 발전시킬 것이다. 각 개인이 이룰 수 있는 진전의 정도는 사람마다 크게 다를 것이다.

이제 이 책 전반에 걸쳐 다루어질 주제에 대해 다시 상기시키며 이 장을 끝내고자 한다. 의사소통은 여기서 강조했던 모든 종류의 기능을 하게 된다. 그러나 첫 번째는 그것이 즐겁고, 흥미롭고, 훌륭하고 관계를 가능케 하는 것이어야 한다. 그것이 바로 의사소통자가 되는 주된 이유이다.

📖 추가 읽기 및 자료

Adler, R. B., & Rodman, G. (2009). *Understanding Human Communication* (10th edn). New York: Oxford University Press.

Argyle, M. (1969). *Social Interaction*. London: Methuen.

Dunbar, R. (1996). *Grooming, Gossip and the Evolution of Language*. London: Faber and Faber.

Field, T. (2001). *Touch*. Cambridge, MA: MIT.

Hewett, D. (2011). Blind frogs, the nature of human communication and Intensive Interaction. In D. Hewett (ed.), *Intensive Interaction: Theoretical Perspectives*. London: Sage.

Lakin, J. L. (2006). Automatic cognitive processes and nonverbal communication. In V. Manusov, & M. L. Patterson (eds)., *The Sage Handbook of Nonverbal Communication*. Thousand Oaks, CA: Sage.

Montagu, A. (1986). *Touching: The Human Significance of the Skin*. New York: Harper and Row.

Senft, G. (2009). Phatic communion. In G. Senft, J.-O. Östman, & J. Verschueren (eds)., *Culture and Language Use*. Amsterdam: John Benjamins.

🔖 관련 온라인 자료 웹링크는 pp. 9-10 참조.

집중적 상호작용의 배경

그래함 퍼스, 줄스 맥킴

개요

- 집중적 상호작용의 역사
  - 1980년대–집중적 상호작용의 시작
  - 1990년대–계속 진행
  - 2000–2010–새천년
  - 미래로–2010년 이후
- 집중적 상호작용이란 무엇인가?
- 누구를 위한 집중적 상호작용인가?
- 집중적 상호작용은 무엇을 가르치는가?–의사소통의 기본 원칙
  fundamentals of communication
- 우리 서비스에서의 커뮤니케이션 업무 특성

1. 집중적 상호작용의 역사

1980년대–집중적 상호작용의 시작

1980년대 초기에 '집중적 상호작용'이라 불리게 되는 접근법은 하퍼베리 병원 학교 Harperbury Hospital School의 교수진에 의해 개발된 것으로, 그 당시 '심각한 정신적 장애'로 분류되던 사람들을 위한 교수법(교육 접근법teaching approach)이다.

집중적 상호작용의 초기 개발 작업은 심각한 중증 학습 장애를 가진 학생들(지적장애 학생)을 위한 행동 수정 기법을 적용하는 데 있어서 교수진의 일반적인 거부rejection의 결과로 일부에서 이루어졌다. 행동–연구 방법은 교수진들의 교수법을 발전시키기 위한 방법을 찾는 것을 돕기 위해 스태프들에 의해 사용되었다.

집중적 상호작용 이전

1970년대 이전의 심각한 중증 학습 장애를 가진 아동들은 공식적으로 교육을 받을 수 없다고 간주되었다. 1970년 이후에 교육(장애아동)법에 의해 모든 아동에게 교육을 받을 수 있는 법적 자격이 주어졌다.

이 시기에는 심각하거나 극심한 다중 학습 장애를 가진 학생들을 위한 주된 교습법은 행동심리학에 기반을 두었고, 행동 수정 기술behavior modification techniques이 널리 사용되었다.

그 후 '영유아–보호자' 상호작용에 대한 학문적 관심이 증가하기 시작했고, 마침내 이러한 자연스러운 의사소통과 관계 구축에 대한 교육적 관심이 세워지게 되었다.

가장 저명한 당시 교사 대표인 데이브 휴이트(Dave Hewett)와 멜라니 닌드(Melanie Nind, 1985년에 팀에 합류한 역동적인 젊은 교사)를 비롯한 교직원 팀은 학생들이 '기본적인 의사소통' 능력을 배우고 더 발전시킬 수 있도록 어떻게 도움을 줄 수 있는지에 대해 생각하기 시작했다(Nind & Hewett, 1994). 행동 연구 과정Action research process의 초기 단계에서, 적절한 의사소통 환경Appropriate Communication Environment: ACE을 만들자는 아이디어가 등장했다. 이 ACE 아이디어는 장난기 많고 편안한 마음으로 자연스럽게 학습자와의 의사소통 교육에 참여해야 하는 중요한 필요조건으로 인식되었다. 하퍼베리 직원들은 그들의 작업을 필름에 담기 위해 비디오(처음에는 상업적으로 이용 가능한 캠코더, 파나소닉M1)를 사용하기 시작했다. 직원들은 초기의 ACE 상호작용 필름을 되돌아보며 상호작용에서 무슨 일들이 벌어졌는지 또 누가 무엇을 언제 하고 있었는지를 분석하는 데 사용하였다(당시에는 혁신적인 변화였다!).

동시에 임상심리학자인 제랜트 에브라임 박사(Dr. Geraint Ephraim)는 하퍼베리 팀과 비슷한 아이디어를 가지고 있었고 자신의 접근 방식을 '증강된 모성augmented mothering'으로 특정 지었다. 에브라임 박사의 연구가 그들 자신이 하는 것과 비슷해 보였기 때문에 하퍼베리 직원 중 일부는 그를 만났고, 그는 그들이 계속 연구할 것과 '부모-영유아'나 '영유아-보호자' 상호작용에 대해 더 많이 읽어 볼 것을 격려했다.

1986년까지 하퍼베리 팀은 '집중적 상호작용'이라 불리는 그들의 접근 방식이 충분히 개발되고 정의되어 다른 관심 있는 사람들에게 효과적으로 소통될 수 있다고 느꼈다. 1987년에 닌드와 휴이트는 버밍엄에서 열린 회의에서 '심각한 학습 장애를 가진 아이들의 교육에 대한 상호적인 접근법'이라는 자신들의 연구를 발표했다. 집중적 상호작용에 대해서는 영국 『특수교육 저널』(1988년 6월)의 '커리큘럼으로서의 상호작용'이라는 기사로 처음 알려졌고 이는 많은 관심을 불러일으켰다. 데이브 휴이트와 멜라니 닌드가 여러 콘퍼런스에 초청되어 영국 전역의 스태프 팀에 강연과 교육 세션을 제공하면서 일반적으로 실무자 주도의 집중적 상호작용의 전파(보급/확산), 즉 '상향 전파'가 시작되었다.

1990년대-계속 진행

1990년대에 영국 전역의 서비스와 학교에서는 집중적인 상호작용의 점진적인 전파(보급)가 계속되었다. 이 과정은 개인에 기초한 각 사람들의 요구에 맞춰진 '사람 중심' 관리의 관점이 점차 수용되면서 이루어졌다. 집중적 상호작용을 이전에는 접근 방식으로 사용하는 것을 고려하지 않았던 일부 서비스(기구)에서도 이를 보다 적절하게 수용하게 되었다.

닌드와 휴이트가 연구를 마친 후 1994년 집중적 상호작용의 첫 번째 책인 『의사소통에 대한 접근(Access to Communication)』이 출판되었다. 이 책이 출간된 후, 집중적 상호작용은 영국 전역의 특수 학교에서 점점 더 인정받게 되었다. 그것은 또한 성인 서비스에도 널리 퍼지기 시작했다. 또한 이 시기에 휴이트가 네덜란드를 방문하면서 이 접근 방식에 대한 국제적인 관심이 시작되었다.

1990년대에는 학습 장애와 특수교육 저널에서 최초의 집중적 상호작용 연구 논문이 한층 학문적인 형식으로 발표되기 시작했다. 이 연구자료 출판물은 집중적 상호작용의 유익한 결과에 대한 주장을 뒷받침하며 과학적 증거를 다수 제공했다. 이러한 집중적 상호작용 연구는 어린이와 성인 모두를 대상으로 이루어졌다.

1996년에 피비 콜드웰(Phoebe Caldwell)은 '상호적 접근법'을 사용한 자신의 연구를 서술한 『Getting in touch』를 출판하였다. 이 책에서 그녀는 자신의 작업과 집중적 상호작용의 몇 가지 유사점을 밝혔다.

1998년 두번째 집중적 상호작용 책인 『행동에서의 상호작용: 집중적 상호작용 사용에 대한 숙고(Interaction in Action: Reflections on the use of Intensive Interaction)』가 출판되었다. 이 책에는 부모, 보호자 및 전문가들이 집중적 상호작용을 사용하는 일상적인 작업에 대한 내용이 포함된 장이 있다. 이 책은 접근 방법의 목적과 실질적 적용에 대해 명확히 설명하였고 집중적 상호작용의 다중 영역의(다양한) 관점을 제공하였다.

2000-2010-새천년

2000년 이후 집중적 상호작용은 데이브 휴이트가 영국 제도 전역에서 아낌없는 보급(전파)과 지원 작업을 계속하면서 영국 전역의 학교와 서비스에 훨씬 더 널리 퍼지기 시작했다.(비록 접근 방식이 알려지지 않은 일부 서비스도 있지만) 또한 집중적 상호작용에 대한 관심은 전 세계 많은 국가에서 계속해서 발전했다.

새천년 초기에 다양한 분야의 현역 실무자(전문가: 교사, 심리학자 및 말-언어치료사 포함)들이 점점 더 집중적 상호작용을 유의미하게 진전시킨 연구자료와 중요한 위치를 차지하는 논문들을 펴내고 출간하였다. 이 접근 방식이 점점 더 인정받고 실행되면서 2002년 데이브 휴이트와 캐스 어빈(Cath Irvine: Somerset, UK의 전문 말-언어치료사)은 첫 번째 영국 집중적 상호작용 콘퍼런스를 조직했다. 이 영향력이 크고 고무적인 콘퍼런스(회의)에는 200명이 넘는 대표자들이 참석하여 버밍엄 대학교에서 이틀 동안 개최되었다.

집중적 상호작용 콘퍼런스(회의)는 이제 영국에서 연례 행사가 되었다. 이 콘퍼런스는 광범위한 집중적 상호작용의 현역 실무자, 지지자, 전문가, 부모 및 연구자에게 격려와 지원 플랫폼을 제공하며, 수백 명의 대표자들에게는 그들 자신의 경험과 통찰을 전달한다.

2003년까지 접근 방법의 보급(전파)은 더 조직적이고 광범위해지기 시작했다. 그해에, [그림 2-1]에 설명되어 있는(자세한 내용은 13장 참조) 첫 잠정적(시험적) 이슈로 리즈 정신건강 NHS 트러스트Leeds Mental Health NHS Trust에 의해 UK 집중적 상호작용 뉴스레터가 발간되었다.

이 책의 표지에서 볼 수 있듯이, 첫 번째 이슈는 리즈 지역에 관련된 지역 집중적 상호작용 뉴스에 관한 것이었지만 그 이후로는 전국적으로, 심지어는 국제적인 성격을 띠게 되었다.

또한 2003년에는 디지털 시대로 접어들기 시작했고, 집중적 상호작용은 온라인으로 이어졌다. 데이브 휴이트에 의해 공식 집중적 상호작용 웹사이트인 www.intensiveinteraction.co.uk(현재 www.intensiveinteraction.org)가 만들어졌다(자세한 내용은 13장 참조).

2006년에 데이브 휴이트에 의해 집중적 상호작용 DVD가 제작되었다. 실무자들이 특수 학교 아동들 및 주거와 주간 서비스residential and day services 소속 성인들에게 적용된 다수의 상황(맥락)들을 조명한 집중적 상호작용 세션의 장면들이 이 DVD에 포함되어 있다.

데이브 휴이트, 캐스 어빈과 그래함 퍼스(Graham Firth)가 처음으로 함께 작업한 해도 2006년이었으며, 이는 그로부터 집중적 상호작용 연구소의 설립으로 이어지는 길이 되었다. 다른 많은 사람의 도움을 받아, 그들은 연구소의 목적을 명확히 하기 위해 노력하였다. 그들은 다음과 같이 사명 선언mission statement을 천명하였다. '집중적 상호작용의 이론과 실천을 지속적으로 정의하고, 개발하고, 보급(전파)하는 것'.

2008년에 브리즈번에서 첫 번째 호주 집중적 상호작용 콘퍼런스가 개최되면서 보다 실질적인 국제적 집중적 상호작용 국면이 시작되었다. 이 콘퍼런스는 특히 마크 바버(Mark Barber) 박사와 제인 윌리엄슨(Jane Williamson) 교사의 주목할 만한 연구와 밀접한 (연구에 의존하는) '호주 집중적 상호작용Intensive Interaction Australia'에 의해 조직되고 주최되었다.

1년 후, Intensive Interaction Australia는 마크 바버와 카린 보웬(Karryn Bowen)이 제작하고 출연하며, 교육에 중점을 둔 DVD인 Exploring the Envelope of Intensive Interaction(집중적 상호작용 봉투에 대한 탐구)을 출시했다. 이 DVD에는 호주 특수 학교의 아주 흥미롭고 재미있는 집중적 상호작용 장면들이 들어 있다.

영국에서, 캐스 어빈은 집중적 상호작용 실무자 및 코디네이터와 함께 집중적 상호작

집중적 상호작용 뉴스레터

2003년 9월

뉴스 요약:

–Helen Elford는 최근 프로젝트의 연구 조교로 임명되었다. 의심할 여지없는 재능이 있으며, 우리와 함께 일하게 된 그녀를 만나서 우리는 매우 운이 좋다고 생각한다.

–리즈 시의회의 학습 서비스 중 하나인 블렌하임(Blenheim) 센터는 현재 집중적 상호작용을 극심하고 다중의 학습 장애를 가진 학생들에게 확대 적용하고 있다.

–Dave Hewett은 최근 리즈에서 Trust's Children's Service의 직원들을 대상으로 교육을 진행했다.

데이브 휴이트

집중적 상호작용 연구 프로젝트가 시작에 가까워지고 있다 (더 일찍 했어야 하는게 아닌가, about time – ed!)

거의 모든 home managers를 만난 후, 집중적 상호작용 연구 프로젝트는 NHS 직원이 상주하며, 모든 세입자들이 사교성과 기본적인 의사소통 스킬을 증진하는 데 집중적 상호작용을 사용하고 있는 4개의 집을 확인했다.

이 집들은 모든 직원이 집중적 상호작용 사용에 대해 교육 및 지도 지원을 받게 될 것으로 예상되며, 사회복지 분야에서 이 접근법을 사용하는 데 성공과 도전, 그리고 실질적 어려움에 대해 프로젝트 팀에 증거를 제출할 기회가 제공될 것이다. 집중적 상호작용 사용의 잠재력에 대한 긍정적인 반응은 꽤 압도적이었지만, 안타깝게도 관리 직원의 수, 그리고 교육하는 것과 거의 60명의 직원으로부터 인터뷰 및 설문을 통해 증거를 수집하는 데 있어 현실적인 측면에서 단 4개의 집만 선정할 수 있었다.

이는 집중적 상호작용 사용에 대한 교육과 지원이 본인들에게 유익할 것이라고 느끼는 다른 모든 NHS 직원들에게는 제공되지 않는다는 것은 아니다. 연구 프로젝트 직원들과의 초기 작업이 끝나면, 그들은 보다 더 일반적으로 추가 교육 기회가 주어질 예정이다.

Inclusive Learning Service에서 Harvey and Debbie가 서로 눈을 마주치고 얼굴 표정을 주고받고 있다

이 프로젝트에서 데이브 휴이트

집중적 상호작용의 창시자 중 한 명인 Dave Hewett은 Leeds Mental Health Trust가 운영하는 현재 프로젝트에 대해 다음과 같이 말했다.

'지난 15년 동안 심각한 학습 장애 분야에서 활동하는 실무자들 사이에서 집중적 상호작용의 사용과 적용에 대한 인식이 꾸준히 증가하고 있다. 여기 또 다른 중요한 이정표milestone가 있다. 집중적 상호작용 프로젝트의 발견은 국가적으로 이익이 될 지식을 제공하며, 큰 의미를 가질 것으로 기대한다. 프로젝트 자체가 뉴스레터를 제작하는 것을 보는 것 또한 얼마나 고무적이고 희망찬가. 모두 Graham의 전화를 받아 더 많은 사람이 뉴스레터의 메일링 리스트에 올라가도록 하자. 이 접근법의 사용에 헌신하는 사람들을 위한 미래의 도전은 이 중요한 지식을 지속적으로 전파하는 것이며, 이것은 필요한 계획의 예시이다. Graham과 프로젝트 팀에게 행운을 빈다.

[그림 2–1] 집중적 상호작용 뉴스레터 이슈 1

용 연구소^{Intensive Interaction Institute}의 정신^{spirit}하에 가시적인 집중적 상호작용 '실무자 커뮤니티'를 조직하기 시작했다. 그녀는 영국 전역에서 새로 등장한 '집중적 상호작용 지역 지원 그룹' 육성을 제안하는 과정을 밟기 시작했다(자세한 내용은 13장 참조).

2009년 영국 정부가 정책 문서인 '사람들을 지금 가치 있게^{Valuing People Now: VPN}−학습 장애가 있는 사람들을 위한 새로운 3년 전략'을 출판했을 때, 중요한 집중적 상호작용 이정표가 세워졌다. 이 문서는 복잡한 요구^{complex needs}를 가진 사람들은 '의미 있는 양방향 의사소통을 촉진시키기 위한 시스템을 포함한 매우 개별적인 지원 패키지'를 가져야 한다고 명시했다(DoH, 2009: 37). 그리고 나서 이 문서는 다음 페이지 전체를 집중적인 상호작용에 대한 설명으로 채웠다. 그리고 집중적 상호작용이 주된 접근 방법으로 사용되어 복잡하고 극심한 학습 장애를 가진 모든 사람에게 공식적으로 적용되는 계기가 될 수 있도록 명시적으로 지지했다.

미래로−2010년 이후

집중적 상호작용은 이미 많은 사람에게 이해하기 쉬운 접근 방법을 제공하였고 그들이 함께 작업하는 방식, 이전에 사회적으로 고립되었던 사람들을 지원하는 방식을 변화시켰다. 집중적 상호작용은 광범위한 사람들, 즉 부모, 교사, 심리학자, 말−언어치료사, 직업 치료사, 음악 치료사 등 많은 사람에게 명확한 작업 근거를 제공했다.

그러나 미래의 접근 방식 과정은 틀림없이 과학적·문화적·정치적·경제적(몇 가지 아직 알려지지 않은 문제 포함) 이슈의 범위에 의해 영향을 받을 것이다. 그러나 집중적 상호작용의 추가적인 개발과 보급에서 무엇보다 중요한 요소는 이 접근 방법을 사용하는 개별 실무자의 지략, 에너지, 추진력이 될 것이다.

개별 실무자와 그들을 지지하고 격려하는 사람들이 집중적 상호작용을 더욱 발전시켜서 이미 수행된 초기의 중요한 작업의 기틀이 될 것이다. 따라서 집중적 상호작용의 역사는 개별적으로나 집단적으로 계속해서 진행될 것이며, 그 과정에서 가능한 한 모든 사람들이 제 역할을 할 수 있어야 한다.

가장 단순하게

가장 단순한 수준에서, 집중적 상호작용은 의사소통과 사회적 상호작용을 가능하게 하는 것을 목표로 하는 과정이다. 집중적 상호작용은 어떤 사람이 의사소통이나 사회적 장애로 인하여 이러한 과정들이 어렵다 할지라도 서로 간에 긍정적이고 친화적이 되게 하는 것이다.

집중적 상호작용은 일반적으로 더 숙련된 의사소통 파트너(이 책을 읽고 있는 당신일 수도 있다.)와 아직 의사소통과 사회적 상호작용에 참여하는 다양한 방법을 배우고 있는 신참emergent 의사소통자communicator 사이에서 발생한다. 그러한 '신참' 의사소통자는 대개 매우 심각한 학습 장애 또는 자폐증을 가진 사람일 것이다.

한편, 집중적 상호작용은 오늘날 여러 가지 다른 이유로 의사소통과 사교성에 어려움을 겪고 있을 수 있는 다른 그룹의 사람들과 함께 사용되고 있다.

2. 집중적 상호작용이란 무엇인가

근본적으로, 집중적 상호작용은 두 사람이 어울리기 위해 노력하는 과정이다. 두 사람은 비록 어떤 단어나 기호가 개입되지 않더라도 공통적인 의사소통 방법을 찾으려고 노력한다.

집중적 상호작용에서 더 숙련된 의사소통 파트너는 사회적 또는 의사소통에 장애가 있는 사람에게 반응하고, 그들의 사회적 상호작용이 발달하고 전개되는 데 도움이 될 수 있는 다양한 방법을 사용하여 그들을 참여시키려고 노력한다. 이것은 집중적 상호작용이 두 사람 간의 특정 유형의 대화라는 것을 의미한다. 집중적 상호작용은 거의 전적으로 새로운 파트너에 의해 그 내용이 결정되는 것이다. 집중적 상호작용은 더 숙련된 의사소통 파트너가 새로운 의사소통 파트너의 의사소통 내지는 그들의 잠재적인 의사소통 행동에까지 호응하려고 노력하는 대화이다.

따라서 집중적 상호작용을 통해 두 참가자 모두 상호작용에 있어서 서로 중요한 기여자가 되는 것이고, 그들은 보다 평등하고 진정으로 폭넓은 관계를 구축할 수도 있다. 집중적 상호작용의 사용use에는 발달적 · 교육적 측면도 있다. 멜라니 닌드와 데이브 휴이트(Nind & Hewett, 2001)에 따르면 집중적 상호작용은 '학습 장애가 있는 사람들을 가르치고 같이 시간을 보내는 접근 방법이며, 특히 가장 근본적인 사회 및 의사소통 능력의 개발을 목표로 한다'.

집중적 상호작용에서 더 숙련된 의사소통 파트너가 사용하는 전략은 대다수의 성인이 어린 영유아와 사이좋게 관계를 맺을 때 사용하는 의사소통 대응 전략 또는 기술을 기반으로 한다. 우리 모두(또는 거의 모두)는 이러한 의사소통 전략 또는 기술을 어느 정도 수행하는 데 필요한 능력을 갖고 있다. 우리는 일반적으로 우리가 만나는 대부분의 말을 하기 이전의 사람들과 어울릴 때 이런 기술들을 매우 자연스럽게 사용한다. 이는 우리가 일상에서 만나는 아기들과 어린 영유아들일 수 있다.

그러나 나중에 알게 되겠지만, 여러분이 집중적 상호작용을 진전시키기 위해 더 숙련된 의사소통 파트너(또는 집중적 상호작용 실무자)로서 특별히 무엇을 할 것인지는, 사회적으로 참여하려고 하고 여러분이 빠른 반응을 보이게 되는 상대방의 개인적 특성과 행동에 매우 크게 좌우될 것이다.

 집중적 상호작용의 주요 특징

멜라니 닌드(Nind, 1996)에 의하면, 집중적 상호작용은 다음과 같은 5가지 주요 특징을 가지고 있다.

① 상호작용에 있어서 서로 간의 즐거움과 상호작용적인 게임을 생성한다(만든다).
② 의사소통 파트너(다시 당신일 수)는 상대방으로부터 더 매력적이고 의미 있는 사람이 되기 위하여 그/그녀와의 대인관계에서의 행동(예를 들어, 당신의 시선, 목소리, 몸짓, 얼굴 표정)을 조정한다.
③ 일시 중지, 반복 및 혼합 리듬으로 시간에 따라 상호작용이 자연스레 이루어지게 한다.
④ '의도성'을 부여함imputing intentionality: 심각하고 극심한 여러 가지 학습 장애를 가진 사람들에게 생각, 느낌과 의도를 부여함으로써 그들의 행동에 의도적인 의사소통의 의미가 있는 것처럼 반응한다(실제로는 별다른 의미를 가지지 않은 행동일 수도 있다).
⑤ '우발적 반응contingent responding': 상대방의 행동이나 의사소통의 주도권을 따르고 행동의 조절을 서로 조율(공유)한다.

3. 누구를 위한 집중적 상호작용인가

집중적 상호작용은 하퍼베리 병원 학교에서 심각하고 극심한 수준의 학습 장애를 가진 사람들의 학습 요구를 다루기 위해 처음 개발되었다(그들 중 다수는 자폐증에 대한 추가 진단도 받았다). 그러나 집중적 상호작용은 이제 다양한 그룹의 사람들과의 사교성(사회성)과 초기 의사소통 기술을 개발하는 데 유용한 것으로 보인다.

현재 집중적 상호작용으로 잠재적인 혜택을 받고 있는 사람들은 심각한 사회성 또는 의사소통 장애를 갖고 있는 모든 연령대의 사람들이다. 집중적 상호작용은 사회적으로 동떨어져(고립되어) 있거나 수동적인 사람들과 (즉, 다른 사람들과 사회적인 상호관계를 시작하려고 하지 않는) 다양한 고정관념을 가진 또는 반복적 자기자극 활동에 참여하는 사람들에게 도움이 될 것으로 보인다. 특히 이러한 활동들이 다른 사람들과 사회적으로 연결되는 것을 막는 일종의 장애물이 되는 경우에는 더욱 도움이 될 것이다. 집중적 상호작용은 또한 심각한 다중 감각 장애를 경험하는 사람들에게 사용되는데, 이 경우 그들은 완전히 동기 부여가 되지 않거나 사회 활동에 참여하는 것에 관심이 없어 보인다.

이러한 집단 외에도 집중적 상호작용은 이미 몇 가지 상징적인 언어와 이해를 발달시킨 사람들에게 사용될 수 있지만, 또한 의사소통과 인간의 사회적 상호작용의 보다 근본적인 측면에 대한 이해를 더 발전시키는 것이 여전히 유용하다고 생각하는 사람들에게 함께 사용될 수 있다.

그리고 최근 집중적 상호작용 원리를 치매 환자의 웰빙과 삶의 질을 향상시키는 데 적용하는 연구가 진행되고 있다. 이 작업은 아직 초기 단계에 있으며, 인텐시브 인터렉션 인스티튜트Intensive Interaction Institute는 추가적인 연구와 출판을 독려(후원)하고 있다.

또한 집중적 상호작용의 이점(혜택)은 양방향으로 이루어진다는 것이다. 즉, 가족 구성원, 보호자 또는 지원(보조) 스태프support staff가 의사소통 파트너로서 더 숙련될수록 그들이 돌보거나 함께 일하는 사람들과 발전된 의사소통 및 사회적 상호작용을 이룰 수 있다. 교통기관이나 인솔 책임자 또는 동네 구멍가게에 있는 사람들조차 참여할 수 있고 또한 그래야만 한다.

의사소통 장애의 원인이 되는 요인(요소)

- 심각한 사회적 장애 또는 의사 전달(소통) 장애는 다음과 같은 여러 요인의 결과일 수 있다.
- 심각하거나 극심한 다중 학습 장애severe or profound and multiple learning difficulties
- 복잡하고 다중적 장애(결함)complex and multiple impairments
- 자폐 범주성 장애autistic spectrum disorder: ASD
- 퇴행성 신경 질환, 일례로 치매 말기degenerative neurological conditions, for example, late stage dementia
- 심각한 후천적 뇌손상a serious acquired brain injury
- 사회적으로 빈곤하거나 방치된 영유아infancy, 예를 들어 어린 시절에 심각한 사회적 박탈감(상실감)social deprivation을 겪은 아동

요즘에는 보고서와 출판된 기사들을 통해 위에서 제시한 집단의 사람들이 집중적 상호작용을 사용한 성공적인 사회적 관계 맺음이 점점 많이 발표되고 있다.

4. 집중적 상호작용은 무엇을 가르치는가—의사소통의 기본 원칙

일반적으로, 집중적 상호작용은 사람들로 하여금 사회적으로 소속되고 다른 사람들과 정서적으로 연결되는 긍정적 경험을 제공하는 접근법이라 할 수 있다. 이러한 긍정적인 경험의 결과로, 집중적 상호작용은 사람들에게 상대방과 의사소통을 '하는 것doing'에 대해 배우게 함으로써 반복적인 기회를 얻도록 하고, 그로 인해 다른 사람들과 어울릴 수 있는 기본적인 기술을 습득하고 발전시킬 수 있다.

집중적 상호작용이 처음 개발되었을 때, 관련된 참가자들은 의사소통의 초기 발전 단계를 배우고 있는 학생들이었다. 그러므로 집중적 상호작용은 학생들로 하여금 가장 기본적이고 상징적이지 않은 의사소통의 기술과 개념을 배우는 것을 용이하게 하기 위해 만들어진 것이다. 그것은 표현적(표상적) 언어 능력의 발달, 즉 추상적인 단어와 구를 사용하기 전을 말한다.

이러한 기본적이고 상징적이지 않은 의사소통 기술과 개념은 '의사소통의 기초 fundamentals of communication'라 불린다(Nind & Hewett, 2001). 의사소통의 기초는 우리 모두가

수행하는 가장 중요하고 기초적인 학습을 위해 함께 만들어진다. 학습은 매우 필수적이고 기초적인 기반이 되므로 이 학습을 통해 상당한 진전을 이루지 못하면 다른 중요한 것들을 배우는 것으로 더 나아가기 어렵다. 의사소통의 기본은 4장에서 더 자세히 설명될 것이지만, 일반적으로 다음과 같이 묘사된다. 관심을 주고받는 법, 교대로 주고받는 행동, 얼굴 표정의 사용과 이해, 눈 맞춤, 신체 접촉, 발성을 배우고 의미 있게 사용하는 법, 말하기의 발달 등으로 이어진다.

더 넓은 의미에서 집중적 상호작용의 구조적이고 지속적인 사용과 관련된 학습 결과 (다시 말하면, 의사소통의 기본)는 '기존의 말하기와 듣기에 어려움을 겪는 학생들을 위한 의사소통 기술 개발'에서 학교에 대한 특정 커리큘럼 요구 사항을 충족한다고 볼 수 있다 (QCA, 2009: 5).

영국 정부의 지침에 따르면, 심각하고 극심한 다중 학습 장애가 있는 학생들을 위한 학교 커리큘럼은 다음과 같은 목표를 둔다.

- 학생들이 다양한 사람들과 교류하고 소통할 수 있도록 한다.
- 학생들이 선호를 표현하고, 필요를 전달하고, 선택하고, 결정하고, 다른 사람들이 행동하고 존중하는 옵션을 선택할 수 있도록 한다.
- 학생들의 '세상'에 대한 인식과 이해를 높인다.

*출처: QCA (2009: 5).

집중적 상호작용은 학생들이 이 모든 것을 할 수 있도록 도와준다!

5. 우리 서비스에서의 커뮤니케이션 업무 특성

인간 의사소통에 대한 학습은 어떤 면에서 매우 복잡한 과정이다. 하지만 또 다른 면에서는 비교적 간단할 수도 있다. 대부분 우리는 어떤 일을 행함으로써 사회적으로 상호작용하는 것을 배운다. 태어날 때부터 시작해, 우리의 일상생활에서 우리는 우리를 양육하고 돌보는 사람들과 관계 맺고 소통하기 위해 필요한 기술을 반복적으로 연습하고 점차적으로 발전시킨다. 그리고 우리는 의사소통을 매우 자연스럽고 조용히 학습한다.

우리는 또한 일반적으로 SMART 대상에 대한 요구 조건 없이 '인간 의사소통^{human} communication'하는 법을 배운다. [SMART: Specific(구체적), Measurable(측정 가능한), Achievable(달성 가능한), Realistic(현실적인) 그리고 Timed(시간적)—'추가 읽기 및 자료'에서 최근의 대단한 Penny Lacey의 흥미로운 기사를 참조.] 대신에, 이러한 과정들은 보통 적정한 속도로 일어나고, 대부분 적정한 방식으로 일어난다—그리고 초기에 '인간 의사소통'에 대해 배우고 싶어 하는 사람들은(보통 우리의 부모 그리고 가까운 가족) 자연스럽게 그것을 해 나가도록 해 준다.

우리의 부모들과 가까운 가족들은 우리가 그것을 해 나갈 수 있도록 할 뿐만 아니라 오히려 우리를 돕기 위해 그들의 자연스러운 양육 기술을 교묘하게^{craftly} 사용한다—그들은 우리에게 흥미(관심)가 있고 스스로 그렇다는 것을 보여 준다. 그들은 우리가 무엇을 하고 있는지 보고, 더 많은 것을 하게끔 격려해 준다—그들은 우리와 함께 참여하고 우리에게 대부분 미소와 눈 맞춤, 행복한 소음, 신체적 접촉 그리고 장난기 등으로 긍정적으로 반응한다. 이러한 부양자들은 보통 우리가 힘들 때 도움을 주고, 종종 인내심을 갖고 우리와 차례를 기다리고, 우리가 성공했을 때 함께 미소 짓고, 웃고 가끔 우리를 놀리거나 간지럽히고, 익살스러운 표정을 짓기도 한다. 그러나 그들은 우리를 특징짓거나^{mark us} SMART 항목 세트에 대해 판단하는 것을 하지 않는다.

그러나 이것이 수많은 교육 환경에서 항상 적용되는 방식은 아니다. 때때로 특수 학교와 치료교육기관들은 의사소통 교육을 아주 빨리 추진해야 할 필요성을 느낀다. 그렇게 하면 의사소통 과정을 뒷받침하는 필수적인 의사소통의 기초가 완전히 연습되고 적절히 학습되기 전에, 추상적이고 상징적인 의사소통 기술을 습득하는 것에 지나치게 강조점을 두게 된다.

한 대상의 상징적 언어를 개발하려는 이러한 압박은 종종 다양하게 훌륭히 적용될 수 있다. 학습자의 독립성을 증진시키려고 하거나(예를 들어, '화장실'이나 '음료' 같은 것을 요청할 수 있는 것) 누군가가 선호하는 것을 나타낼 수 있도록 돕는다(만일 음료를 원한다면 '커피' 또는 '티'?). 그러나 심각하거나 극심한 학습 장애를 가진 사람이 '의사소통' 과제를 해낼 때, '의사소통' 체크리스트로 인해 짜증 낼 수 있는 이유와 연관이 될 수 있다.

아마도 이러한 상징적인 의사소통 교육은 다른 유형의 의사소통 학습보다 우선시되는데, 그 이유는 그것이 비교적 측정하기 간단하므로 성공적인 교육의 가시적 '증거'를 위한 학교의 요구 사항을 충족시키기 쉽기 때문이다. 의사소통의 기초를 사용하는 기술과 확신을 개발함으로써, 그 대상이 상징적 의사소통 기술을 개발하고 자신 있게 사용할 수 있도록 지원할 것이다.

학습자가 발전적으로 의사소통을 할 준비가 되어 있을 때 상징적 의사소통 기술을 배우는 것이 그다지 중요하지 않다는 것은 아니다. 하지만 우리는 학생들이 덜 쉽게(더) 수량화되고 SMART 대상에 부합하기 어려울지라도 그들이 계속 연습하면서 의사소통의 기초를 계속 발전시킬 수 있다는 주된 목표를 가져야 한다. 성인 서비스[services]에서 사람 중심의 관리 계획은 의사소통의 한 섹션에 포함된다. 소셜 커뮤니케이션의 세부 사항, 즉 그 사람이 어떻게 수다 떠는 것을 좋아하는지는(반드시 구두일 필요는 없다.) 기능적 의사소통 기술에 대한 세부 사항에 포함된다.

📖 추가 읽기 및 자료

DoH(Department of Health) (2009). Valuing People Now: A New Three-year Strategy for People with Learning Disabilities. Available at: http://webarchive.nationalarchives.gov.uk/20130105064234/http://www.dh.gov.uk/prod_consum_dh/groups/dh_digitalassets/documents/digitalasset/dh_093375.pdf (accessed 4 January 2018).

Kellett, M., & Nind, M. (2003). Implementing Intensive Interaction in Schools: Guidance for Practitioners, Managers, and Coordinators. London: David Fulton. 이 책은 영어 국가 커리큘럼의 제한된 지침 내에서 학교에서 집중적인 상호작용이 어떻게 사용될 수 있는지에 대한 구조적인 조언을 제공했다.

Lacey, P. (2010). SMART and SCRUFFY targets. SLD Experience, 57: 16-21.

Nind, M. (1996). Efficacy of Intensive Interaction: Developing sociability and communication in people with severe and complex learning difficulties using a n approach based on caregiver-infant interaction. European Journal of Special Needs Education, 11(1): 48-66.

Nind, M., & Hewett, D. (1994; 2nd edn., 2005). Access to Communication: Developing the Basics of Communication for People with Severe Learning Difficulties. London: David Fulton. 이 책은 집중적 상호작용에 대한 최초의 가장 중요한 단행본으로서 접근 방식을 이해하고 사용하기 위한 명확한 개념적 기틀을 제시한다.

Nind, M., & Hewett, D. (2001). A Practical Guide to Intensive Interaction. British Institute of Learning Disabilities (BILD). 이 책은 접근 방식에 대한 이해하기 쉬운 가이드로서 계획적으로 작성되었으며 집중적 상호작용과 관련한 최신의 의견과 실습에 대해 정리하였다.

QCA (2009). Planning, Teaching and Assessing the Curriculum for Pupils with Learning

Difficulties: General Guidance. Available at: http://webarchive.nationalarchives.gov.
uk/20100209102821/http://www.qcda.gov.uk/22128.aspx (accessed 4 January 2018).

관련 온라인 자료에 대한 웹링크는 pp. 9–10 참조.

제3장

인간은 어떻게
의사소통을 배우기
시작하는가

데이브 휴이트

개요

- 아기들은 어떻게 의사소통을 배우는가?
- 어떻게 의사소통과 상호작용이 발달하는가?

1장에서 우리는 인간의 의사소통 능력에 대해 간략히 살펴보았다. 인간의 의사소통은 소리sound, 시각vision, 촉각touch, 냄새smell 등 다양한 경로에서 빠른 속도로 이루어진다. 우리의 의사소통 능력은 복잡하고, 정교하고, 알쏭달쏭하고, 상세하고, 다층적이고multilayered, 다측면적이고multifaceted 즐겁다. 일반적으로 의사소통자가 되는 학습은 보통 인간이 하는 가장 복잡한 학습이라는 통념이 있다. 나는 이미 1장에서 얼굴을 맞대고 소통하는 것이 얼마나 엄청나게 복잡한 것인지 강조했다.

이제, 우리 모두가 각 경험으로부터 깨달아야 하듯이 의사소통자가 되는 것을 배우는 것이 첫 번째 학습이다. 그것은 우리 모두에게 첫 번째 날에 시작된다(실제로 최근 연구에서는 의사소통 학습의 시작이 자궁 안에서도 일어난다고 제시한다). 나는 종종 이 학습이 너무 복잡해서, 여러분이 18세 정도가 될 때까지는 그냥 두고 더 많은 인생의 경험을 쌓는 것이 더 나을 것이라고 농담을 할 정도이다.

일반적으로 한 살이 된 아기에게 모든 일이 문제없다고 생각해 보자. 그 아기가 얼마나 빨리 의사소통자로 발전했는지 생각해 보자. 아기들이 어떻게 이렇게 매우 복잡하고 아주 방대한 지식knowledge들을 그렇게 빨리 배우는 능력을 보일 수 있을까?

다행히도, 우리는 과학의 힘으로 아기들이 어떻게 이런 일들을 하는지 이해하기 시작하는 신나는 시대에 살고 있다. 여기에는 두 가지 중요한 이유가 있다.

① 첫해 동안에, 그리고 유아기 내내 아기들의 뇌는 이 학습을 실행하기 위해 '전선이 연결되어 있다hot-wired'. 아기들은 신경학적으로 '뜨거운 시기hot period'라 불리는 기간을 통과하는데, 이 시기에 그들의 뇌는 이러한 학습을 하기 위해 일종의 '불타는' 상태가 되고 올바른 경험을 갖게 되면 그들의 뇌는 빠르게 발달한다.

② 하지만 아기들이 적절한 환경에 놓이지 않는다면 이러한 학습은 이루어지지 않는다는 것을 우리는 알고 있다. 적절한 환경이란 어른들이 아기에게 하는 '교육'이다. 물론 여기서는 전통적 의미의 교육은 아니다. 교육과 학습은 거의 아기들이 자연스럽고 아름답고 즐거운 상호작용하에서 이루어진다. 나는 농담으로 우리들 대부분이 아기가 근처에 있을 때 참지 못하는 이런 때를 '쫄깃한(즐거운)gooey 시간들'이라 한다.

이 장의 나머지 부분에서는 이러한 자연스러운 상호작용이 일어나는 '쫄깃한^gooey' 시간에 초점을 맞출 것이다. 물론 여기에는 그럴 만한 이유가 있다. 어떻게 그러한 상호작용이 작동하는지에 대한 연구를 해 보면서 집중적 상호작용은 일부 발달한다. 우리가 그것이 어떻게 작동하는지에 대한 실질적인 이해가 가능하면, 나이가 들었음에도 불구하고 같은 것을 배우는 것이 우선인 발달 단계에 있는 사람들에게 이것은 유용한 원칙들이 된다는 것을 제안한다.

1960년대 후반에, 아동 발달 연구는 그 주안점이 바뀌기 시작했다. 특히 유아 학습에 대한 연구에서 영유아^infant의 경우 학습과 발달이 단독으로 일어나지 않는다는 것에 주목하기 시작했다. 오히려 조기 학습과 발달은 무엇보다 연결되는 모험이다^joint enterprise. 이는 아기와 이용할 수 있는 어른^available adults, 즉 주로 부모 간의 공유된 사회적 상황하에서 이루어진다. 우리는 사회적 의사소통의 발달이 주로 아기와 짝이 되어 아기와 즐기는 것을 주로 하는 대면^face-to-face 상황에서 이루어진다는 사실을 점점 알게 되었다. 반대의 경우에도 그렇다. 1970년대에 들어서면서 이러한 발달에 대한 연구를 위한 유용한 장비가 나왔다. 1970년대는 비디오 카메라, 비디오 카세트가 등장한 시대였고, 따라서 슬로모션이나 정지화면의 사용도 가능해졌다. 이것은 부모-영유아 상호작용의 복잡한 특징들에 대한 공부를 하고자 하는 연구자들에게 정확히 알맞은 기술이었다. 대부분의 연구들은 미국에서 나온 경향이 있지만 영국에서도 주목할 만한 연구가 나왔다.

[그림 3-1] 아기들은 어른과의 즐겁고 편안한 상호작용을 하면서 의사소통의 복잡함을 배운다.

이 분야의 문헌은 방대하고 복잡하다. 그러나 이를 읽고 분석하면서 집중적 상호작용의 발전에 영향을 준 일반적인 원칙들이 요약 정리되었다. 다음 목록을 읽으면서 부모로서의 자신의 경험이나 아기들과 함께했던 순간의 경험에 대해 생각해 보자.

아기와의 상호작용의 일반적 특징
- 두 사람 간의 주 동기는 상호 간의 즐거움이다.
- 아기들의 성장에 따라 상호작용의 시간은 수 초에서 수 분 사이로 다양하다.
- 처음 몇 주 안에도 아기는 단번에 수 분 동안 참여할 수 있는 것을 배울 수 있다.
- 초기의 주된 성과는 관심을 주고받기, 눈 맞춤, 흥미로운 얼굴 찾기, 차례대로 하는 것 배우기: 특히 대화와 그 구조, 소리를 내는 것, 시작해서 이끌어 가는 것[initiating], 강하고 주도적이 되는 것, 점차 말을 하는 것, 단어를 사용하는 것 등이다.
- 순서를 지키는 것은 특히 형성 발달과 토대를 세우는 데 중요하다. 아기들은 이것을 일찍 배운다. 일반적으로 말을 구사하기 아주 훨씬 전에 처음 몇 달 안에 그들은 대화와 그 구조에 능숙해진다.
- 상호작용의 특성[nature]은 아기가 한두 해를 거듭하는 동안 그들 자신의 시기에 따라 점차적이지만 상당히 빠르게 발달하는 것이다. 그들은 모든 종류의 장난감을 다루고 활동을 하며 '가지치기(확장)[branching out]'를 한다.

 영유아는 발달에 있어서 '적극적 참여자'이다

의사소통자가 되는 방법을 배우고 연습하는 과정에서의 영유아를 적극적 참여자로 인식하는 것은 점점 강조되고 있다. 이는 에딘버러 대학의 코린 트레바덴(Colwyn Trevarthen, 1974)의 잘 알려진 초기 작업 '두 달 된 아기와의 대화'에 반영되었다.

물론 집중적 상호작용의 관점에서, 가장 흥미로운 이슈는 '어떻게 상호작용이 작동하는가'이다. 문자 그대로 활동들[activities]이 진행되는 과정은 어떠하고 어떻게 지원하는가이다. 특히 어른들은 무엇을 어떻게 의사소통하고 있는가, 그리고 영유아는 어떻게 의사소통하고 있는가?

상호작용 중에 있는 성인(어른) 스타일의 특징

- 어른은 목표나 일(작업)과 관련하여 미리 정해 놓은 끝점(종점)^{end point}이 없다. 이 활동은 '과제가 없는^{taskless}' 활동이다.
- 어른은 아기에게 귀를 기울이고^{tunes-in} 적절히 대응하며 특별히 아기가 보내는 모든 잠재적인 의사소통 시그널(신호)을 수용한다.
- 어른은 상호작용을 리드하지 않고 함께 동참한다.
- 어른은 아기들의 행동을 기다리는 경향이 있고 아기가 무엇인가 하는 것을 기다리며 지켜본다.
- 그러므로 아기들은 활동을 주도하고 있다고 느낀다.
- 아기가 무엇을 할 때, 어른들은 반응하거나 참여한다.
- 그러므로 어른들이 보고 또 지켜보는 많은 멈춤의 시간이 있다.
- 어른들의 반응에는 기쁜 얼굴, 기쁜 몸짓, 즐거운 목소리, 연속적인 설명 등이 있다.
- 가장 빈번하게 보이는 어른들의 반응은 모방, 참여, 아기가 방금 한 행동 따라 하기이다.
- 만일 활동이 아주 좋은 순간이 되었다면, 어른들은 아마도 반복적으로 그 시간을 늘리고 계속하려고 할 것이다.
- 물론 빈번하게 그리고/또는 지속적으로 신체 접촉이 있을 수 있는데, 이는 아기에게 매우 중요한 의사소통의 통로이다.

어른의 스타일에 따를 때 아기에게는 3가지 유리한 점이 있다.

① 활동의 템포(속도)는 적당하고 아기가 상대할 수 있다─사실 아기가 다소 리드하기 때문에 그것은 아기의 템포이다.
② 활동의 내용은 아기가 이해할 수 있다─아기가 대부분의 내용을 만들어 낸다.
③ 어른들의 행동은 그리 복잡하지 않다─어른은 아기를 따라 하고 참여하며 복잡한 어른이라기보다는 아기처럼 행동하기 때문이다.

만약 당신이 이전에 부모─영유아 상호작용에 대한 분석을 접해 본 적이 없다면, 이러한 설명은 당신에게 익숙하게 이해될 수 있을까? 대부분의 사람은 "아, 네. 나는 그것을 정말 알고 있어요. 다만 의식적으로는 전혀 몰랐을 뿐이에요."라는 말로 반응을 한다. 우리 대부분은 아기와 함께 있을 때 의식하지 않고 이런 식으로 행동한다. '나는 지금 기다려야 해, 그를 기다려…… 그러고 나서…… 그래, 그가 이렇게 했기에 나는 그것을 따라 할 거야.'

1장에서 보았듯이, 우리는 모든 사람과 얼굴을 맞대고 소통하는 것처럼 아마 대부분 무의식적으로 그렇게 할 것이다. 한편, 집중적 상호작용에서 우리는 거의 유사한 일들을 하게 되지만, 사실 더 의식적이고 의도적으로 하게 된다. 우리는 이 원칙들을 더 전술적으로 쓸 수 있다.

[그림 3-2] 어른들은 아기가 하는 행동을 모방하고 동참한다.

그러므로 아기 의사소통 시스템의 발달은 이러한 상호작용을 얼마나 자주, 반복적으로 하느냐에 달려 있다. 반복은 이 책에서 이제부터 여러분이 익숙해질 필요가 있는 단어이다. 부모와 아기의 단일 상호작용에서 대부분의 활동은 그 이전에 상호작용이 이루어졌던 일들의 반복으로 간주된다.

그러나 점차 그 활동들은 성장하고 발달하고 확장된다. 점점 시간이 길어지고, 내용이 확장되며, 정교해지고 복잡해진다. 예를 들어, 두 살 후반기가 될 때부터 단어와 언어는 상호작용의 내용 중 상당 부분을 차지할 것으로 보인다.

물론, 한 살 반경부터는 아기들의 학습이 모든 방면으로 뻗어 나갈 것이다. 그리고 아기들은 물건을 가지고 무엇을 하기 시작하고, 일반적 실제 세상(현실 세계)에 관심을 가지고 관찰을 통해 많은 것을 배우기 시작한다. 한편, 그들이 현재 사용하는 능력과 기술은 상호작용을 하는 동안 인지적·신경학적 발달에서 생겨난 것이다. 더욱이 이러한 상호작용과 그로 인한 학습은 조기(초기)교육의 나머지 기간 동안 계속될 것이다.

📖 추가 읽기 및 자료

다음은 초기 연구의 많은 부분이 포함되어 있는 가장 유명한 한 권의 책이다. Schaffer, R. H. (ed.) (1977). *Studies in Mother-Infant Interaction*. London: Academic Press. 이 책에는 다른 유명한 이름이 등장한다. 제롬 브루너(Jerome Bruner), 바바라 비비(Barbera Beebe), 다니엘 스턴(Daniel Stern), 케네스 가이(Kenneth Kaye), 코린 트레바덴(Colwyn Trevarthen)과 하누스 파포섹(Hanus Papousek)이다.

본문에서 언급된 트레바덴의 논문은 다음과 같다. Trevarthen, C. (1974). Conversations with a two-month old. *New Scientist, 896*: 230-5.

관련 온라인 자료에 대한 웹링크는 pp. 9-10 참조.

제2부

집중적 상호작용 실행의 실용성

제**4**장

집중적 상호작용의 준비

데이브 휴이트

개요

- 집중적 상호작용의 목적과 결과
  - 의사소통의 기초 (1)
  - 의사소통의 기초 (2)
- 집중적 상호작용의 원리
  - 우리는 영유아기의 '자연스러운 모델'을 보면서 어떤 도움을 받는가?
- 집중적 상호작용 세션은 어떤 것인가?
  - 단순하고 즐거운 활동
  - 집중적 상호작용 활동 또는 세션은 다양한 형태를 갖출 수 있다.
  - 활동은 발전하고 변화한다.
  - 어떠한 장비나 자원이 필요한가?
  - 집중적 상호작용 실무자는 융통성 있는 범위의 행동이 필요하다.
  - '규칙'이 아닌 원칙
  - 활동을 계획하고 준비하는가?
- 준비
  - 당신은 누구와 집중적 상호작용을 할 것인가?
  - 정신적 준비
  - 프로그램이나 작업 계획을 작성하는가?
  - 일대일 시간 갖기(탐색)
- 관찰
  - 기준치를 정하자.
  - 비디오
- 팀 구성(준비)
  - 팀 전체가 함께하는가?
  - 아니면 팀이 한 명씩 차례차례 하는가?

1. 집중적 상호작용의 목적과 결과

준비에 있어서 당신이 왜 대상과 집중적 상호작용 활동을 수행하려는지에 대한 이유를 명확히 하는 것은 중요한 측면이다. 당신은 무엇을 성취하려고 노력하는 것이며 그 대상에게 그 활동들이 왜 그렇게 중요한가?

집중적 상호작용의 발달 초기에서부터 주요한 사고와 초점은 의사소통 능력의 개발이었다. 3장에서 강조했듯이, 우리가 '의사소통'의 결과에 대해 생각할 때 아마도 우리는 말speech과 상징symbol을 사용하는 점진적인 능력을 그 결과에 포함시킨다. 그러나 우리는 그보다 의사소통에 대해서 훨씬 넓은 의미로 생각한다. 우리가 실무자로서 특히 관심을 갖는 사람들의 의사소통 학습과 결과는 훨씬 더 '의사소통의 기초'에 가깝다.

- 다른 사람과 함께 있는 것을 즐기기
- 그 대상을 돌보는 능력을 기르기
- 집중력과 주의력의 기간
- 대상과 일련의 활동을 하는 것을 배우기
- 교대로 행동의 교환(주고받기)taking turns
- 개인 공간 공유
- 각성 수준을 조절하고 제어하기

- 눈 맞춤 사용 및 이해
- 얼굴 표정 사용 및 이해
- 다른 비언어적 의사소통 사용 및 이해
- 신체적 접촉 사용 및 이해
- 발성 및 의미 있게 소리 사용(말하기 포함)

의사소통의 기초

*출처: Nind & Hewett (1994; 2001; 2005).

이러한 중요 항목들을 살펴보고 대상에게 주는 결과의 중요성을 고려해 보자. 우리 영유아기의 일반적 발달은 최초의 가장 중요한 학습이다. 학습 장애를 가진 많은 사람이 이러한 학습을 끝마치지 못했고 실제로 거의 시작하지 못했을 수도 있다. 의사소통은 말 그 이상이다. 사실, 이러한 기초를 처음에 발달시키지 못하면 말하는 것을 수행하기 어려울 수 있다. 실제로 이런 기초적인 능력 없이 다른 모든 종류의 학습과 개발을 계속하는 것은 어려울 것이다. 집중적 상호작용이 개발되기 전, 우리 분야에서 의사소통의 작업은 이러한 기본 사항에 전혀 초점을 맞추지 않았다. 이 분야에서 학습 장애를 가진 사람들을 돕기 위한 접근 방식이나 기술은 존재하지 않았다. 사실, 목록에 있는 결과의 내용은 인정되거나 논의되지도 않았다. 우리 분야에서 의사소통의 기초에 대한 작업 개념이 없었던 것이다. 이제 우리 모두에게 이러한 것들은 우리의 인생에서 확실히 가장 중요한 학습이다.

그렇지만 우리는 집중적 상호작용 활동을 통해 경험하고 배우는 그 대상의 결과에 너무 지나치게 정확하거나 편협한 기대를 갖지 않도록 주의해야 한다. 왜냐하면 모든 결과물들이 다양하고 또 훌륭할 수 있기 때문이다. 그 결과는 그 대상의 발달 상황이고, 그들 인생의 다방면에서 일어날 수 있으며, 그들의 생활 방식과 삶의 방식에서 많은 유익한 것들이 될 수 있기 때문이다.

수년에 걸쳐 많은 학습자와 점점 더 많은 성공을 거두면서, 한 사람의 초기의 주된 결과가 이러한 의사소통의 성취보다 더 광범위하고 깊다는 것이 분명해졌다. 사람들이 의사소통자로 발전함에 따라 그들은 삶에 대해 다방면으로 더 좋은 느낌을 갖게 되고, 더 만족스럽고, 더 안정되고, 더 행복하다고 말할 수 있다. 의사소통의 기초 목록에 두 번째 중요 항목을 포함시켜 추가하였다.

- 다른 사람들이 주의하는(돌보는)^{care} 것을 알고, 주의하는(돌보는) 것을 배운다.
- 다른 사람과 함께 있는 것을 즐긴다(연결, 유대).
- 애착, 조율
- 자기 안전, 안전하다는 느낌, 안심, 진정
- 자존감(자부심)$^{self-esteem}$, 자아감$^{sence of self}$
- 감정을 확인하고 다른 사람의 감정을 안다.
- 점차적으로 감정을 이해한다.
- 신뢰 등등
- 감정이입. 다른 사람의 감정을 알거나 관심을 가진다.
- 우반구 뇌 발달(초기의 감정적 학습으로 나중에 더 높은 기능의 뇌 영역을 준비)

의사소통의 기초 (2) 정서적 · 심리적 발달

*출처: Bowlby (1953); Lamb et al. (2002); Schore (2003)에 근거.

다시 목록을 보며, 유아기의 이러한 발달의 중요성에 대해 생각해 보자. 만약 한 사람이 이런 식으로 발달하지 않는다면 어떤 결과가 생길지 생각해 보자. 우리의 서비스에서 작업을 같이하는 대다수가 분명히 정기적으로 몇몇 행복하지 않은 사람들에 대한 결과를 보게 되고 또 같이 일을 할 것이다.

이 리스트를 보고 그들의 발전을 정확히 확인하고 기록하는 것은 더 어렵다. 제목과 용어는 우리가 원하는 것보다 다소 모호하다. 이러한 영역에서 교육 목표나 대상 또는 활동조차 구성하는 것이 어렵게 느껴지기도 한다.

그러나 걱정할 필요가 없는 것은, 이러한 발달이 의사소통의 기초 (1)의 발전과 밀접히 연관되어 진행되는 경향이 있기 때문이다. 실제로, 집중적 상호작용 방식의 많은 부분이 초기 영유아기의 자연스러운 모델에 대한 연구에서 '차용된borrowed' 장점 중 하나가 된다. 의사소통의 기초 (1)의 발전과 마찬가지로, 우리 모두를 위한 이러한 영역 발전의 상당 부분이 유사하고 사랑스러운 인간 활동으로 일어난다.

집중적인 상호작용 활동이 그렇게 중요한 이유를 간단히 설명하였다. 그들은 우선 가장 초기의, 가장 토대가 되는 의사소통 능력을 가르치고 개발한다—그것은 말(언어)speech 및 다른 많은 성취로 이어진다. 그리고 나서 그들은 대상에게 1장에서 논의되었던 기본적이고 기분 좋은 정도의 잡담 스타일이나 사교적(의례적)phatic 스타일의 의사소통을 제공한다. 이러한 것은 그 대상의 유대감, 관계와 웰빙의 느낌을 향상시키는 결과를 차례로 가져올 것이다.

2. 집중적 상호작용의 원리

우리는 영유아기의 '자연스러운(정상적) 모델'을 보면서 어떤 도움을 받는가

우리는 우리에게 유용할 수 있는 부모-유아 의사소통 작업이 포함된 원칙을 관찰하고 확인할 수 있다. 다음의 리스트는 우리가 집중적 상호작용 활동을 하는 데 있어서 핵심이 되는 간단한 원칙이다. 만약 당신이 이러한 사항들을 간단하게 실행한다면 집중적 상호작용은 일어날 것이다. 이 장을 진행하면서 이 목록에 더 많은 세부 사항을 추가할 것이지만 다음 리스트가 핵심 원칙이다.

- 일대일의 양질 시간quality one-to-one time: 부모-영유아 상호작용과 마찬가지로, 집중적 상호작용은 보통 두 사람이 서로에게 집중할 시간이 있는 상황에서 일어난다. 나

중에 설명하겠지만, 이것이 반드시 조용하고 사적인 어느 장소에 가는 것을 의미하지는 않는다.

- 귀 기울임(조율/이해)^{tune-in}: 매우 중요하다. 당신(여러분), 선생님 또는 더 경험이 많은 사람은 목소리, 표정, 몸짓, 움직임, 제스처 등 다른 사람이 보내는 모든 피드백 신호에 민감하게 '귀 기울일 것^{tune in}'이다.
- 템포/속도: 천천히 진행하자. 당신(여러분)의 행동을 자제해서 상대방이 리드할 수 있게 하자.
- 대응: 여러분은 다른 사람이 하는 것에 반응함으로써 내용과 활동의 흐름을 만들어 낸다.
- 모방/복사^{copying}/참여: 이것이 가장 빈번하게 보이는 대응 방식이다. 이것은 쉽다. 여러분이 한 일이 그녀 또는 그가 한 일에 대한 반응이었다는 것을 당신의 상대가 이해하도록 도와준다.
- 잠시 멈춤(일시 중지): 항상 잠시 멈출 시간을 갖고, 다른 사람이 생각하고 처리할 시간을 보장해 주고, 편안한 속도로 활동이 진행되도록 준비하자. 활동을 너무 '추진' 하려는 욕구를 잠재우길 바란다.
- 미니멀리즘―적게 행동하자: 이것은 가장 배우기 어려울 것이다. 간단한 동작을 사용한다. 집중적 상호작용 기술은 학습자에게 시간과 공간을 내주는 것이다. 여러분은 적게 행동하고, 기다리고, 멈추고, 학습자가 먼저 하도록 하고, 질문 공세를 하지 말아야 한다. 이는 다른 접근 방식을 사용하는 실행^{practices}들과는 반대되는 것이다. 그러나 일단 재미를 붙이면 이 기술은 훌륭하고 매우 효과적이다.
- 상호 간의 즐거움: 즐거움은 두 사람에게 있어 활동의 주된 동기이자 참여하는 것에 대한 주된 보상이다. 즐거운 활동을 찾을 준비를 하라. 즐기길 바란다.

이러한 주요 원칙을 차용하여 일부 활동을 전개할 수 있다는 것을 쉽게 알 수 있다. 우리 연구의 많은 실무자들이 그들의 성격과 자연스러운 행동 스타일에 따라 어떻게 집중적 상호작용을 할 것인지 '찾아낸다'. 심지어 그들은 집중적 상호작용을 하는 것을 알지 못하는 경우에도 말이다. 이러한 방식은 그들에게 자연스럽고 올바르게 보인다.

[그림 4-1] 집중적 상호작용, 일대일의 양질의 시간

3. 집중적 상호작용 세션은 어떤 것인가

단순하고 즐거운 활동

우리는 성취하기 위해 무엇을 시작하고 있는지 상기해 보자. 그것은 기본적으로 부모-영유아 상호작용에서와 같은 학습 및 결과이다.

이 아이디어는 상대방과 순서를 정하여 광범위하고, 즐겁게, 함께 관심을 공유하는 것이다([그림 4-2] 참조). 활동에 참여하는 주된 동기는 순수하고 자연스러운 즐거움이다.

우리는 이러한 활동을 그 사람과 '대화'를 하는 것에 불과하다고 생각할 수 있다. 대화는 많은 단어를 포함하지는 않지만, 그들이 이해하고 즐길 수 있는 흥미로운 행동의 주고받음을 포함한다.

처음에는 단순하고 짧을 수 있지만, 이러한 활동은 더 길고 정교하고 또한 공유되고, 상호적인 관심과 행동의 주고받음 등의 복잡한 기간으로 바뀐다.

이러한 경험을 통해, 의사소통의 틀(일상)^{routines}과 기술 그리고 사회적으로 되는 것에 대한 복잡한 학습이 일어난다. 학습은 매우 복잡하고, 활동은 단순하게 느껴진다. 우리는 그들에게 무엇을 하라고 지시하거나 말하지 않아도 다른 사람이 이미 하고 있는 일에 반응함으로써 벌써 그렇게 하는 것이다. 그러므로 각 활동은 시시각각 두 사람의 반응에

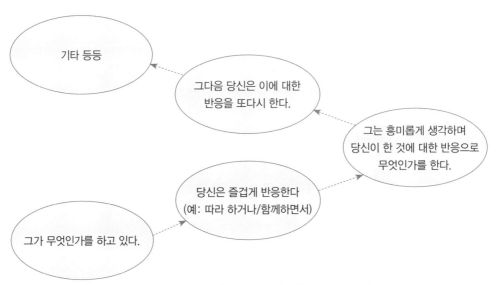

[그림 4-2] 주고받음 생성을 설명하는 간단한 다이어그램

의해 이루어진다. 여러분은 활동들이 매우 다양하게 '자유롭게 흘러갈 것'이라는 것을 예상할 수 있다. 그 활동들은 꽤 다양할 수 있지만 얼마나 반복적으로 일어날 수 있는 것인지 상기하고 인식해야 한다. 학습 특성상 이것은 발달의 초기 단계에 있는 사람을 위한 것이므로, 이 활동은 매우 반복적일 수 있다. 상대의 선호도와 필요에 따라 동일한 종류의 상호작용 활동을 반복할 수 있다.

여러분은 우리가 집중적 상호작용으로 하는 것은 그 대상에게 가서 참여하고, 민감하게, 그들의 세계 안에서, 그들의 조건에 따라 그들과 함께 일을 시작하는 것이라고 자주 들었을 것이다. 여기서 우리는 그들이 무엇을 이미 알고 있는지, 무엇을 이해하고 어디서 편안함을 느끼는지를 전제로 두어야 한다.

집중적 상호작용 활동 또는 세션은 다양한 형태를 갖출 수 있다

그 활동들은 활기차고, 장난스럽고, 시끄럽고, 행복하고, 재미있고 즐거운 것일 것이다. 또한 조용하고, 사려 깊고, 평화롭고 더불어 의미 있고 즐거운 일일 것이다.

때때로 그 활동들은 서로를 아는 사람들 간의 대화처럼 치열한 음성의 교환일 수 있다.

그 활동들은 매우 재미있고 에너지가 넘치는 몸놀림일 수 있고, 조용하거나 고요하고 평온한 것일 수도 있다.

활동은 발전하고 변화한다

집중적 상호작용 '세션session'은 점차적으로 변화할 수 있다.

~으로부터from:

- 특정 시간을 초기 시도early try-outs를 위해 남겨 놓지만set aside 스태프 구성원들이 우발적인 사건을 통해 기회를 잡을 수 있을 것이다.
- 종종 반복되는 상호작용으로 인해 눈에 띄게 이른 성공이 연속적으로 발전한다.

~에게to:

- 이러한 상호작용 내에서 성장하고 발달하는 사람
- 그 대상과의 작업의 진전은 그 사람의 의사소통 능력에 점진적인 변화를 가져온다.
- 내용 면에서의 점진적 변화, 상호작용 세션의 질과 다양성은 평범하지만 사회적 환경의 전체적 측면으로 발전할 수 있다. 집중적 상호작용은 아마 여러분이 따로 시간을 할애해 주는 것일 뿐 아니라 그 대상의 사회적 세상social world의 일부로 작용할 수 있다.

하지만 먼저, 여러분은 특정 시간을 몇 분 동안 일대일 방식으로 그 사람이 사용할 수 있도록 내어 줄 것이다. 그것을 '세션'이라 하기도 한다.

어떤 장비나 자원이 필요한가

주된 교육 자료, 주요 장비는 바로 당신일 것이다. 즉, 스태프 구성원, 경험이 더 많은 사람, 의사소통 파트너, 선생님이다.

여러분의 자원은 당신의 얼굴, 목소리, 보디랭귀지, 존재감, 성격, 존재 방식이 된다.

테크닉 포인트

장비의 가장 좋은 부분(최고의 장비)the best piece of equipment

여러분의 집이나 직장에서 가장 좋은 자원이나 장비는 무엇인가?

• 당신

• 상대방(대상) – 얼굴, 목소리, 몸짓, 성격, 존재감

여러분의 집이나 직장에서 가장 좋은 자원이나 장비는 무엇인가? 그것은 터치스크린이나 대화식 전자칠판이 아니다. 바로 당신, 인간이다. 여러분은 지구상에서 가장 복잡하고, 유연하고, 기발하고, 멋진 장비이다. 다른 어떤 것도 사람이 할 수 있는 것을 대신할 수 없다.

당신은 그 대상과 빈번하고 자연스럽게 흘러가는 활동을 하기 위해 스스로를 유연하고 즐겁게 사용할 것이다.

당신은 주된 장비이다. 그러나 다른 모든 것(물체, 장난감, 가구 조각, 가재도구)도 장비가 될 수 있고, 상호작용 내용의 일부로서 이를 사용할 수 있다.

집중적 상호작용 실무자는 융통성 있는 범위의 행동이 필요하다

집중적 상호작용을 하기 위해 외향적일 필요는 없다. 사실 외향적인 몇몇 사람들은 그들이 반응할 때 얼마나 자주 흥분하고 너무 많은 것을 하려 하는지 언급해 왔다―'지나침(과장)'. 덜 외향적인 사람들은 쉽게 적당히 하는 기술을 받아들일 수 있다는 것을 알 수 있다.

일부 스태프 직원들은 상호작용 파트너가 되기 위해 어떻게 '멍청해지고', 어떻게 '멍청한' 일을 벌일지, 또 억제하는(거리끼는)inhibition 행동에 필요한 방법에 대해 이야기한다.

때때로 더 내성적인 사람들은 그들의 의사소통 스타일에서 단순하고 '능숙한 솜씨'를 더 발휘한다.

아마도 자연스러운 장난기를 갖고 있으면 더 잘 발휘할 수 있을 것이다. 집중적 상호작용 행동에서 어느 것도 특별히 이상한 것이 없다는 것이 현실이다. 여러분은 단지 여러분과 소통하고 있는 사람에 맞는 행동 방식을 찾을 뿐이다.

인간의 행동이 실제로 얼마나 다양할 수 있는지 항상 기억하고, 초기 발달 단계에 있는 사람들에게 흥미롭고 의미 있는 여러 가지 행동을 인식하도록 하는 것은 좋은 생각이다. 여러분은 그 대상에 적응하고 그들에게 알맞고 이해할 수 있는 의사소통 방식을 찾게 된다.

[그림 4-3] 교육과 학습이 편안하고 즐겁다.

'규칙'이 아닌 원칙

이 장에서는 집중적 상호작용을 어떻게 할 것인가에 대한 모든 설명이 있겠지만, 우리는 정확히 무엇을 해야 하는지에 대해서는 거의 알려 주지 않을 것이다. '정확히 무엇을 해야 하는지'는 여러분 그리고/또는 협력 관계에 있는 여러분의 의사소통 파트너가 그때그때 상황에 따라 결정하는 것이다. 활동들은 그만큼 자유롭게 흘러갈 것이다.

여러분의 모든 생각과 의사 결정은 그 대상과의 그 상황을 그때그때 읽는 것에 달려 있다. 그래서 우리는 시시각각으로 정확히 무엇을 해야 하는지 알려 줄 수 없다. 그러나 우리는 모든 집중적 상호작용의 원칙은 알려 줄 수 있다. 이러한 원칙은 집중적 상호작용 활동을 통해 여러분의 방식(방법)이 어떻게 존재해야 하는지 how to be, 어떻게 행동해야 하는지, 그리고 어느 정도까지 어떻게 결정해야 하는지에 대해 여러분의 생각을 이끌어 줄 것이다.

이렇게 설명하면 복잡하게 들릴 수 있으나 그렇지 않다. 집중적 상호작용을 단어로 설명하는 것은 항상 실제보다 더 복잡하게 들릴 위험이 있다.

모든 윤곽을 보여 주고 나니, 지금 여기서 한 가지 규칙에 대해 설명할 필요가 있다. 우리는 다음 문장에서 수차례에 이르러 그것으로 돌아갈 것이다. 이는 간단하다.

상대방, 즉 학습자가 '충분하다, 끝났다.'라고 느낀다면 그 활동은 중지되어야 한다. 만약 그 사람이 그것을 할 생각이 없거나 편안한 마음 상태가 아니라면 아예 시작하지 않아야 한다.

활동을 계획하고 준비하는가

앞에서 설명한 몇 가지 이유 때문에, 집중적 상호작용 활동 중에 어떤 일이 일어날지에 대해 미리 확실한 계획을 세우기가 어렵다. 사실 계획 세우기는 좋은 생각이 아니다. 주요 원칙 중 하나는 대상, 즉 학습하고 있는 사람이 그녀의/그의 행동에 따라 활동을 이끈다는 것이다.

여러분은 그녀 또는 그가 하는 일에 반응함으로써 활동의 내용과 흐름을 발전시킨다.

어떤 일이 발생할지 또는 발생해야 할지를 정확하게 미리 계획하고 결정했다면 이 기본 원칙이 제대로 작동할 일이 적을 것이다.

집중적인 상호작용은 과정 중심의 접근 방식이다

학습이 이루어지기 위해서, 세션 목표를 설정하고 그것을 달성(지향)하려고 노력할 필요가 없다.
오히려 세션의 목적은 학습이 일어나는 과정을 활성화하는 것이다.
그 과정은 두 사람이 서로 관계를 맺고 행동의 흐름을 공유하고 교환하는(나누어 갖는) 것이다.

그러나 앞에서 언급했듯이, 반복은 중요한 특징이며 상호작용 파트너 둘 다 성공적인 활동의 반복이 즐겁다는 것을 알게 될 것이다.

여러분이 이것에 익숙해지고 모든 과정이 그 대상과 함께 발전함에 따라, 왜 사전에 확고한 계획이 필요하지 않은지 깨닫기 시작할 것이다. 그 활동들은 그들 자신의 자발적인 흐름과 계기를 발달시킨다. 활동들이 점점 쉽게 활성화되고, 여러분은 발전과 진전 progress이 자연스럽게 일어나는 방식을 이해하기 시작할 것이다.

하지만 여러분은 활동이 진행되는 방식에 대해 준비된 마음으로 각 활동에 임해야 한다. 다음 섹션에서 여러분은 준비에 대한 많은 조언을 구해야 한다.

4. 준비

당신은 누구와 집중적 상호작용을 할 것인가

준비 단계에서 누구와 집중적 상호작용을 할 것인지에 대한 생각은 중요한 이슈이다. 이것을 읽다 보면 두 가지 주된 가능성이 있을 것이다.

① 여러분은 그녀 또는 그의 행복(건강)에 대한 우려의 측면에서, 그 마음속에 자리 잡은stand out 한 개인과 작업(일)work하고 있고, 집중적 상호작용을 할 때 그 대상은 여러분의 마음속에서 가장 중요한 사람이다.

② 여러분은 능력과 이해력이 어느 정도 접근 방식에 적합한 다양한 사람들과 작업(일)하고 있다.

만일 앞의 1번이 당신이라면, 우리는 당신이 무리하지 않을 것을 권한다. 만약 여러분이 새로운 집중적 상호작용 실무자practitioner일 때, 희망과 기대에 따라 일들이 일어나지 않는다고 해도 여러분은 이에 대해 스스로를 비난하지 않고, 긴장을 풀고 현실적이 되라는 조언에 특히 주목해야 한다.

만약 당신이 2번에 해당된다면, 생각할 수 있는 몇 가지 선택지가 있다. 당신이 집중적 상호작용을 처음 한다면, 우리는 일반적으로 당신이 가장 손쉽게 대응할 수 있다고 생각되는 사람과 작업(일)을 시작하라고 충고한다.

그 사람은 당신이 이미 같이 어느 정도 활동을 하였고 사회적인(사교적인) 사람일 수 있다. 여러분은 구석에 혼자 있는 사람에게 가장 관심이 갈 수 있는데, 그것은 여러분이 이 책을 읽는 주된 동기가 될 수 있다는 것을 알 수 있다. 한편, 여러분이 먼저 여러분의 대상들과 전문 지식을 강화하며consolidating) 스스로 신경을 쓴다면, 당신은 그녀 또는 그에게 더 쉽게 도움을 줄 수 있을 것으로 생각된다.

정신적 준비

가장 먼저 신경을 써야 할 대상은 바로 당신이다. 집중적 상호작용을 성급하게 할 수는 없다. 여러분이 더 열심히 하거나 노력을 더 기울인다고 해서 일이 더 잘되게 할 수는 없다. 시간을 갖고, 이 일을 시작할 때 가급적 여유를 갖길 바란다.

만약 여러분이 이 책을 읽고 있다면, 이미 사려 깊은 준비를 하고 있을 것이다. 당신은 일부 다른 읽기 자료reading나 DVD 자료를 볼 수도 있을 것이다. 그리고 그것은 도움이 될 것이다.

그런 다음에는 활용할 수 있는 몇몇 심리학적이고 정신적인 준비가 있을 수 있다. 이상하게 들릴지 모르지만 이런 준비는 필요하지 않다. 당신이 만일 스태프 직원member of staff이나 실무자(전문가)practitioner라면, 당신은 아마 본인의 일(작업)과 행복 그리고 당신과 함께 일하는 사람들의 행복을 매우 염려하기 때문에 집중적 상호작용 작업에 착수하고 있을지 모른다. 당신이 집중적 상호작용을 하게 될 사람의 부모, 가족이나 친구라면, 모든 점에서 그의 웰빙을 무척 고려하게 될 것이다. 또한 당신은 그녀 또는 그를 위한 이해될 만한 커다란 요구가 있을 것이고, 그와 당신이 보다 더 충분하게 의사소통할 수 있기를 원한다. 우리는 대상과 집중적 상호작용을 하는 일의 논리가 명확해야 한다고 제안한다.

⟨사례 연구⟩

단지 함께 있는 것

'나는 그 사람들과 어떻게 적절하게 좋은 시간을 보낼지 알아냈어요. 나는 그들이 우리와 함께할 수 있는 좋은 시간이 많지 않다는 것을 깨닫지 못했어요. 그들은 우리들로부터 많은 관심을 받지만 그것은 모두 과제와 일에 관한 것이었어요. 한 사람과의 참된 좋은 시간이란 단지 함께 있다는 것이에요. 나는 나 자신을 위한 좋은 시간에 대해서도 배운 것 같아요.'

– 케어 스태프care staff 요원(주거 시설)

주요한 마음 준비는 진전(progress)을 이루기 위해 성급하지 않도록 조심하는 것이다. 우리가 긴장을 풀고 과정의 전개가 제대로 되어 갈 때 집중적 상호작용의 진전은 더 잘 이루어진다.

부담 갖지 말고 무엇인가 일이 일어나도록 '촉구'하지 말자. 이것은 집중적 상호작용에 초보인 실무자들의 매우 일반적인 반응이다. 어떤 상황에 다급함과 스트레스를 보이는 것은 역효과를 낳는다. 편안함과 유연함은 생산적이다.

이 분야의 실무자들을 위해서, 우리 모두가 학생들이나 서비스 사용자들과 함께 진전(발전)하는 것과 관련하여 다루는 이슈가 있다. 많은 실무자가 가시적인 성과를 얻기 위해서 스트레스를 많이 받는 것 같다. 그러한 스트레스와 그로 인해 발생할 수 있는 때로 다급한 실행^{practices}이 훌륭한 집중적 상호작용 작업의 적이 될 수 있다.

낮 동안 느긋해지는 것에 대해 죄책감을 느끼지 말자. 학생이나 서비스 사용자^{service users}와 일을 마무리 짓지 못하고 단지 '그저 같이 있는' 시간을 더 많이 쓰는 것에 대해 죄책감을 느끼지 말자. 수행하거나 마무리 지어야 할 과제도 없는 상황에서 그들과 함께 일을 하는 것에 대해 죄책감을 느끼지 말자. 이러한 상황을 기뻐하도록 하자.

팀별로 이 섹션을 읽고 준비 과정의 일환으로 이러한 이슈에 대해 논의할 수 있다. 우리가 대부분의 서비스에서 만나는 많은 실무자는 그들이 주어진 시간에 너무 많은 일을 하거나 요청받고 있다고 인식하였다.

프로그램이나 작업 계획을 작성하는가

실무자가 작업 계획을 작성하는 정도^{degree}는 매 서비스마다 다르다. 그러나 요즘에는 상세한 개별 프로그램 계획^{IPPs}, 개인 커리큘럼 플랜^{ICPs} 또는 개인 교육 플랜^{IEP}의 작성이 일반적이다. 집중적 상호작용이 세션 목표를 두지 않는다고 해서, 문서 작업과 계획이 필요하지 않은 것은 아니다.

사실, 사람들과 함께 다른 모든 분야의 작업을 위한 문서를 작성하는 것만큼 당신이 하는 일과 시도하려는 일을 기록하는 일의 중대성을 아는 것은 정말 중요하다고 할 수 있다.

 말-언어치료사와의 협업(협력)

여러분이 아직 그렇게 하지 않았다면, 지금이 말과 언어에 대한 치료사와의 협력(협업)을 요청할 때이다. '최전선'에 있는 직원을 지원하는 거의 모든 전문가들은 집중적 상호작용에 대한 지식, 전문 지식(기술)과 경험이 많을 가능성이 높다. 말-언어치료사들은 수년간 접근 방식을 정립하는 데 있어 주요한 역할을 해 왔다.

우리는 7장의 기록에 대하여 의견을 제시하고자 한다.

하지만 이 단계에서 당신이 단지 이 책을 읽고 집중적 상호작용을 해 보기를 원하는 실무자일 수도 있다는 것도 인정한다. 당신이 현재 이 '프로젝트'를 공유하고 싶지 않거나 공유할 수 없는 팀에서 일하고 있을 수도 있다. 단지 소란과 번거로움 없이 이 일을 하고 싶을 수도 있다.

만약 그렇다면, 좋다. 걱정하지 말고 일을 진행하고 집중적 상호작용 실무자가 되는 초기 단계로서의 편안함을 누리길 바란다.

한편, 이런 제안을 달리할 수도 있다. 여러분이 새로운 무언가로 집중적 상호작용을 하려고 하는 경우에도, 간략한 문서로 다음과 같은 개요를 작성하는 것은 좋은 아이디어이다.

- 당신이 하려고 하는 일
- 어떻게 그 일을 하는가
- 어떠한 결과가 나올 것인가

이 단계에서 대단한 문서가 나올 필요는 없다. 단지 질문하는 사람들에게 즉시 제공할 A4용지 몇 장이면 된다. "이게 다 무슨 일인가? 당신은 무엇을 하고 있나?" 물론 구두로 대답할 수 있지만, 당신이 "여기, 이것을 읽어 보세요. 저는 그것에 대해 꽤 많이 생각을 해 보았습니다."와 같은 메시지를 제공할 수 있다면 곧 권위적인 실무자가 된다는 신호가 된다.

일대일 시간 갖기(탐색)

계속해서 말하지만 효과적인 집중적 상호작용 실무자는 편안하고, 주의력 있고, '조율'하며 서두르지 않는 사람이다.

그러므로 만약 여러분이 직장에서 실무자로 일하는 것이라면, 가장 먼저 해야 할 일은 어떻게 좋은 일대일 시간을 만들어 낼 것인가를 생각해야 한다는 것이다. 기억하자. 여러분은 그것이 꼭 필요할 것이다.

양질의 일대일 시간

바쁜 직장에서 충분히 좋은 일대일 시간을 만들어 내는 것은 어려울 수 있다. 이 이슈에 대한 논의와 조언은 5장과 6장을 참조하길 바란다. 11장에서는 당신이 만일 부모의 입장이라면 집에서 집중적인 상호작용을 하는 것과 관련된 몇 가지 이슈들이 있다.

자, 이제 찾거나 만들어 내 보자. 여러분과 여러분의 팀에는 이미 모든 사람이 양질의 집중되는 관심을 받을 수 있는, 제대로 확립된 정해진 순서가 있을 수 있다.

당신이 부모이거나 집에서 그 대상과 함께 일을 하고 있다면, 이미 편안한 휴식 시간을 가질 기회가 많을 것이다. 그러나 근래 일부 주거 시설에서는 다소 스트레스를 받게 되는, 업무 지향적인 분위기가 있을 수 있다.

안타깝게도 (특히 많은 특수 학교에서) 최근 몇 년 동안 그룹 작업에 초점이 맞추어졌고, 팀들은 각 학습자와의 일대일 시간 연습(실행)과 그 가치(윤리)를 둘 다 잃었을 수도 있다. 만약 그렇다면, 여러분은 이러한 시간을 일상에서 설정하는 것에 대해 잘 생각해 볼 필요가 있다. 당신은 이미 일을 하는 방식에 약간의 변화를 마주하게 될 것이다. 6장과 7장에서 우리의 몇 가지 의견을 볼 수 있다. 거기에는 준비 기간의 일부로 팀 또는 직장에 대한 논의가 포함될 것이다.

그 장들과 또 어딘가에서, 우리는 추가적으로 일대일 시간을 가진다고 해서 반드시 교실을 떠나 조용한 방으로 가는 것을 의미하지는 않는다는 것을 강조하고 있다. 조용한 곳으로 가는 것은 다가가기 어렵고 불안하며 쉽게 산만해지는 초기 단계에 있는 사람들에게 필요할 수 있다. 또한 어느 때이건 어느 사람과 조용하고 사적인 곳에서 활동을 하는 것은 작업의 흥미롭고 일상적인 측면일 수 있다.

그러나 진전에 충분히 도달할 수 있도록 주기적으로 일어나는 집중적 상호작용을 정립하려면, 대부분의 활동이 정상적이고 주기적인 상황에서 일어나야 한다. 또한 그 사람의 의사소통 일상이 특별한 경우, 특별한 장소에서만 일어나는 그 무엇이 되어서는 안 된다. 그것은 올바른 분위기가 아닐 것이다. 집중적 상호작용은 특별한 시간에 특별한 장소에서 이루어져야 하는 무슨 특별한 것이 아니다. 집중적 상호작용은 사람들에게 평범한 의사소통이다.

〈사례 연구〉

더 많은 일대일 시간

아이반은 13살이고, 중복 장애를 가졌다. 일단 팀이 그와 집중적 상호작용하는 방법을 알게 되고 난 후, 그들은 더 이상 그에게 화장실 훈련을 시키지 않았다. 대신 그들은 그와 함께 욕실로 가서 재미있고 편안하며 다소 시끄러운 정말 좋은 의사소통 세션을 했다. 그 세션을 하는 동안, 아이반은 화장실에 갔다.

- SLD 교실 팀

많은 지원을 필요로 하는 사람들과 함께, 우리는 하루 종일 이미 많은 양의 일대일 시간이 예약되었음을 상기할 수 있다. 우리는 모든 종류의 일상적인 돌봄과 지원으로 그들을 도와주어야 하고, 그중 일부에게는 그들 일상생활의 모든 면으로 도와주어야 한다.

사람들이 먹고 씻고 화장실 가는 것을 돕는 등 우리가 일상적인 관리를 해 주는 동안에도, 이는 집중적 상호작용이 일어나는 귀중한 일대일 시간으로 볼 수 있다.

그래서 당신은 이미 어떻게 해서든지 일대일 시간의 유용성에 도달했었을 것이다. 그러나 아직은 집중 상호작용을 하지 말자. 대신 시간을 관찰하는 기간으로 더 쓰자.

5. 관찰

집중적 상호작용은 주관적인 작업 방식이다. 그것은 당신이 상호작용할 때, 그 대상을 '조율'하고 당신의 성격, 지식 그리고 종종 작은 사건들로부터 의사소통의 순간들을 공유하고 찾는 기능들을 사용한다는 것을 의미한다.

여러분은 관찰하고 의사 결정하는 능력을 민감하게 사용하며 적절한 순간을 찾기 위해 전술적으로 운영한다. 여러분은 어떻게 행동과 반응의 타이밍을 잡는가를 알게 된다.

1장에서 설명한 것처럼, 사람과 대면하여 일반적으로 의사소통하는 방식으로 당신 내면의 무의식적인 자산을 사용하여 직감적으로 작업한다. 의식적인 것(의도적, 자각하는)과 직감적·무의식적인 작업의 각 조합의 정도는 사람마다 다르다. 그러나 연습과 경험을 통해 대부분의 사람들이 점점 더 직감적으로 일하고 있다고 스스로 느낀다.

그래서 시작하기 전에, 여러분과 의사소통할 사람에 대한 주관적 관찰을 하면서 조용한 시간을 보내도록 해 보자. 이것은 말 그대로 앉아서 그 사람과 즐기는 것을 뜻한다. 그것은 여러분 자신과 반드시 거리를 두거나 초월하라는 의미가 아니라, 그녀 또는 그가 행동하는 방식을 즐기는 시간을 스스로 가지라는 것이다. 그러면서 여러분의 무의식이 그 사람의 행동과 가능한 의사소통 시그널(신호)을 배우게 되는 것이다.

우리 작업의 대부분의 실무자들은 인간의 '통상성'에 대한 인위적인 관념artificial notions보다는 인간이 다양한 행동에 참여할 수 있다는 것을 받아들이는 데 매우 능숙하다. 예를 들어, 흔들기, 펄럭이기, 두드리기, 돌기, 발성하기, 건너뛰기, 연속적으로 움직이기, 가만히 앉아서 쳐다보기 등 다양하고 끝없는 반복적인 행동 등이 있다.

우리 작업을 하는 대부분의 실무자는 이 모든 것을 하는 것이 누구에게는 매우 정상적이고, 또한 사람들은 그들의 행동이 서로 극심하게 다를 수도 있다는 것을 확실히 받아들이게 되었다. 그것은 복잡한 개인 각각의 행동을 관찰하려는 목적 중 일부분이다.

그 사람의 행동이나 삶의 방식에서 어느 부분 또는 어느 측면이 그녀 또는 그에게 반응할 기회를 제공하는지 생각해 보자. 기억하자. 여러분은 대상이 하는 모든 것에 반응할 필요는 없다.

특히 당신이 직감적이고 무의식적이라고 느끼는 반응성과 조율하여 의사소통 능력을 나타낼 수 있는 사람과 시작하라.

 의식적 또는 무의식적 반응

집중적 상호작용 실무자들은 모든 종류의 성격 유형을 가질 수 있다. 우리 모두는 집중적 상호작용을 수행하면서 정신적 과정mental processes이 다양해진다.
어떤 사람들은 매우 자연스럽고, 아주 직관적(직감)이며 공감적이다. 또한 집중적 상호작용을 하며 의식적 사고가 거의 없으며, 쉽게 그렇게 하는 것 같다. 반면, 또 다른 사람들은 집중적 상호작용에 대해 시시각각 자신의 방식을 생각하며 더 의식적이고 전술적이 된다.

마찬가지로, 이러한 일부 관찰 시간 동안 여러분은 비디오 카메라를 들고 싶을 것이다. 나중에 그 영상을 보면 실시간으로는 보지 못했던 모든 종류의 정보와 통찰력을 얻을 수 있을 것이다.

이러한 관찰 시기 동안, 여러분은 일부 계획을 개발하기 시작할 수 있다. 그것은 다음과 같은 생각으로 나타날 수 있다. '오, 그가 가끔 팔로 하는 작은 움직임, 나도 함께해 볼 테야.' 또는 '그녀는 자주 약간 리드미컬한 발성을 한다. 나는 조금씩 그것에 반응하며 조심스럽게 따라 해 볼 테야.'이다.

다시 말하는데, 서두르지 말고, 즐겁고 사려 깊은 관찰 기간을 갖도록 해 보자.

기준치를 정하자

기준치는 다양할 수 있지만, 기본적으로 집중적 상호작용을 시작할 때 사람들의 상태가 어떠한지, 그리고 능력 및 의사소통 성과가 어떠한지를 설정하고 규정하는 일련의 기록과 관찰이다.

여러분은 기술적 세부 사항과 정밀도에 따른 다양한 수준의 기준치를 정할 수 있다. 그러나 대부분의 경우, 거의 모든 직장(작업장^{workplace})에서, 여기서 보여 주는 기준 절차로 충분할 것이다. 이를 통해 시작할 당시 그 사람의 능력과 성과에 대하여 일반적이고 상당히 정확한 요약 정보를 얻을 수 있다.

비디오

이제 비디오 촬영을 할 때이다. 대상이 혼자 있는 동안 일반적인 비디오를 몇 개(서너 개) 촬영한다. 5분 분량이 적당하다.

또한 스태프 구성원과 함께 일반적 의사소통 상황에 있는 그 대상의 비디오도 서너 개 촬영한다. 이는 스태프 구성원과 그 사람이 연결되어 흔히 일어나는 상호작용으로 서로 간에 의사소통하는 기회가 된다. 비디오에 대한 기술적 분석은 특별히 할 필요가 없다. 그것의 첫째 기능은 그 사람의 의사소통 능력이 분명히 달라질 수 있는 나중의 시점과 시각적으로 비교하기 위함이다.

 비디오 사용

7장에서는 기록 보관에 대한 세세한 조언이 있을 것이다. 그리고 비디오 영상을 촬영하고 편집하기 위한 팁과 기술에 대해 설명한다.

12장에서는 비디오 사용 및 동의 문제에 대한 부분이 다루어질 것이다.

또한 마리 캘렛(Mary Kellett)과 멜라니 닌드(Melanie Nind, 2003)의 『학교에서의 집중적 상호작용 구현(Implementing Intensive Interaction in School)』에서 비디오 사용에 관한 매우 유용한 조언을 찾을 수 있다. 만약 여러분이 학교에서 일하는 것이 아니더라도, 제목 때문에 건너뛰지 않길 바란다. 대부분은 당신에게 유용할 것이다.

6. 팀 구성(준비)

이 단계에서 팀의 나머지 다른 동료들을 위해 당신이 준비하는 정도는 실무자에 따라, 상황에 따라 다르다. 예를 들어, 우리는 '영웅-혁신자hero-innovator'의 위치에 있다고 할 수 있는 많은 말-언어치료사speech and language therapists들과 작업을 하기도 한다. 다음에 설명되는 몇 가지 이유로 인해 팀 구성원의 도움 없이도 작업을 시작할 필요가 있다는 것을 알게 된다.

개인의 집 안에서와 같이 다양한 상황하에 혼자 일하는 다양한 돌봄 실무자들이 있다. 또 다른 실무자들은 팀에 속해 있더라도 혼자서 일을 해야 할 수도 있다. 이 책에서는 집중적 상호작용이 얼마나 자연스럽고 평범한 것인지 강조한다. 그것은 또한 우리 분야에서 사용되고 있는 몇 안 되는 접근법 중 하나이고, 인간이 자연스럽게 어떤 것을 배우는 방법에 대한 과학적인 분석에 기반을 둔 것이다.

 부모로서 집중적 상호작용하기

이 책을 읽고 있는 많은 분이 부모일 수 있다. 여러분은 아들이나 딸과 함께 많은 시간을 보내는 상황이 될 수 있는데, 그것이 곧 집중적 상호작용 활동을 설정하는 상황이 될 것이다. 11장에서 탠디 해리슨(Tandy Harrison)은 부모이자 실무자로서 자신의 경험으로부터 나온 조언을 한다.

당신은 또한 팀 상황에서 자신을 중요하게 여기는 관점에서 이 섹션을 읽는 부모일 수도 있다. 엄마, 아빠, 형제, 자매들은 모두 여러분의 아들이나 딸과 더 행복한 상호작용을 하기를 바란다. 우리는 이 책을 통해 팀 문제에 대해 조언을 할 것이다. 물론 이것은 우선 우리 실무자 동료들을 위한 것이다. 그럼에도 우리는 당신의 '팀'에 유용하고 쓸모 있는 것들이 많이 있기를 바란다.

다수의 서비스, 팀 및 개별 실무자들에게 있어서 집중적 상호작용은 여전히 무언가 새롭고, 색다르고, 급진적인 것처럼 느껴질 수 있다.

그 상황은 여러분이 동료들에게 티 내지 않고 어떤 시도를 해 보고 싶다고 느끼는 상황일 수도 있다. 여러분은 아마 회의적인 동료들의 큰 관심 없이, 집중적 상호작용 작업이 비교적 신중한 방법으로 이해되기를 원하는 것이라고 느낄 수 있다. 여러분은 다른 사람들의 지속적 관심 또는 비판마저도 없이 그것을 시도하고, 자신의 실험을 하고, 배우며 자신감을 갖게 되기를 원한다.

여러분이 자신감과 전문성을 갖게 되면 집중적 상호작용을 다른 사람에게 전파하는 능력이 더 향상됨을 느낄 수 있다. 또한 당신의 대상이 이미 성취해 놓은 진전된 몇몇 결과들을 보여 줌으로써 그들의 관심과 헌신을 더 잘 받을 수 있다고 느낄 것이다.

팀 전체가 함께하는가

반면에 팀 작업 상황을 보고 당신이 처음부터 동료들과 함께 합류하고 싶으면, 그들에게 흥미와 영감을 주기 위해 아래에 나열된 다양한 의견을 참고하자.

- 여러분이 하려고 하는 일을 알리자. 사람들에게 집중적 상호작용에 대한 지식이나 경험이 있는지 물어보자.
- 부수적인 논의로 시작하자. 예를 들어, 우리가 실제로 얼마나 많은 의사소통 작업을 하는가? 1장에서 다루었던 이슈들을 염두에 두도록 하자.
- 여러분이 수강했던 집중적 상호작용에 대한 자료들을 동료들과 공유하거나 카피하자.
- 직원 및 팀 미팅에서 집중적 상호작용 DVD의 일부 또는 전부를 보여 주자. 디스크를 직원실(staffroom)에 두자.
- 이 책을 직원실에 두자.
- 평가 기준치를 만드는 데에 있어서 다양한 동료들의 협조를 요청하도록 한다.

아니면 팀이 한 명씩 차례차례 하는가

여러분이 특별 교실이나 소규모 주거 주택과 같이 항상 가까이에 동료들이 있는 효율적인 팀 상황에서 일한다고 할지라도, 여러분은 이것을 결정해야 한다.

> 맨 처음에, 여러분은 이러한 동료들의 협조 없이 모든 초기 테스트^{try-outs}를 직접 하고 그다음 다른 사람에게 적용하고 싶은가?
>
> 또는
>
> 여러분의 소규모 팀 전체가 부분적으로 합의된 순서로 돌아가며 테스트를 치르게끔 하고 싶은가?

두 가지 접근 방식 모두 장점과 단점이 있다. 올바른 결정(판단)이 무엇인지 조언할 방법은 없다. 기본적으로 우리는 여러분이 이미 좋은 팀워크 정신으로 서로 간에 편안함을 느낀다면, 두 번째 길을 가길 권한다. 모두가 행복한 협업 의식을 갖고 함께할 수 있도록 하는 것이 좋다.

그러나 구조적 또는 실무적인 이슈들 때문에 여러분은 첫 번째로 결정할 수도 있다.

자주 묻는 질문에는 다음과 같은 것이 있다. "집중적 상호작용을 하는 데 있어서 스태프 중 한 명과 또는 여러 명과 함께하는 것이 좋은가?" 일반적인 답은 "처음에는 너무 많지 않고 소규모의 직원 그룹으로 하는 것이 더 좋다."이다. 그 이유는 다음과 같다.

- 여러분이 만일 '접근하기 어려운' 대상과 일하고 있다면, '접근^{access}' 단계가 시간이 좀 걸릴 수 있다. 소규모 팀은 서로 지원을 할 수 있고, 함께 검토하며 아이디어를 모을 수 있다. 개인의 성격 특성이 그들의 발전을 이루는 데 기여할 수 있다.
- 상호작용 활동이 진행됨에도, 그 대상에게는 다양한 성격에서 나올 수 있는 다양한 잠재적 경험을 갖는 것이 매우 유익하게 보인다.
- 그 대상이 한 명의 스태프 구성원과 함께 새로운 것을 배우면, 그녀 또는 그는 다른 사람에게 유용한 학습의 일부를 일반화할 수 있는 기회를 갖게 된다.
- 팀 접근(법)은 한 사람과 너무 깊은 감정적 유대감을 갖게 하는 위험 요소를 다소 방지한다.
- 그것은 또한 경쟁과 배타적인 분위기를 나타낸다. "물론, 나는 그와 함께 그것을 할

수 있고, 다른 사람들은 못한다."

　편안한 관찰과 준비의 기간을 편안하게 잘 보내고 나서, 다음 장으로 가서 집중적 상호작용 활동을 시작하는 것에 대해 생각해 보자.

📖 추가 읽기 및 자료

Bowlby, J. (1953). Some causes of mental ill-health. In Bowlby, J. (1953). *Child Care and the Growth of Love*. London: Pelican.

Hewett, D. (2011). What is Intensive Interaction? Curriculum, process and approach. In D. Hewett (ed.), *Intensive Interaction: Theoretical Perspectives*. London: Sage.

Imray, P., & Hewett, D. (2015). Challenging behaviour and the curriculum. In P. Lacey, R. Ashdown, P. Jones, R. Lawson, & M. Pipe (eds), *The Routledge Companion to Severe, Profound and Multiple Learning Difficulties*. London: Routledge. 이 책은 의사소통의 기초 (2)에 의해 제기된 심리적 · 감정적 문제에 대한 논의에 기술적 배경을 더해 준다.

Kellett, M., & Nind, M. (2003). *Implementing Intensive Interaction in Schools*. London: David Fulton.

Lamb, M. E., Bornstein, M. H., & Teti, D. M. (2002). *Development in Infancy*. Hillsdale, NJ: Lawrence Erlbaum.

Nind, M., & Hewett, D. (1994). *Access to Communication: Developing the Basics of Communication with People with Severe Learning Difficulties thr ough Intensive Interaction*. London: David Fulton.

Nind, M., & Hewett, D. (2001). *A Practical Guide to Intensive Interaction*. Kidderminster: British Institute of Learning Disabilities.

Nind, M., & Hewett, D. (2005). *Access to Communication: Developing the Basics of Communication with People with Severe Learning Difficulties thr ough Intensive Interaction* (2nd edn). London: David Fulton.

Schore, A. N. (2003). The Human Unconscious: The development of the right brain and its role in early emotional Life. In V. Greene (ed.), *Emotional Development in Psychoanalysis, Attachment Theory and Neuroscience: Creating Connections*. Brighton & NY: Routledge.

　집중적 상호작용(Intensive Interaction in Action) DVD는 집중적 상호작용 사이트에서 참조(website: www.intensiveinteraction.org).

제5장

시작하기

·

데이브 휴이트

개요

- 시작: 접근하기
  - 그 대상은 정말 '접근하기 어렵다'.
  - 그 대상은 매우 접근하기 어려운 것처럼 보이지만 실제로는 그 렇지 않다.
  - 그 대상은 사교적이고 상호작용이 가능하지만, 의사소통자로서 는 발달되지 않았다.
  - 현실적인 기대
- 첫 번째 시도
  - 대응 아이디어(전략)와 '이용 가능한^{available}' 모습
  - 어디에 있을 것인가? 자리 잡기
  - 몇 가지 대응 방법 시도
  - 자세를 낮추는 것은 ^{getting lower} 의사소통에 도움을 준다.
  - 접근하기의 예
  - 당신은 일이 진행되게 하기 위해 촉진하거나 시작하는가?
  - 첫 성공
  - 첫 번째 및 그 이후의 초기 시도에서 눈에 띄는 성공이 없다.
- 초기 성공 및 발전
  - 첫 번째 성공을 굳건히 하고(강화하고) 점차 이동
  - 당신이 정한 것(확립)^{establish}을 계속하라.
  - 느낌을 얻는 것^{getting the feel thing}
  - 집중적 상호작용은 어떻게 끝나는가?
  - 상대방은 매우 흥분하고, 활동은 제어할 수 없게 된다.
  - 흐름과 상호성^{flow and mutuality}

1. 시작: 접근하기

'접근하기'는 여러분이 상호작용의 첫 번째 순간을 발견하는 과정에 대한 설명이다. 그 것은 여러분의 대상이 자신들에게 여러분이 어떻게 반응했는지에 대한 관심을 갖게 되는 순간이다. 그것은 또한 여러분이 지속적으로 공통의 관심사를 창출해 낼 수 있다는 것을 의미한다. 당신은 그녀 또는 그에게 어느 정도 접근하였고, 그 또는 그녀는 당신에게 접근되는 느낌을 갖는다.

우리는 그 대상과 함께 시작점에서 일어날 수 있는 3가지 가장 일반적인 가능성에 대해 설명하고자 한다.

그 대상은 정말 '접근하기 어렵다'

첫 번째 현실로 다가오는 것은, 성공의 첫 느낌을 갖는 것은 시간을 필요로 한다는 것 이다. 특히 사회적으로 고립된 삶을 살았거나 아주 어렸을 때부터 매우 제한된 일상적인 접촉을 해 온 대상과 함께 일하는 경우 더욱 그렇다.

당신은 그 사람이 수년간 복잡한 세상에서 일련의 행동들과 생활 방식을 취하며 살아 왔다는 것을 기억할 필요가 있다. 아니면 적어도 하루하루 그것들을 헤쳐 나가는 데 그 것이 유용했을 것이다. 여하간 그녀 또는 그의 관심을 끌기 위해서는 그 대상의 '내면의 삶inner life' 과 경쟁해야 한다. 비록 그 사람이 사회적 고립 경험이 몇 년 안 된 어린아이라 도 마찬가지이다.

그 대상은 매우 접근하기 어려운 것처럼 보이지만 실제로는 그렇지 않다

반면에, 때때로 상당히 멀리 있고, 거리를 두고, '접근하기 어려운' 것처럼 보이는 사람 이 어떤 때는 여러분이 제의한 것에 '웃으며 반기고light up' 흥미를 보인다. 그리고 나서 거 의 즉시 뚜렷하게 조금씩 발전하는 모습을 보이기 시작한다.

이것은 여러분을 약간 불안하게 만드는 다소 놀라운 사건의 전환이 될 수 있다. 아주 빠르게, 그 사람에 대한 당신의 개념을 재평가(재조명)해야 한다. '아, 왜 진작에 우리는 이렇게 안 했는가?' 여러분은 이에 감정적으로 불편할 것이고, 심지어 죄책감을 느낄 수도 있다.

때때로, 실제로는 그 대상이 진정 접근하기 어려운 사람은 아니다. 그들에게 가까이 가지 못하는 사람은 바로 우리이다. 종종 일반적인 작업 관행(실태)에서 볼 때 우리는 스스로를 복잡하고 접하기 어려운 사람이 되도록 지속적으로 행동하는 경우가 있다.

이러한 상황에 놓여 있는 스스로를 발견하게 되더라도 죄책감을 느끼거나 자책하지 말도록 하자. 2장을 읽고 모든 근무환경에서 이러한 일들이 우리 모두에게 일어날 수 있는 것임을 명심하자.

당신이 그것을 깨닫고 기뻐하고 나서는 그녀 또는 그의 세계를 열어 주고 펼칠 것에 대해 진심으로 노력해 보자.

그 대상은 사교적이고 상호작용이 가능하지만, 의사소통자로서는 발달되지 않았다

세 번째 현실은, 더 좋은 의사소통자가 되는 것을 배우려는 사람들로 하여금 모든 경험들을 충분히 누릴 수 있는 서비스에서 그들의 능력을 다루거나 그에 근접하지 못하게 되는 이력(경험)history을 갖게 될 수 있는 것이다. 그 대상은 매우 활기차고 깨어 있고aware 주변 사람들에 관심이 있는 사람일 수 있다. 그러나 그녀 또는 그는 상대적으로 제한된 의사소통 기술과 일상을 누리고 있을 수도 있다. 그러므로 그들은 종종 제한되고 반복적이지만, 그들의 관점에서 의미 있는 상호작용 방법을 스태프들과 함께 개발시킬 수 있어야 한다.

여러분은 아마 그 대상이 의사소통자로서 더 잘 발달되고, 더 자세한 기술 지식을 가질 수 있고, 가져야만 한다고 간절하게 느낄 것이다.

현실적인 기대

앞서 설명한 것처럼 우리는 대상자가 아직 발달 초기에 있거나, 말을 하지 않거나, 다른 스태프 또는 누구와도 잘 접촉하지 못하는 그런 대상과 함께 시작한다는 관점에서 집중적 상호작용 실행에 대한 설명을 하고 있다.

이것은 과정의 한 부분인데, 굳이 표현하자면 "인내가 미덕이다."라고 할 수 있다. 사실, 인내^{patience}는 올바른 단어가 아니다. 여기 있는 모든 것은 현실적인 기대이다. 여러분이 현실적인 기대를 갖고 있다면, 참을 필요가 없다. 당신은 현실적이 될 것이다.

초기 단계에서 일어날 수 있는 가능한 범위가 있다. 기억하자.

- 어떤 사람들은 첫 접근이 수 분 걸릴 수도 있고 즉시 일어날 수도 있다.
- 어떤 사람은 수일이 걸릴 수 있다.
- 어떤 사람은 수 주 또는 수개월이 걸릴 수 있다.

2. 첫 번째 시도

대응 아이디어(전략)와 '이용 가능한' 모습

대상과 집중적 상호작용 세션의 첫 시도를 하려고 한다. 기본적인 아이디어는 매우 단순하다. 여러분은 자신을 그 대상의 행동에 대한 즐거운 반응 등 무엇인가 할 수 있는 위치에 두되, 다른 사람이 알아차릴 수 있도록 한다. 여러분이 할 일은 다른 사람이 당신에게 관심을 갖는 순간을 알아차릴 수 있도록 귀 기울이는(주의를 기울이는)$^{tune-in}$ 것이다.

관찰에 따르면, 여러분은 아마도 무엇을 시도할 수 있는지에 대한 준비된 생각들을 가지고 있을 것이다. 좋다, 그 아이디어들을 시도해 보도록 하자. 그러나 순간적인(얼결의) 가능성으로 마음을 닫지는 말자. 시간을 갖는 것을 잊지 말고, 천천히, 쉽게 하자. 당신의 가장 '이용 가능한 모습'을 보여 주자.

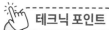 테크닉 포인트

'이용 가능한' 모습

이용 가능한 모습은 말로 설명하기 상당히 어렵지만, 위협적이지 않고, 편안하고 열린 마음의, 보디랭귀지가 가능하고, 표정 및 존재감을 나타낼 수 있는 것을 말한다. 한 전문가는 이를 사려 깊게 '상담'할 준비가 된 것처럼 보이는 것이라고 했다. 사실, 수용할 수 있고 이용 가능한 모습을 가진 사람들은 그들이 또한 즐기는 것처럼 보이기도 한다.

스스로 즐길 준비를 하는 것을 잊지 말자. 그것을 이용 가능한 여유 있는 모습의 일부로 여기자.

여러분이 그 대상에게 접근하기 전에 귀 기울여 보자. 우리는 '접근'이란 단어를 신중히 사용한다. 당신은 처음부터 특별히 그 대상에게 처음부터 너무 가까이 있지 않도록 결심할 수도 있다.

 테크닉 포인트

조율

가장 중요한 집중적 상호작용 기술은 다른 사람에게 귀를 기울이는(조율하는)$^{tune\ in}$ 것이다. 쳐다보고, 듣고, 가끔 접촉하기도 하면서. 당신은 항상 긴장을 풀고 상대방으로부터 나오는 모든 정보와 피드백 시그널(신호)에 더욱 주의를 기울여야 한다. 당신이 하는 모든 일은 그 대상에 대한 '분석(해석)^{reading}'에 기초를 두어야 한다. 당신은 무엇을 할 때 충동적으로 단지 좋은 아이디어라고 생각이 들어서 행하는 일은 거의 없다. 그렇지 않다. 당신은 피드백에 기초를 두고 (일을) 한다. 이러한 과정은 '당신의 모든 감각으로 귀를 기울이는 것'이라 한다.

어디에 있을 것인가-자리 잡기

당신이 다른 사람과 관계를 맺을 때, 어디에 자리를 잡는가에 대해 다양한 가능성을 두고 생각해 볼 수 있다. 집중적 상호작용에 대한 대부분의 비디오는 일반적으로 두 사람이 물리적(신체적)으로 가까운 것을 보여 준다. 집중적 상호작용은 또한 많은 신체적 접촉을 수반할 수 있다.

보통 이러한 의사소통 교류^{exchange}는 두 사람이 서로 가까이 있을 때 더 잘된다고 하지만, 그것이 절대적인 원칙은 아니다.

집중적 상호작용은 두 사람이 멀리 떨어져 있을 때, 심지어 이동 중-걷거나 뛰거나 기어다닐 때에도 일어날 수 있다.

테크닉 포인트

자세를 낮추는 것

만약 여러분이 대상과 가까이 있는 것이 편안하다면, 이것을 시도해 보자. 만약 여러분이 신체적으로 몸을 낮추면, 그것은 특히 그녀 또는 그가 여러분에게 주의를 기울이는 것, 특히 얼굴과 눈에 주목하는 것에 도움을 준다. 몇 피트 정도 훨씬 낮은 곳으로 내려갈 필요는 없지만, 이 방법은 효과가 있다. 아니, 만일 당신이 눈과 얼굴을 단순히 낮은 곳에 두면 그 사람은 당신을 내려다보는 느낌을 가질 것이다.

시도해 보자. 정말 도움이 될 것이다. 인간의 심리는 분명하다.

비록 그 대상이 사회적으로 '접근하기 어렵다' 할지라도 여러분은 신체적으로 가까이 있는 것이 문제가 되지 않을 정도로 잘 발달된 관계가 될 수 있다. 그러므로 여러분의 시작점은 세심하게 접근하고 가까이에서 시도하는 것에서 시작되는 것일 수 있다.

반면에 이러한 초기 단계에서 그 사람과 너무 가까이 하지 않는 것이 좋다고 판단할 수 있다. 다음과 같은 이유 때문이다.

- 그 대상은 접근하기 힘들다. 다른 사람들이 가까이 있는 것에 대해 불안하고 초조해 한다. 이는 특히 ASD를 가진 일부 사람들 경우에 해당될 수 있다.
- 그 대상은 매우 어렵고 예측할 수 없어서 그녀 또는 그가 순간적으로 무슨 일을 할지 불안감을 느낄 때이다.
- 끊임없이 이동하는 등 매우 활동적인 사람과 상호작용을 시도할 때이다.

몇 가지 대응 방법 시도

만일 여러분이 좋은 위치에 있다면, 그 대상의 행동에 반응하는 몇 가지 방법을 시도해 보자. 모든 것에 반응할 필요는 없고, 그들 행동의 일부분 또는 항목들을 선택할 수 있다.

1) 샘(Sam)은 쉽게 다른 사람과 (사회적) 접촉을 하지 않는다. 그는 혼자 앉아서 손가락을 입에 물고 그만의 세계에 있는 것처럼 보인다.

2) 아만딘(amandine)이 샘과의 첫 활동을 시도한다. 그녀는 가까이 앉아, '귀 기울이고' '이용 가능한 모습'을 보여 준다. 그녀는 그에게 귀 기울이며 가볍게, 천천히 그가 하는 일들 중 몇 가지를 시도해 본다.

3) 샘은 아만딘이 있는 것(존재)이 괜찮아 보이나, 그녀에게 관심은 없어 보인다.

4) 어느 정도 시간이 흐른 후, 아만딘은 더 그에게 가까이하기로 자신의 위치를 바꿀 생각을 한다.

5) 샘에게는 그것이 더 나아 보인다. 그는 아만딘을 향해 조금 몸을 돌리는데, 그것이 더 편해 보인다.

6) 샘은 확실히 더 자신감 있어 보이고 아만딘이 하는 일에 더 주목하는 것처럼 보인다.

7) 아만딘은 계속 샘에게 귀를 기울인다. 여전히 그를 분석하고, 주목하고 생각한다. 그녀는 다시 위치를 바꾸고, 더 몸을 낮춘다.

8) 네! 이건 샘에게 정말 효과가 있다. 그는 바로 아만딘의 얼굴을 직접 보는 것이 편안해 보인다. 그녀는 웃으며 입을 벌리고 대답한다.

[그림 5-1] '조율' 자리 잡기, 가벼운 시도

*출처: www.youtube.com/watch?v=q4MM2XwNUMk&t=17s 참조.

자세를 낮추는 것은 의사소통에 도움을 준다

여러분이 성취하고자 하는 것을 기억하고 그 대상에게 일어나는 것을 관찰하자. 여러분이 행한 흥미롭고 호기심을 일으키는 일들로 인해 그들의 관심이 짧게나마 당신에게 고정될 수 있다는 것을 깨닫게 된다. 당신이 이 초기 단계에서 운이 좋다면, 우리가 '사회적 원인과 결과'라고 부르는 일련의 탐구를 신속하게 이루어 낼 수도 있다.

응답(반응)^{respond}하면서 무엇을 보는가? 글쎄, 그 대상이 하는 행동은 당신이 지금 바로 한 일에 대해 흥미를 느꼈던 일이다. 아마도 여러분이 한 일이 그 또는 그녀가 금방 했던 일 때문이라는 것을 인식했을지도 모른다.

 테크닉 포인트

초기 시도를 비디오 촬영하는 것이 좋다

가장 단순한 수준에서, 집중적 상호작용은 의사소통과 사회적 상호작용을 가능하게 하는 것을 목표로 하는 과정이다. 집중적 상호작용은 어떤 사람이 의사소통이나 사회적 장애로 인하여 이러한 과정들이 어렵다 할지라도 서로 간에 긍정적이고 친화적이 되게 하는 것이다.

집중적 상호작용은 일반적으로 더 숙련된 의사소통 파트너(이 책을 읽고 있는 당신일 수도 있다.)와 아직 의사소통과 사회적 상호작용에 참여하는 다양한 방법을 배우고 있는 신참^{emergent} 의사소통자 사이에서 발생한다.

그러한 '신참' 의사소통자는 대개 매우 심각한 학습 장애 또는 자폐증을 가진 사람일 것이다—한편, 집중적 상호작용은 오늘날 여러 가지 다른 이유로 의사소통과 사교성에 어려움을 겪고 있을 수 있는 다른 그룹의 사람들과 함께 사용되고 있다.

집중적 상호작용의 초기 작업에 함께했던 조교는 이같이 설명했다. "저는 제가 한 일이 적어도 조금이라도 '그를 빛나게 했는지' 알고 싶어요. 그러면 저는 제가 참여하고 있다는 것을 느껴요(알아요)."

기억해 두자. 처음부터 너무 많은 것을 하지 말고, 한꺼번에 하지 말자. 그것은 특히 유용하며 또한 여기서 일시 중지(쉼)를 하는 것이 중요하다. 응답을 시도하고 길게 쉼을 가지길 바란다.

불안해하거나 조급해하지 말자. 상대방이 약 5초 이내에 대답(반응)해야 한다고 느낄 수 있다. 그러나 그러한 당신의 요구는 아마도 자격을 제대로 갖춘 의사소통자들과의 상호작용 속도에 익숙해져서일 것이다.

〈사례 연구〉

거의 놓칠 뻔함

니카(Nika)는 마침내 저메인(Jermaine)과의 마지막 시도 영상에서 그것을 보았다. 그녀가 "오케이 저메인, 이제 가요, 나중에 봐요." 이렇게 말했을 때였다. 저메인은 눈에 띄게 살짝 손을 튕기고 머리를 끄덕였다. 그의 동작과 버릇들 사이에서 그것을 보는 것은 어려웠지만, 슬로모션에서는 잘 보였다. 그래서 그녀는 다음 세션에서도 다시 시도했다.

[그림 5-2] 어떤 물체라도 집중적 상호작용 활동 내용의 일부분이 될 수 있다.

상대방이 당신에게 반응하는 것은 다소 약할 수 있다는 것을 잊지 말자. 의사소통에서 그것을 즉각적으로 알아차릴 수 있는 것이 아닐 수 있다. 이 단계에서 할 일은 귀를 기울이고 있는 것이다.

특히 ASD를 가진 사람들은 아주 작고 섬세한 또는 색다른(독특한)unconventional 반응을 하는 경우가 있다. 그들은 응답을 매우 빨리 할 수도 있다. ASD를 가진 사람들은 사회적으로는 멀리 있어도 종종 매우 활기찬 정신(마음)mind과 잘 발달된 사고와 행동을 가질 수 있다. 그들은 매우 작고 빠르게 뭔가에 반응할 수도 있다. 여러 번 그리할 수도 있지만, 우리 어리석은 바보들이 그것을 받아들이지 않는다는 것에 싫증이 날 것이다.

여러분 자체가 이러한 활동에서 '장비equipment'의 중요한 부분이 되겠지만, 상호작용 내용의 일부로서 장난감, 물건, 물체, 물리적 환경의 어느 부분이든 사용하는 것은 괜찮다. 또한 상대방이 이해하지 못하더라도 언어를 사용하는 것은 규칙에 어긋나는 것이 아니다. 당신이 세심하게 공들여서 하는 발언은 당신이 응답(반응)하는 방식의 일부가 될 수 있다.

 테크닉 포인트

물체를 사용하는가

우리는 집중적 상호작용을 위한 주요 자원이자 최고의 장비는 상호작용 파트너인 바로 당신이라고 수차례 강조했다. 여러분의 놀랍고 창의적인 복잡성을 가진 반응(응답)으로 활동이 일어난다. 그러나 그것은 당신이 물체를 사용하지 않는다는 것을 의미하지 않는다. 어떤 물체라도 집중적 상호작용 활동에 좋은 초점이 될 것이다. 이 책의 사례들을 보자. 여러분은 우리와 함께 일하는 많은 사람이 레고, 책, 모래놀이, 라디에이터 같은 그들의 행동양식에서 선호하는 물체를 갖고 있는 것을 볼 수 있다. 우리가 그 물체와 관련된 행동에 참여하는 것은 자연스러운 선택이다.

또한 즉각적인 환경에서 사용할 수 있는 다양한 물체들을 쓰지 말아야 할 이유도 없다. 이러한 것들은 당신의 경험을 통해 신중하게 선택된 것으로 상대방에게 흥미를 끌 것이다. 만약 그들이 그중 하나를 선택한다면 그것은 당신에게 기회를 제공하는 것이다.

때때로 당신이 물체를 선보일 수도 있지만, [그림 5-4] 두 가지 시나리오에 설명된 것처럼 주의를 기울여서 해야 한다. 사실, 어떤 물체를 선보이는 가장 좋은 방법은 그 대상이 그것에 연관되는 것을 결정할 수 있도록 쉽게 이용할 수 있게 하는 것이다.

 테크닉 포인트

얼마나 많은 언어(말)를 사용해야 하는가

'내가 응답하고 상호작용하는 방식으로 얼마나 많은 말을 사용해야 하는가?' 그 질문에 하나의 대답은 없다. 집중적 상호작용을 하는 사람들의 스타일에 따라 광범위한 차이를 볼 수 있다. 때때로 동일한 사람과 상호작용하는 스태프 구성원들 간에도 다양한 차이를 볼 수 있다. 그런데도 상호작용은 그들 모두에게 골고루 주효한 것처럼 보인다. 부모와 유아의 상호작용을 연구하는 연구자들에 의해 같은 질문이 제기되었는데, 이에 부분적으로 동일한 대답이 나왔다. 즉, 아기와 상호작용을 할 때 사용되는 언어의 양이 각기 성인마다 다를 수 있다는 것이다. 발달이 빠른 아기들의 경우,

항상 그들이 빨리 이해하고 그다음에 말을 사용하므로, 많은 양의 말 입력^{input}을 하는 것이 중요한 이슈이다.

이 이슈는 노인들과의 집중적 상호작용에서도 적용된다. 그들 중 다수는 어느 정도 언어 능력을 개발할 수 있는 잠재력을 가질 것이다. 누가 그러한지는 미리 예측할 수 없다. 그래서 말이 존재하는 것은 중요하지만, 말의 입력이 균형 잡히고 신중한 것도 중요하다. 다시 한번, 이는 당신이 생각하는 바에 따라가기 위하여 상대방의 피드백에 지속적으로 귀를 기울이는 것이다. 다음은 고려해야 할 사항 목록이다.

- 다소 짧게 논의(해설, 주석)$^{running\ commentary}$를 진행하는 것은 항상 사용 가능하고(유용하고) ^{available} 효율적인 응답의 방법이다. '그것을 좋아했나?' '네, 맞아요.' '아이고, 떨어뜨렸어요.' '아이고, 좋아요.'
- 단순하게 받아들이자.
- 특히 초기 단계에서, 당신의 목소리 톤은 아마 최소한 당신의 서술의 내용만큼 중요할 것이다.
- 어떤 사람들은 매우 미숙하고, 내성적이며 시작할 때 매우 불안해한다. 그들과 상호작용할 때 '단순하게 받아들이고, 너무 많은 것을 하지 말 것'을 지속적으로 염두에 두는 것이 중요하다. 종종 다른 사람이 편히 처리할 수 있는 것보다 더 많이 우리 자신의 행동을 그 상황에 쉽게 끼워 넣을 수 있다. 이러한 생각들은 적어도 그 순간에는 당신의 말을 제한하거나 말하지 않기로 결정하게도 한다.
- 마찬가지로, 그 대상이 초기 단계에 있는 것처럼 보여도 그 대상이 무언가 여러분의 목소리에 귀를 기울이는 것처럼 보이면, 여러분은 그 상황에 더 많은 말을 입력하게 된다.

만약 처음에 아무것도 작동하지 않는 것처럼 보인다면, 사정없이 계속 진행하지 말자. 쉼을 갖고, 멀어지고, 생각을 정리하자. 여러분이 여전히 좋은 컨디션을 갖고 덜 피로할 때 멈추는 것이 가장 좋다. 기억하자. 우리는 성공을 바로 기대하지는 않는다. 어떤 사람들에게 이러한 '첫 진입(접근)^{access}'은 수개월이 걸릴 수 있다.

하지만 비교적 빠른 시일 내에 다시 시도해 보자. 여러분이 이미 모든 시도를 해 보는 그런 종류의 상황에 있다면, 같이 이야기해 보고, 검토하고, 서로를 살펴보자.

낙관적이지만 가볍게 결심하자. 당신은 결국 거기 도달할 것이다. 그것을 할 수 없는 것은 상대방이 아니라, 단지 아직 길을 찾지 못한 것은 우리라는 것을 기억하자.

접근하기의 예

이 섹션에서는 '접근하기' 상황의 다양한 예를 보여 준다. 우리는 그것이 각 사람에게 얼마나 다를 수 있는지, 그리고 상호작용 파트너로서 얼마나 유연하고 자유롭게 생각할 필요가 있는지 충분히 보여 줄 수 있기를 바란다.

〈사례 연구〉

라디에이터 두드리기(톡톡 치기)

타냐(Tanya)는 창문턱에 앉아 라디에이터를 두드리곤 했다. 울라(Ulla)는 라디에이터에 등을 대고 바닥에 앉는 것으로 시작했다. 타냐가 두드렸을 때, 울라도 두드렸다. 타냐가 두드리고 잠시 후 울라가 두드린다. 이것은 몇 분간 지속되었고 울라는 그것이 대화가 되었다는 것을 깨달았다. 타냐는 그냥 두드리는 것이 아니라 이제는 응답(반응)으로 두드리는 것이었다. 이것은 타냐가 두 번 두드리고 나서 울라가 그에 호응하자 타냐가 웃었을 때 확인되었다. 게임의 발달 속도는 그날과 그다음 날 너무 빨라서, 울라는 이전에 이렇게 간단한 것을 하지 않았다는 것을 믿을 수 없었다.

반사된 상 공유

트레버(Trevor)는 손가락을 자신의 귀에 넣고 창문에 비친 자신의 상을 응시하며 운동장에 서곤 했다. 그는 자신이 하고 있는 일에 집중하며 거의 떨고 있었다. 나는 천천히 다가가서 그의 옆에 섰지만 그는 개의치 않았다. 나는 손가락을 내 귀에 넣고 창문을 응시했다. 마침내 며칠 후, 나는 트레버가 나의 얼굴을 쳐다보고 있는 것을 알아차렸다. 어쩌면 반사된 모습에서 눈을 맞추었는지 모른다. 그다음 주 어느 날 그는 고개를 돌려 나를 바라보았건만, 다시 재빨리 가 버렸다.

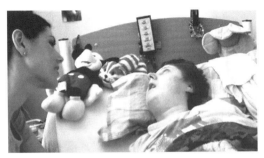

1) 줄리(Julie)는 로지(Rosie)를 처음 만난다. 로지는 사회적 접촉을 하는 데 어려움을 겪는다. 그녀는 눈과 머리를 조금 움직일 수 있다. 보고 듣는 것은 문제없어 보이지만, 그녀만의 세계로 들어가서 그녀와 함께 있고 그녀 자신이 '목소리'가 있다는 것을 알게 하는 것이 도전이다.

2) 줄리는 귀 기울이고, 가만히 있고, 보고, 듣고 충분히 함께 하는 방법을 안다. 그러고 나서 가볍게, 너무 많은 것을 하지 않고, 잠시 멈추고 로지가 반응할 수 있는 무언가를 하기를 기다린다.

3) 줄리는 로지가 할 수 있는 작은 행동이라도 찾기 위해 그녀를 관찰하고 쳐다본다. 로지는 입술을 움직이고 목쉰 숨소리를 내기 시작하고, 줄리는 가볍게 참여한다. 로지는 의도적으로 보이는 발성을 해낸다. '오.' 줄리는 말한다.

4) 잠시 후, 로지는 입을 크게 벌리고 거칠게 숨을 쉬는 것 같다. 아마도 그녀가 스스로 하고 있는 반응을 즐기고 있기 때문이 아닐까? 줄리는 계속 참여하고 더 가까이 다가감으로써 그녀의 숨이 로지의 볼에 닿을 듯하다.

5) 첫 번째 상호작용에는 고무적인 신호가 많이 있었다. 로지는 줄리가 자신에게 반응하고 있다는 것을 알고 주의를 기울이는 것 같다. 줄리는 많은 반복을 하며 집중적 상호작용의 간단한 기술을 다른 사람들에게 가르친다.

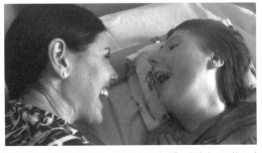

6) 11개월 후이다. 로지는 발전했고 결실을 맺었다. 그녀는 자신에게 귀 기울여 주고, 자신이 이끌 수 있도록 해 주고, 반응해 주는 사람과의 상호작용을 즐기게 되었다. 그녀는 잘 웃고 지속적으로 눈을 맞춘다.

2. 첫 번째 시도 | 91

7&8) 로지는 이제 의도적으로 큰 숨소리와 더 명확한 발성을 낼 수 있고, 입술과 입을 사용하여 목소리를 찾고 단어 같은 소리를 내는 것을 시도했다. 그들에게 이것은 더 발전되어 교대로 순서에 따라 주고받는 즐거운 시간을 이루어 냈다. 로지가 주도권을 잡으면서 상호작용이 대화식이 되었다. 로지의 레퍼토리는 발전했고 새로운 것을 시도하고 줄리의 반응을 지켜보는 것을 즐긴다. 그녀는 다양한 감정을 보여 주며 웃기 시작했다. 줄리는 귀를 기울이고 응답한다. 로지는 이제 주변 사람들과 평범하고 멋진 사회적 접촉을 한다.

[그림 5-3] 로지: 줄리는 움직임이 거의 없거나 반응할 능력이 없는 사람과의 의사소통하는 방법을 찾아낸다.

*출처: www.youtube.com/watch?v=MH1z1qNQ5bg&t=9sge 참조.

〈사례 연구〉

호흡에 반응

앤(Anne)은 매트나 콩주머니 소파(빈백)에 누웠다. 그녀는 전혀 움직일 수가 없었다. 또한 볼 수도 없는 것 같았고, 얼마나 잘 들을 수 있는지도 확신할 수 없었다. 닐라(Neela)는 스태프 멤버들이 앤에게 기대어서 긴 시간 누워 주의를 기울여야 한다고 주장했는데, 이는 앤이 최소한 그들의 존재를 느낄 수 있기를 바라는 마음에서였다.

닐라의 차례가 되었을 때, 그녀는 다른 사람에게 음악을 꺼 달라고 요청할 정도로 가능한 한 일절 조용한 것을 좋아했다. 왜냐하면 닐라는 앤의 머리를 만지고 그녀의 호흡 패턴을 주의 깊게 듣는 것을 좋아했기 때문이다. 닐라는 앤의 호흡을 따르고 주시하기 시작했고, 앤에게 자신이 이것을 하고 있다는 것을 분명히 하기 위해 그녀의 타이밍에 끊임없이 맞추었다. 아주 점진적으로, 닐라는 앤이 자신의 반응을 실험하기 위해 의도적으로 호흡을 강조하거나 타이밍을 바꾸고 있다고까지 믿기 시작했다.

하!

쉽게 느껴졌어요. 자넷(Jeannette)이 내 머리를 잡고 말했다. "하!" 나도 말했다 "하!" 그녀가 말했다 "하!" 우리는 이것을 20여 차례 한 후 결국 그녀는 내 머리를 놓아주었고 우리는 "하!" - "하!" 라고 말했다. 3주 후에 우리는 "하 하" "허" "아악" 그리고 "에"로 넘어갔다. 그녀는 이제 눈을 마주치기 위해 이마를 누른다.

그가 너에게 오도록 하자

숀(Sean)은 항상 움직이고 있었다. 달리고, 점프하고, 줄넘기, 가구 위아래로, 창틀에. 그에게 학교 강당에서 많은 시간을 보내게 하는 것은 타당하게 보였다—사실, 이 시간은 그와 함께 하루를 살아남을 수 있는 방법이었다. 베아트리체(Beatrice)가 그 팀에 합류했을 때, 그녀는 놀랍게도 그와 함께하는 일을 열정적으로 수행했다. 하지만 그녀는 이전의 경험으로 아이디어를 얻었다. 베아트리체는 강당의 중간쯤 되는 바닥에 앉았다. 숀의 동선이 그녀를 지나칠 때마다 그녀는 일어나서 미소를 지으며 '안녕'이라고 했다. 며칠 후 그녀는 그가 점점 더 자주 곁을 통과한다고 생각했고, 그가 통과할 때 직접 정면을 더 잘 볼 수 있었다.

그가 하는 일을 하자

그는 그 공룡 인형들을 진심 좋아한다. 항상 하나를 가졌다. 그는 그것들을 턱에 두드리는 일에 몹시 신중하게 보인다. 그래서 매일 나는 하나를 가져와서 내 이마를 두드리며 그의 옆에 앉았다. 그는 그것이 대단하다고 생각했는지 나를 훨씬 더 자주 잘 보는 것 같았다…….

함께 뛰어오르기

벤(Ben)은 5살이고 ASD진단을 받았는데 중증으로 보인다. 그는 구석에 있는 것을 좋아했고, 펄쩍펄쩍 뛰었고, 팔과 손을 펄럭이며 천장을 보고 웃었다. 팀에서는 항상 그를 코너에서 나오게 하고 테이블에 앉아 '활동'을 하기 위해 그와 극심한 몸싸움을 하였다.

그러고 나서 매리온(Marion)은 책을 읽고 다른 것을 시도했다. 월요일 아침에, 그녀는 벤이 있는 구석에 가서 점프하고 몸을 펼치고 웃으며 함께 참여했다. 벤은 매리온에게 충분히 집중하고 그 '게임'을 함께하는 등 즉각적으로 반응을 했다.

그는 그녀의 손을 잡고 점프하고 웃었다. 그것은 수월했다. 며칠 후 매리온과 다른 사람들은 벤과의 그 활동을 몇 분 동안 할 수 있었다. 그는 손을 잡고, 눈을 마주치고, '더'라고 소리치고, 그들을 바닥에 끌어당겨 위로 기어오르기도 했다. 6개월 후 그는 자신감을 가지고 대부분의 활동에 참여하고, 약 10개의 단어를 때때로 사용한다.

그냥 곁에서 그에게 시간을 주자

나는 정말로 내가 무엇을 했는지 몰라요…… 단지 친절하게 그의 곁에 앉았어요…… 한참을 앉아서 조용히 가끔 말을 하고…… 이런 일을 많이 했다……나는 그가 나에게 기대기 시작했고 내 손가락을 갖고 놀았다고 생각했다…… 그러고 나서 그는 돌아서서 내 얼굴을 보았다……그냥 거기서 성장한 것이다.

레고

크리스(Kris)는 다리 사이에 여러 개의 레고 조각을 놓고 다리를 꼬고 바닥에 오랫동안 앉아 있었다. 그는 계속해서 그것들을 쳐다보며 바닥에서 만지작거리고 달그락거렸다. 에바(Eva)는 레고를 가지고 그의 옆에 앉아서 그를 따라 했다. 며칠간 10여 번의 테스트 후에, 그녀는 그가 자신의 손가락과 레고를 보기 시작했다는 것을 알 수 있었다. 그다음 주 언젠가 크리스는 그녀를 올려다보며 살짝 기댔다.

가장 작은 이음(연결, 접속)

팀이 루이자(Louisa)를 맞았을 때, 그녀는 작은 5살 소녀였고, 계속 공 모양으로 몸을 웅크렸다. 그녀는 완전한 청각 장애인, 시각 장애인인 것 같았고 거의 태어날 때부터 소외되어 혼자 남겨진 것 같았다. 그녀는 저항적이고, 촉각 방어적^{tactile defensive}이고 완전히 비협조적이었다.

그들은 접촉을 해 보려 했지만 그녀는 그것을 싫어했다. 마침내, 발라니(Valanie)는 '진입지점'을 찾았다. 시작점은 함께 작은 손톱을 깎는 것이었다. 발라니는 시나리오 1([그림 5-1] 참조)을 했고, 차례로 먼저, 루이자를 깎아 주고 기다리고 기다렸다. 루이자는 이 작은 접촉을 힘들어하지는 않는 것 같았다. 발라니는 수 분 후 다시 시도했다. 마침내 여러 번의 시도 끝에 한 번은 발라니가 10초를 기다려야 했고 루이자는 손가락을 뻗어 발라니의 손과 손가락을 찾아 대신 깎아 주었다.

심지어 이같이까지

클로드(Claude)는 하루 종일 그의 휠체어에 앉아서 이를 갈고 있었다. 우리 모두는 주변에 있는 것이 힘들다고 생각했다. "나는 치과 공포증이 있어요, 그래서 이를 갈아요. 아악!" 그는 다른 것을 할 수 없었다. 그는 많이 움직이지도 않고 잘 보지도 못했지만, 그의 청력은 알고 보니 아주 좋았다. 우리 중 몇몇은 집중적 상호작용 코스에 다녀오면서 아이디어가 조금 생겼다. 우리는 그것에 대해 얘기를 나누었고 클로드와 함께 앉아서 시간을 보내기 시작했다. 우리는 우리의 이를 갈지 않아도 된다고 생각해 냈고, 그가 이를 갈 때 우리 입속에서 단지 딸깍소리를 낼 수 있었다. 우리는 어떻게 이 정도로 빨리 차례로 하게 되었는지 놀랐다. 그러고는 그는 똑바로 앉기 시작했고 우리 쪽으로 돌아서서 우리를 잡았…… 그는 수년간 얼마나 지루했었을까.

가장 작은 신호에 귀 기울임(조율)

나는 너무 분명한 일을 했다. 나는 그저 그의 근처에 서서 방 안에서 그가 펄럭거리고 흔들면서 옆으로 이동하는 것에 함께했다. 그는 개의치 않았지만, 그가 무슨 눈치를 챘는지 확신할 수 없었다. 나는 어쨌든 재미있다고 말해야 한다. 나는 왜 이 행동 방법이 그에게 좋게 느껴졌는지 깨닫기 시작한 것 같다. 아무튼 하루에 4~5번씩 해서 약 10일 후, 나는 그의 머리가 나를 더 많이 향했고 그가 살짝 옆으로 움직일 때 나의 발과 다리를 보면서 내가 따라오기를 기다린다고 알아차리기 시작했다.

가장 작은 신호에 귀 기울임(2)

라디(Radi)는 앉아서 흔들거리며 머리를 반원으로 움직였고, 그의 눈은 먼 곳에 희미하게 초점을 맞춘 것처럼 보였다. 로즈마리(Rosemary)는 라디 앞에 앉고 나서 약간 옆으로, 약간 밑으로 했다. 그녀는 라디가 머리를 흔들며 돌리는 것에 함께했다. 그녀와 아네트(Annette)는 이것을 하루에 4~5번씩 하였다. 며칠 후 아네트는 라디가 더 자신을 향해서 머리를 돌리고 그의 눈은 흥미롭게 그녀에게 집중하고 있는 것 같다고 확신했다.

발전적으로 현실적이 되기

자말(Jamal)은 23세였고 아주, 매우 초기의 발달 단계에 있는 사람이었다. 그는 다소 잘 움직이는 사람이고, 천천히 움직이면서 '감각성sensoriness'과 '감촉성tactility'이 가득 차 있는 사람이었다. 그는 매우 사회적이고, 얼싸안고, 기대고, 손가락과 손을 두드리거나 그의 이마를 비빌 스태프를 찾았다.

이에 논쟁이 있었는데, 어떤 사람들은 그의 개시(계획)initiation와 신체활동성이 적절치 않다고 했다. 다른 사람들은 그의 심리적·정서적 발달의 실질적 현실을 지적했다. 결국 그들은 이런 식으로 어느 정도 합의하기로 했다. 더 많이 '받아 주는' 스태프들에게는 그들의 관점을 따를 수 있는 자격이 주어졌다. 그와 함께 다양한 순번 게임turn-taking game을 빨리 만들어 가는 것은 매우 쉬웠고, 그는 이미 여유가 생기고available 계획할 수 있었다.

당신은 일이 진행되게 하기 위해 촉진하거나 시작하는가

[그림 5-4]에서, 우리는 교대로 하는 일련의 (순번) 작업for turn-taking sequences을 위한 두 시나리오를 설명한다. 보다시피, 시나리오는 매우 간단하다—그들 사이의 한 가지 차이점은 누가 먼저 순서를 하느냐이다.

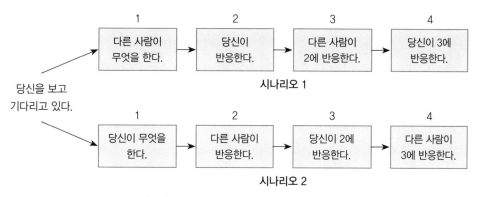

[그림 5-4] 순서대로 하기의 두 가지 시나리오

유일한 차이점은 누가 첫 순서에 하느냐이다. 당신이 첫 번째 순서로 하면(시나리오 2), 당신이 고집하지 않는 한, 지시적directive이 되지는 않는다. 당신은 대응성responsiveness 원칙에 위배되지 않는다. 만일 당신이 제대로 세심하게 조율한다면, 그것은 다른 사람을 ① 부드럽고 조심스럽게 무언가를 하도록 자극(유도, 유발)prompt하는 것이고, ② 그에 당신이 반응할 수 있고, ③ 기타 등등이다.

테크닉 포인트

학습자로 하여금 주도하는 힘을 배우도록 한다

초기 단계에서 학습자가 개인적인 힘의 측면을 파악하는 것은 중요하다. 의사소통자가 되는 것은 개인적인 힘의 훈련이다. 그러므로 당신의 행동을 한 번 더 누르고(억제하고), 유도하지 않고, 그 사람이 개시(주도권을 가질 수)할 수 있도록 하는 방법을 배우자. 줄리 컬베리(Julie Calveley)는 이러한 이슈에 대한 통찰력 있는 기사를 썼다.

그러므로 여러분은 많은 시간을 멈추고, 기다리고, 귀 기울이고, 시기를 보고 기회를 찾아야 한다. 이러한 초기 단계에서는, 교대로 하는 작업(순번 작업)이 쉽게 이루어지면서 당신이 계속 준비해 나가는 한, 당신은 시나리오 1에 의지(신뢰)rely on하는 것일 수 있다.

그것은 결코 절대적인 규칙이 아니다. 때때로 우리는 알아채지도 못한 채 첫 번째 순서로 무엇인가를 하고 상대방이 그에 반응한다. 예를 들어, 활동이 발전함에 따라 단순히 가까이 그 사람에게 다가가는 것이 그녀 또는 그를 기대에 부풀게 하는 것일 수도 있다. 당신은 바로 즉시 그녀 또는 그의 행동에 대응해야 한다.

시나리오 2를 채택하면서 당신이 첫 순서로 먼저 무언가 한다면, 지시적이 되지 않아야 함을 기억하자. 심지어 당신이 이끄는 위치에 있지 않도록 한다. 당신은 단지 제안을 하고 가볍게 유도하는 일을 한다. 당신은 상대방이 받아들일 수 있는 아이디어를 제안하는 것이다. 이것이 가장 좋은 방식이다. 당신의 개시^{initiation}가 효과가 없으면, 얽매이지 말고 고집하지 말고 계속하자.

일반적으로 대상이 정기적 집중적 상호작용 활동 단계로 넘어가고 발전하고 더 많이 참여함에 따라, 시나리오 2의 이용(채택)이 상당히 자연스럽게 된다. 전반적으로 당신은 그것을 의식적으로 생각할 필요조차 없고, 자연스럽고 행복한 흐름의 일부분으로 여기면 된다. 상호작용이 쉽게 주기적으로 잘 진행되고 모든 종류의 결과가 명확하면, 대부분의 일련의 작업들은 시나리오 1을 따르는 것이 된다.

그래서 전반적으로, 초기 단계에는 일을 진행시키려고 서두르거나 조르거나 (쿡쿡 찌르거나)^{nudge} 하게 되는 유혹을 뿌리칠 것을 조언한다. 긴장을 풀고 여유를 갖고 시나리오 1을 충분히 이용하자.

이 모든 것에는 대상의 학습과 개인적 힘에 관한 기술적인 이유가 있다. 우리가 서비스를 위한 일을 하면서 사람들과 함께 의례적으로 발전되고 매우 직접적으로 실행하려는 경향이 있게 된다. 이것은 구체적인 성과를 유용한 학습으로 보여 주려는 칭찬할 만한 열망 때문이다. 또한 우리는 서비스와 실무자들이, 대상이 개시(시작)하고^{initiate}, 무엇을 하고, 개인의 힘을 갖게끔 동기 부여가 되는 것을 도와줄 수 있는 충분한 시간과 창의력(재주)^{ingenuity}을 부여받지 못해 왔다고 생각한다.

자, 초기 단계에 무슨 일이 일어날지 두 가지 주요 가능성이 있다.

① 성공—당신의 첫 초기 시도가 바로 작동하기 시작한다.
② 첫 번째 그리고 이어지는 초기 시도들에서는 성공으로 확인될 수 있는 것을 관찰할 수 없다.

우리는 이 각각의 가능성을 차례로 다룰 것이다.

첫 성공

첫 번째 성공의 순간은 어떤 모습일까? 매우 다양한 가능성이 있다. 이전 섹션의 사례에서 그 다양성을 볼 수 있다.

첫째, 기본적으로 여러분은 상대방[other person]이 종종 작은 반응이나 인식을 보이게 되는 순간 또는 여러 순간들을 볼 수 있다. 그녀 또는 그가 일종의 '빛을 발하는 것[lit up]'이다. 당신은 그 후 다음 순간에 무엇을 하는가?

자, 당신이 너무 놀라지 않았다면 그 관심의 순간에 반응하는 것이 물론 가장 좋다. 그리고 그 순간을 '기념'하기 위해 무언가를 하고 이음(연결)[connection]을 찾았음을 전해 보자. 물론 여러 가능성이 있다. 예를 들면, 다음과 같다.

- 얼굴 표정을 풍부하게 하는 것, 당신의 눈과 입을 보다 더 '밝히는 것(위로 올리는 것, 기쁨을 드러내는 것)[lighting up]'
- 발성—'아아' '예에' '하이'
- 머리와 어깨를 움직임
- 상대방의 빛을 발하는[lighting up] 행동을 흉내 내기/카피하기/참여하기
- 당신이 옳다는 직감이 통하는 것
- 또는 흥미를 유발시키는 반응을 단순히 반복

이것은 단순한 예시, 즉 제안이다. 여러분은 이 책을 읽고 어떤 조언을 기억하는 만큼이나 판단력, 직관력 그리고 자연스러운 행동을 사용하여 그다음에 무엇을 할 것인가를 결정한다. 우리가 이용하는 주요 장비는 어떻게 의사소통자가 되는가에 대한 여러분 및 여러분의 기존 지식이며, 여러분이 각기 다른 사람에게 다른 식으로 의사소통을 맞추어 나가는 것임을 기억하자.

바로 그때 상호작용의 발전이 더 가시적으로 되며, 이것은 여러분이 도약하는 느낌을 받기 시작하는 경우일 수 있다.

그녀 또는 그가 '빛을 발하는(고무된)' 순간에 당신이 반응을 하면 이는 상대방을 다시 한번 차례로(교대로)[in turn] 반응하게 하는 계기가 된다. 당신은 이미 단순한 교대로 하는 작업[turn taking sequence]([그림 5–5] 참조)을 한 것이다. 또는 이 순간에 그 세션 내의 모든 진

전이 이루어질 것이고, 당신은 추가적인 발전상과 다른 세션에서의 점진적인 발달을 찾고 있는 것일 수 있다.

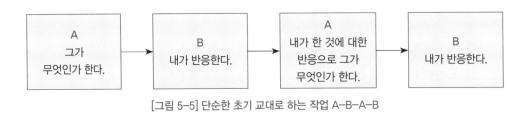

[그림 5-5] 단순한 초기 교대로 하는 작업 A-B-A-B

또한 잊지 말고, 여러분 스스로 정말 기뻐하자. 이것이 당신이 하려고 하는 일이다.

첫 번째 및 그 이후의 초기 시도에서 눈에 띄는 성공이 없다

앞에서 말했듯이, 낙심하지 말고 현실적이 되자—이 대상이 쉽고 빠르게 활동에 참여하기 시작할 것이라는 기대가 너무 클 수 있다. 빈번하고 규칙적인 일상의 시도 추세를 유지하자. 당신이 하려고 하는 일에 여유를 갖고, 상상력을 발휘하고 창의적으로 하도록 하자.

하지만 또한, 같은 반응을 반복하는 것을 주저하지 말자—상대방이 그 반응을 잘 '파악하고' 친숙해지기 위해 많은 반복이 필요할 수도 있다. 다시 한번 말하지만, 그러한 반복은 세심하게(민감하게) 수행되어야 한다는 것을 기억하자. 그러나 상대방에게 오직 같은 반응을 계속 해 나가는 것이 아니라 그녀 또는 그가 적어도 여러분이 하는 일에 불편해하지 않도록 조율한다. 이 상황은 한 명 이상의 스태프 구성원이 그 대상과 시도를 해 보는 데 도움이 된다. 만약 그 작업을 같이 하게 되면, 서로를 지켜보면서 다양한 성격(인격) personality이 다양한 일이 이루어지도록 하는 것이다. 한 사람은 성격상으로 어떤 성공을 거둘 수도 있지만, 나머지 다른 사람들은 관찰을 통해 기술의 측면을 따올 수도 있다.

서면 평가나 주간 요약을 작성하는 것은 정말 도움이 된다(7장 참조).

또한 정기적으로 합리적인 비디오 녹화물을 사용해 보는 것도 매우 유용하다. 다양한 시도를 비디오 촬영하고 그 녹화물을 주의 깊게 볼 시간을 갖도록 하자. 다시 말하지만, 그룹 실습(활동, 연습)exercise을 이렇게 하는 것은 유익하다—팀워크 활동(연습)team-building exercise, 즉 팀 유대감으로 사려 깊은 의사소통 문제를 다룬다.

1) 딜런(Dylan)을 만난다. 그는 40대이다. 그는 항상 고독하게 혼자 앉아서 양말을 튕기는 것을 좋아하는 사람으로 설명되었다. 그는 지금 이 새 집에 열흘째 머무르고 있다.

2) 캐스(Cath)는 그가 좋아하는 장소에 조심스럽게 같이 앉아서 그의 세계(세상)에 참여한다. 그녀는 낮은 위치에 좋은 자세를 취했다. 그녀는 그에게 귀를 기울인다. 딜런은 이미 본인이 가능한 활동에 친숙해졌다. 그는 왼쪽 무릎을 5번 두드린다.

3) 캐스는 즐겁게 그에 대한 반응으로 그의 다른 무릎을 4번 두드리고, 그러고는 멈춘다.

4) 딜런은 그 응답(반응)에 만족하는 것처럼 보인다. 매우 빠르게 그는 '응.' 하고, 캐스도 '응.' 한다.

5) 딜런은 다리를 소파 위에 올리면서 웃으며 자세를 바꾼다. 그는 '히유heeugh'라고 애써 발음한다. 캐스는 참여하려는 듯, 그 자리로 재미있게 이동하여 '오오uuuughhh'라 반응한다.

6) 딜런은 흔들며 펄럭거리고 웃으며 생각한다. 캐스는 딜런이 다시 시작하기를 기다리며 가만히 멈춰 있다. 그녀는 재촉하지 않고, 그가 진행하게끔 둔다.

7) 마침내……'아'라고 딜런이 말한다. 캐스도 '아하'라고 한다.

8) 캐스와 딜런은 몇 분 동안 움직임과 발성으로 차례대로 한바탕 주고받기를 계속했다. 이것은 말이 없는 긴 대화인 것이다.

[그림 5-6] 멋진 대화(딜런과 캐스)교대로 하기, 자리 잡기, 귀 기울이기

*출처: www.youtube.com/watch?v=EN8qVuGYg3I 참조.

일부 비디오 평가에서 확인할 수 있는 다양한 가능성이 있다.

- 실생활에서 보지 못했던 상대방의 반응을 볼 수 있다.
- 상대방이 실제 매우 양질의 관심을 당신에게 보이지만, 당신은 그것을 실시간으로 알아차리지 못한다는 것을 알 수 있다.
- 당신은 이전 관찰에서는 보지 못했던 당신 주변에서 이루어진 상대방의 행동 특성 및 행동의 흐름 속에서 추가적인 기회를 볼 수도 있다.
- 당신은 스스로 너무 빠르고, 너무 느리고, 너무 세심하지 못한 또는 도움되지 않는 행동을 뜻하지 않게 하는 것을 확인할 수도 있다.

긴 기간 동안 어떤 방식으로 반응해야 하는지 기억해야 할 중요한 점은 다음과 같다.

- 현실적이 됨으로써 긍정적인 태도를 유지하자. 많은 사람에게 활동 계획이 세워지고 계속 이어지기 위한 시간이 필요하다.
- 우리는 이전에 앞의 몇 가지 이유들을 대략 설명했지만 왜 각 개인에게 그것이 해당되는지 충분히 이해하지는 못한다.
- 스스로 어렵게 만들지 말자. 당신이 시도하고자 하는 것을 어떻게 해야 할지 학습 기간을 통해 겪게 될 것이다.
- 가능한 한 객관적으로 검토하고 평가하자. 당신의 그 대상이 실제로 작은 반응을 보이거나 당신이 알아차리지 못하는 진전을 보이고 있는가? 아니면, 당신은 일부 변화를 감지했지만 그것이 중요하다는 것을 인식하지 못하였는가?

 기억하자

작은 것이 크다

우리가 함께 작업하는 사람들에게, 작지만 새로운 발전은 큰 것이다.

3. 초기 성공 및 발전

첫 번째 성공을 굳건히 하고(강화하고) 점차 이동

여러분은 상대방과 '접근(접촉)^{access}'을 하였다. 또한 공유하는 활동이 있다. 여러분은 아직 초기 단계에 있지만, 이런 초기 단계에 일어날 일의 가능성은 실제 매우 폭넓고, 사람마다 제각각 다양하다. 모든 일련의 가능성을 간단한 도표로 나타내 보자(그림 5-7) 참고).

[그림 5-7]은 3가지 가능한 상황을 보여 주며, 여러분의 상대방과의 작업은 초기 단계의 연속체^{continuum} 내 어딘가에 있을 수 있다. 만약 당신의 상황이 도표의 C와 같다면, 축하컨대, 당신은 멋지게 성공하고 있는 것이다. 여러분은 아마도 진행하고 싶어 하고 또 같은 입장의 상대와 함께 일하고 있는 것이다.

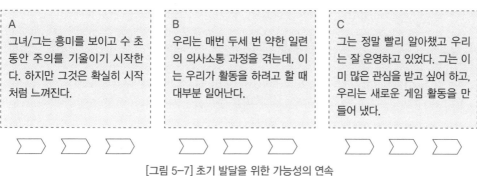

[그림 5-7] 초기 발달을 위한 가능성의 연속

특히 ASD를 가진 일부 사람들은, 그들이 매우 거리를 두고 있으며 접근하기 어려운 것처럼 보인다. 그러나 집중적 상호작용 실무자들이 그들에게 올바르고 이해가 가능한 사회적 기회를 제공한다면, 그들은 빠르게 시작하고 도약할 수 있다. 그것이 만약 당신의 상황이라면, 그 흐름에 맡기자. 일부 사람들은 오히려 너무 빨리 발전해서 여러분이 따라가려고 거의 고군분투하는 느낌이 들게 할 수도 있다.

〈사례 연구〉

동일한 활동의 반복

처음에는 발달이 매우 느렸다. 우리는 작은 손으로 쓰다듬는 동일한 행동(활동)을 단지 계속 반복하는 것처럼 보였다. 그녀는 우리 모두와 같이 이것을 할 것이다. 처음에는 적게 그러나 몇 달 후에는 그것을 많이 하길 원했다. 동일한 것을 계속 반복하였다.

우리는 사실 약간 그것에 지루해졌고 아무런 변화도 없는 것처럼 보였다. 우리는 캐리 (Carrie)가 발전한다는 것을 전혀 느끼지 못했고 단지 그 행동에 집착한다고 생각했다.

그리고 우리는 비록 그 행동(활동)이 늘 같음에도 불구하고, 캐리는 점차 변화하고 있다는 것을 알 수 있었다. 그녀는 훨씬 더 편안하고 덜 혈안이 되어 있었다. 손으로 쓰다듬는 행동을 하는 동안 그녀는 우리를 더 많이 쳐다보았고, 더 나은 미소로 더 자주 웃었다.

〈사례 연구〉

'가자.'

우리는 갑작스러운 발전을 기대하지 않았다. 페르디(Ferdi)는 넘치는 에너지와 행복한 의사소통으로 활기를 띠는 것 같았다. 나는 집중적 상호작용을 하는 꽤 많은 팀을 지원했지만, 이전에는 그처럼 반응하는 사람을 본 적이 없다. 그는 매우 고립된 사람에서 빠르게 발전해서 요구가 많은(까다로운)demanding 상호작용자로 매우 빠르게 바뀌었다. 그는 실제로 자신이 만들어 낸 상호작용 활동의 다양성에 있어서 매우 창의적인 사람이다. 마치 그는 감을 잡고(요령을 알고)got the hang of it 우리에게 "훌륭해, 가자."라고 하는 것 같다. 그는 처음부터 해서 약 20분간 활동을 계속할 수 있었다.

사실, 이러한 새로운 관계(접속, 연결)connection로 인해서 그들이 갖게 되는 강렬한 기쁨은 여러분에게 다소 압도적일 수 있다. 이러한 결과에 대비하는 것은 좋은 생각이다. 분명히 감정적 결과가 있을 수도 있다. 이것은 여러분이 상호작용하고 있는 상대방의 경우일 수 있지만 여러분에게 영향을 미칠 수도 있다. 감정적 문제들은 이 책의 다양한 섹션에서 다루어진다.

상대방과 구축된 집중적 상호작용 설정 과정에 대한 설명에서, 당신은 이 책의 다음 섹션으로 빠르게 옮겨 갔지만 이 부분을 읽는 것을 멈추지 말자.

자, 입력input을 계속하고, 상대방에게 가능한 한 많은 시간과 세션을 제공해 주자. 2장에서 관찰한 내용을 기억하자. 집중적 상호작용 활동의 수적인 측면에서 최적의 입력 양을 제공받는 사람은 거의 없다.

중요한 것은, 관찰과 기록 관리를 계속하는 것이다.

이 섹션의 나머지 부분에서는 당신이 [그림 5-7]의 A와 B 사이 어딘가에 있을 가능성이 더 높다고 가정한다.

당신이 정한 것(확립)^{establish}을 계속하라

일은 일어나고 있다. 여러분은 약간의 발전이 있다. 한두 개의 작은 활동들이 확립되어서 당신은 이를 성공적으로 반복할 수 있고, 상대방이 비교적 쉽게 참여할 수 있다. 당신에게는 상대방과 하는 활동에 함께 참여할 수 있는 소수의 스태프 구성원만 있을 수 있다.

당신은 여전히 민감해져야 하는 상황에 놓일 수 있다. 여러분은 상대방과 함께 그 순간을 찾고 그녀 또는 그의 행동에 동일한 반응을 함으로써 그 활동이 계속 진행되도록 하는 데 시간을 써야 한다. 그것은 점차적으로 그녀 또는 그의 관심을 끌 것이고 그 활동을 활성화시킬 것이다.

또는 그녀 또는 그에게 단순히 접근함으로써, 그들은 최근에 알게 된 흥미로운 활동을 인식하고 기대를 하고 신중하게 시작하게 된다.

다시, 일을 진행시키기 위해 너무 열심히 하는 것에는 늘 주의를 주는 바이지만, 이 활동은 가능한 한 자주 하기를 권한다. 다음을 기억하자.

① 상대방이 충분하다고 느꼈을 때 활동을 멈춘다.
② 그녀 또는 그가 이러한 활동을 할 기분이 아니라고 여러분이 감지한다거나 무슨 연유(이유)로든 지금은 때가 아니라고 느껴지면, 시작하려고 시도하지 말자.

 테크닉 포인트

반복

• 반복은 좋다.
• 발달의 초기 단계에 있는 사람들은 반복을 좋아한다.

- 반복은 친숙함, 예측 가능성, 안전감과 안도감(보장)sense of safety and security, 통제력과 전문지식(전문성)expertise을 제공한다.
- 반복은 매우 복잡한 학습에 대한 많은 연습을 제공한다.
- 반복은 구조를 만들어 준다.
- 반복은 집중적 상호작용을 하는 사람을 위한 장치 발전의 주요 '동력'의 일부분이다.

동일한 활동을 계속 반복하는 것에 대해 걱정하지 말자. 상대방이 수년간 겪었을 수도 있는 상황을 고려해 보면, 안전하고 성공적이라고 할 만한 한 가지 활동을 계속 반복하는 것은 지나친 것이 아니다. 그들이 그것을 원하는 것은 타당하다. 그들은 흥미롭고, 즐겁고, 안전하고, 보장받고, 자극적이며 다른 사람들과 사회적으로 연결시키는 이러한 활동들을 여러 번 하는 것에 매우 열광적일 수 있다.

활동 자체가 크게 눈에 띄게 변하지는 않더라도, 상대방의 능력이 발달함에 따라 비록 동일한 활동이라도 그 안에서 진전이 이루어질 수 있다. 그러나 진전은 물론 다양한 상호작용으로 활동을 발전하고 확장시키는 데서도 온다. 이 기간 동안에 우선될 것은 활동과 가벼운 이륙(출발)gentle lift-off의 느낌을 확고히 갖는 것이다.

가능한 한 세션 평가를 하자. 세션 평가는 상대방에 대한 기록만큼이나 당신의 기술(기법)을 확장시키는 데 확연히 도움이 된다.

가능한 경우, 비디오 촬영을 하고 동료와 함께 검토하고 평가한다. 긍정적으로 한다는 것을 기억하자. 평가는 긍정적인 연습exercise이다. 그렇다고 좋지 않은 것은 무시하라는 것이 아니다. 그러나 최우선적으로, 당신이 무엇을 올바르게 잘하고 있는지 알아야 한다.

만약 일대일 시간을 가능하게 하는 것과 관련하여 우선순위를 정하고 조직하는 데 어려움을 겪는다면, 지금쯤은 좀 더 쉬워질 수도 있다. 일부 다른 활동을 제치고 새로운 우선순위를 정하는 것은 심리적으로 당신에게 더 쉬워질 수 있다.

이러한 종류의 판단은 상대방이 이를 약간 받아들이고 가시적인 발전상을 보여 주기 시작할 때 더 수월해진다. 뭐랄까, 꽃이 피는 것이다blossom, if you like. 당신은 스스로 매우 자연스럽고 단순한 기술(기법)로 이러한 진전을 이룬 것이 얼마나 간단한 것이었는지 알 수 있다.

만약 당신이 일종의 집중적 상호작용 '영웅'이고 이를 '단독'으로 시도해 온 것이라면,

이는 새로운 스태프 구성원들에게 현재 일어나고 있는 일을 간단히 소개하기에 좋은 시간이 될 수도 있다.

당분간은 다음과 같은 경고 문구를 기억하자.

> 반복
>
> 템포(속도)
>
> 일시 중지, 관찰과 기다림(대기), 상대방에게 진행 시간 제공
>
> 능숙해지는 법 학습—활동 중 너무 많은 일을 하지 않기
>
> 규칙적이고 자주 이용 가능하게 함
>
> 모든 작은 발전도 찾아보고 기록함(7장 참조)

느낌을 얻는 것

우리는 집중적 상호작용 기술의 요소를 설명하고 이에 대해 수행하고 있는 것처럼 나타낼 수 있다. 그럼에도 우리는 어떻게 집중적 상호작용을 할 것인가에 대해 완벽하게 말할 수는 없다.

 직관적인 '느낌'

일부 사람들은 매우 자연스러운 집중적 상호작용 실무자들이 되었기 때문에 이러한 '느낌'이 그들 자신의 기질이나 성격의 일부가 되어 버린 것 같다. 1980년대의 개발과 첫 연구 프로젝트 기간 동안 팀에는 이와 같은 몇몇 스태프 구성원들이 있었다. 그들이 일하는 것을 보고 그들의 방식을 분석하는 것은 매우 유용했다.

그 기술(기법) 중 많은 부분은 직관적 '느낌'으로 접근 방법을 어떻게 적용하는가에 대한 것이다. 이것은 보통 여러분이 상대방에게 긍정적인 영향력을 주고 있다는 것이 관찰되기 시작할 때 비교적 빨리 올 것이다. 당신은 점차 집중적 상호작용 실무자가 되는 것이 자연스럽게 편안해진다.

여러분은 일반적으로 '자연스러움'의 두 가지 주요 요소를 볼 수 있다. 첫째, 그들은 상대방에게 귀를 잘 기울이고 피드백의 작은 부분도 잘 잡아낸다. 둘째, 그들은 스스로 과잉행동을 삼가는 방법을 아는 것 같았다. 미니멀리즘의 자연스러운 느낌과 그들의 행동을 그저 올바르게 하는 것.

집중적 상호작용은 어떻게 끝나는가

이것은 이 과정 중에 자주 묻는 질문이다. 왜냐하면 집중적 상호작용 활동은 여타 대화처럼 시간이 자유자재로 이루어지기 때문에 문제가 될 수 있다. 20초가 될 수 있는 반면, 20분도 될 수 있다.

활동은 다양한 방식으로 끝난다. 대부분 학습자가 충분하다고 느낄 때 흐지부지(부지불식중에) 끝나게 된다. 이것이 아마 가장 바람직한 끝맺음이 될 것이다. 여러분은 상대방의 행동과 반응을 보며 끝맺음의 첫 단계에 도달했음을 알아차리는 것을 배우게 된다. 그러면 자연스럽게 당신의 입력이 점점 줄어들고 흐지부지되면서 모든 작업이 서서히 느려지고 중단된다. 대부분 초기 단계에서는 이것이 빠르게 진행된다. 항상 그런 것은 아니지만 [예를 들어, 페르디Ferdi, '가자']에서, 활동은 초기 단계에서 자연스럽게 짧은 것을 볼 수 있다.

활동을 갑자기 돌연 끝내는 것은 삼가는 것이 좋다. 일반적으로 부드럽게 서서히 줄이는 것이 바람직하고, 특히 상대방이 꽤 높은 수준의 활동 각성(인지) 상태에 있을 때는 더욱 그렇다. 그러나 당신과 함께 일하는 일부 사람들은 갑자기 일어나서 단도직입적으로 걸어 나가는 것으로 끝내는 것을 더 선호할 수도 있다. '고마워요, 즐거웠지만 여기까지, 타라Ta-ra.'

물론 사람에게 45분이 '충분'하다고 하면 어려움이 있을 수 있다. 그러므로 여러분은 의도적으로 흐지부지되는(용두사미의)fizzle-out 시간을 이용하여 어떻게 활동을 끝낼 수 있는가를 알아낼 필요가 있다. 상대방의 이해 정도에 따라, 당신은 활동 중에 그녀 또는 그에게 말로 준비를 시작할 수도 있다. 당신은 언어적으로든 시각적으로든 카운트다운을 할 수도 있다.

상대방은 매우 흥분하고, 활동은 제어할 수 없게 된다

의사소통은 흥미롭다. 그렇지 않은가? 발달 단계의 사람들은 '다듬어지지 않았고' 새로 알게 된 흥미와 스릴은 그들에게 조금 부담스러울 수 있다.

그들은 행복과 감정을 다루는 것이 어려울 수 있다. 다른 사람들과의 새로운 관계는 새로운 기쁨의 경지로 그들을 안내할 수 있지만, 유감스럽게도 그런 고도의 각성arousal은 감당하기 힘들 수도 있다.

[그림 5-8]은 이러한 것들을 생각하게 한다. 도표는 그 상황에 대응하는 방법을 도출해 내기 위한 최우선적인 수단이다. 이는 사람들이 집중적 상호작용 활동을 하는 초기 단계에서 얼마나 흥분되는지 알게 하는 데 도움을 준다.

이 활동들은 아마도 대부분 모든 사람을 흥분시킬 것이다(각성될 것이다)up in arousal. 이것은 좋은 일이다. 삶 속의 일상적 경험은 다양한 조화로 이루어져(얽혀) 있다. 실제로, 많은 사람에게 있어서 흥분이 고조되는 것은 활동에 참여하는 것을 돕는 것이 된다고 한다. 많은 사람이 감정적ㆍ심리적인 각성(자극)으로 다소 고조될 때 의사소통자로서 더 잘 '흥분'하는 것처럼 보인다.

하지만 우리와 함께하는 사람들은 발달의 초기 단계에 있고 자신의 각성 수준을 조절하고 다루는 기술이 미숙하다. 그들은 상호작용하면서 너무 고조될 수 있고 다소 어렵고 바람직하지 않은 행동의 결과를 나타낼 수 있다.

실제로, 그것은 그들이 집중적 상호작용을 하는 것이 유익하다는 또 다른 이유이다. 그들은 주기적으로 어떤 관리하에 각성(흥분/기분)이 오르락내리락하는 것을 연습할 기

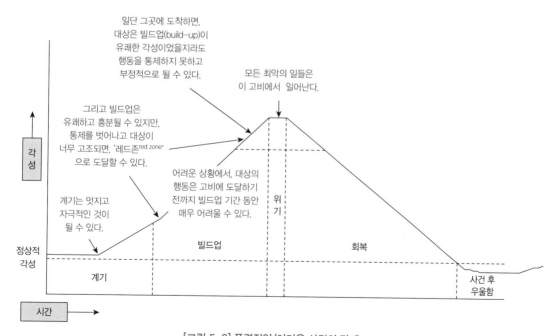

[그림 5-8] 폭력적인/어려운 사건의 단계

*출처: Arnett & Hewett (1994).

회가 있다. 그들은 이미 그것에 능숙한 사람과 이 연습을 협력하여 수행할 수 있다.

2장의 '집중적 상호작용은 무엇을 가르치는가'로 돌아가 보자. '의사소통의 기초'에 나열된 결과 중 하나는 '각성 수준을 조절하고 제어하기'이다(p. 59의 '의사소통의 기초' 참조). 이 학습은 부모−아기 상호작용의 초기 학습과 같이, 예측되고 예견되는 집중적 상호작용 활동이다. 그 대상은 실생활에서, 그리고 적극적이고 역동적인 상황에서 이 학습을 수행한다.

그러나 당신과 자주 상호작용하는 상대방이 통제하기 어려울 정도로 흥분하는 경우, 두 가지 옵션(선택 사항)을 시도해 볼 수 있다.

① 의도적으로 진정시키는 것−상대방이 너무 고조되기 전에, 점진적으로 입력(자극)input을 중단하여 흐지부지되도록 한다.

② 성공적인 활동에 너무 고조(흥분)되지 않도록 하기 위해 잠시라도 활동을 자주, 의도적으로 짧게 하자. 사실 이것은 의도적으로 흐지부지하게 하는 것과 같은 조합이 될 수 있다.

또는 이 가능성과 조합하여, 의식적으로 시간을 쓰는 아이디어를 내되 상대방이 활동에 참여하는 '조정regulating'의 측면에 초점을 맞추게 될 것이다.

그렇다고 지시하거나 통제하라는 것은 아니고, 그녀 또는 그의 각성이 주어진 순간에 어떻게 나타나는지 특별히 주의를 기울이고 의식하자는 것이다.

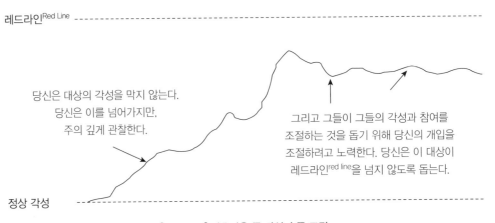

레드라인Red Line

당신은 대상의 각성을 막지 않는다.
당신은 이를 넘어가지만,
주의 깊게 관찰한다.

그리고 그들이 그들의 각성과 참여를
조절하는 것을 돕기 위해 당신의 개입을
조절하려고 노력한다. 당신은 이 대상이
레드라인red line을 넘지 않도록 돕는다.

정상 각성

[그림 5−9] 상호작용 중 각성 수준 조정

여러분은 상대방이 흥분하는 것을 막으려 하지 않겠지만, 활동의 조절 효과^{regulating} effect를 위해 여러분의 입력을 조정하려고 할 것이다. [그림 5-8]을 기반으로 [그림 5-9]와 같은 도표에 그것을 적용해 보자.

흐름과 상호성^{flow and mutuality}

'흐름'은 유익한 집중적 상호작용 단어이다. 여러분이 무엇을 하려고 하는가에 대한 여타 생각을 한다는 것은 흐름 감각을 형성하려는 것이다. 그것은 상대방과 공유된 의사소통 흐름의 감각이다.

이러한 상대방과의 활동 단계에서, 당신은 그들에게 생산적이면서 다양한 조화로 이루어진 경험들을 제공할 수 있는 다양한 활동을 형성하려고 노력한다. 그리고 진전, 즉 의사소통 학습 결과를 기대하고 있다. 그러나 첫 성과 중 하나는 상대방이 활동의 흐름에 참여할 수 있다는 것을 기억하는 것이 중요하다. 그들이 당신과 그 팀 구성원들과 함께 그것을 해낼 수 있다는 사실을 인식하고, 감사하고, 즐기는 것이 중요하다.

사람들이 즐거움 외에 특별한 목적 없이 재잘거리며 수다를 떠는 등, 인간의 단순한 경험을 일상적으로 누릴 수 있는 기회를 많이 갖는 것은 평범하면서도 멋진 일이다. 그리고 경험의 흐름을 통해, 다른 사람들과 상호적으로 연결되고, 협력하고, 공유하는 기쁨이 있다.

1장의 '우리 모두를 위한 의사소통의 기능'에 대한 내용을 기억해 보자. 우리는 의사소통 능력의 주된 기능을, 경험에 대한 구체적인 결과가 없이 그냥 재잘거리고 수다를 떨기 위한 것처럼 여길 수 있다. 우리는 단순히 자주 사회적 관계를 즐기는 것이다.

의사소통을 배우는 아기 그리고 우리가 지금 생각하는 사람들, 그들에게 이것은 중요한 이슈이다. 이렇게 주기적이고 자연스러운 수다 활동이 진행되는 동안, '의사소통의 기초'에서 설명된 중요한 의사소통 성과는 이루어지고 발전하는 것이다.

따라서 간단한 기본 사항을 기억하며 당신과 동료들은 다음 사항들을 통해 그것을 성취할 수 있다.

- 귀 기울임(주의를 기울임)^{tuning-in}
- 상대방에게 효과가 있는 것을 반복하게 함

- 시간, 템포, 상대방에게 활동 중 생각하고, 진행하고 그리고 결정할 수 있는 시공간을 제공
- 상대방이 처리하고, 생각하고, 결정하고 휴식을 갖은 후에 당신에게 다시 돌아올 수 있도록 일시 중지
- 그녀 또는 그와 함께 활동의 흐름을 만들기
- 따라서 상대방이 적절한 속도로 활동이 진행되도록 하기
- 상대방의 인생에서 가볍고 역동적인 상황 속의 성공은 곧 첫 번째 갖게 되는 힘(능력), 주도권 그리고 관계 맺음의 느낌일 수 있다.
- 이러한 활동을 자주 규칙적으로 하고, 조금씩 상대방이 많은 연습을 해 나가도록 한다.

추가 읽기 및 자료

Calveley, J. (2017). Gaining the power of initiation through In tensive Interaction. *Learning Disability Practice, 20*(1): 19-23.

이론에 대한 추가 세부 사항과 설명 그리고 각성 다이어그램arousal diagram의 이용은 다음과 같다.

Arnett, A., & Hewett, D. (1994). Safety first: Violent and aggressive behaviour: principles for managing difficult situations. *Community Care, 10* March.

Hewett, D. (ed.) (1998). *Challenging Behaviour: Principles and Practices*. London: David Fulton.

제6장

추가적 및
지속적 진전(진행)

·

데이브 휴이트

개요

- 진전 활동 및 세션 작동과 '급등'
  - 추가 개발 및 진행이 점진적이고 원활하게 보인다.
  - 빈번하고 정기적인 활동이나 세션을 계속 실행하자.
  - 계속 모든 것을 즐기자.
  - 자연스러운 계기(추진력)
  - 반복과 레퍼토리
  - 파급^{spillover}과 '상호작용'
  - 다양성을 개발하는 방법
  - 소용돌이(급등)^{spiralling}
- 진전 결과 인식
  - 진전(진행) 유형
  - '등장^{emergence}'에 대해 편안한 느낌
- 중장기적 가능성
  - 상대방은 매우 빠르게 확실한 진전과 발달을 하고 있다. 너무 빠르고 자연스럽게 일어나서 따라잡기가 힘들다.
  - 진행은 느리고 힘들지만 우리는 현실적이고 우리의 위치를 안다^{where we are}.
  - 우리는 그와 정말 잘 지내는 것처럼 보이지만, 지금은 판에 박힌 정도다
  - 모든 것이 상당히 잘 진행되고 있고, 당신은 자연스러운 추진력(계기)과 점진적인 성취감을 느낄 수 있다
  - 상대방은 더 많은 말^{speech}과 언어 교환^{language exchanges}을 시작한다.
  - 상대방은 모든 종류의 일에 관여하여 하기 시작한다.
- 결국, 얼마나 진전될 것인가^{how far will the person go}?

1. 진전 활동 및 세션 작동과 '급등'

추가 개발 및 진행이 점진적이고 원활하게 보인다

다시 한번, 이 설명에 있는 일련의 '단계'는 책을 다루기 쉬운 구조로 나누기 위한 인 것임을 강조한다. '이 단계에서'와 같은 문구를 가끔 사용할 때도 그렇게 강조하는 바이 다. 그러므로 당신의 집중적 상호작용의 단계에서도, 어떤 단계에서 다른 단계로 분명하 게 넘어가는 느낌이 없어야 한다. 사실, 모든 것이 매끄럽고 점진적이며 전체적으로 느 껴져야 한다.

그래서 일이 진행되고 있다. 여러분은 큰 어려움 없이 활동을 시작하는 것으로 대부분 의 시간을 설정하였다. 상대방과 상호작용 활동 및 범위가 완만하게 발전하고 확장되고 있다는 느낌의 다양한 유형의 활동이 있을 수 있다.

이미 다소 사회적이고 의사소통이 가능한 사람과 집중적 상호작용 작업 시작하기

이 책을 읽는 많은 사람에게 있어서, 집중적 상호작용 활동의 출발점은 이 섹션의 어딘가에 있을 것이다—당신은 연락을 끊고 접근하기 어려운 사람과 그의 상처로부터 출발하는 것이 아니다. 이 미 다양한 방식으로 사회적인 사람과 작업하는 것이고, 어쩌면 더 쉬울 수도 있다. 그런데도 당신 은 그녀 또는 그의 의사소통 능력이 더 발전되고 수준 높아(정교한sophisticated)져야 한다는 것을 알고 있다. 그래서 그 대상과의 작업은 그들과 함께 있는 곳에서부터 시작하여 계속적으로 긍정적 인 일을 하며 그들의 마음을 움직이고 그들의 능력과 지식을 넓혀 가는 것이다. 이 섹션에서는 이 문제를 해결하는 방법에 대한 많은 조언을 찾을 수 있다. 하지만 전에 언급했듯이, 이전의 장들을 읽는 것을 여전히 조언하는 바이다.

다음 6개 섹션에서 설명하는 우선순위는 매우 간단하다.

- 하고 있는 일을 계속하자. 그리고 '흐름'의 감(느낌)sense을 느끼고 즐기자.
- 즐겁고 자연스러운 계기의 발달을 인식하고 받아들이자.
- 인식하고, 기록하며, 진전을 기념하자.

빈번하고 정기적인 활동이나 세션을 계속 실행하자

항상 그렇듯이, 상대방과 함께 활동을 진행하는 데 있어 우선순위는 집중적 상호작용 작업 내에서 전체적으로 빈번한 활동과 흐름의 느낌(감각)을 유지하는 것이다. 상대방에게 있어서 주요 상호작용 파트너가 되는 스태프 구성원과 계속해서 매일 일대일 시간을 많이 갖자. 자연스러운 추진력(계기)이 멋지게 발생되어야 하고 활동과 일상적 의사소통은 생명력을 갖는다. 자신의 삶을 사는 것, 그것이 잘 이루어지면 어떤 의미로든 활동을 하는 것이 크게 수고스럽지는 않을 것이다. 그것은 즐겁고, 성공적이며, 관계된 모두에게 보람이 있는 일이다.

상대방의 진행(진전)progress 결과를 관찰하고 기록하는 일에 매진하자. 이것은 관리적 절차이지만 그에 못지않게 스태프 팀의 마음가짐이기도 하다. 기록 보관을 흥미롭다고 생각하자. 상대방이 하는 작고 새로운 각각의 일들은 당신의 현명한 작업과 노력에 대한 보상의 일부이다. 상대방의 삶에서 새로운 발전을 발견하기 위해 '술렁거리고' 활기 넘치고 초롱초롱하자 'buzzed up' and alive and alert.

기록 보관은 장시간에 걸쳐 점점 더 중요해진다. 활동은 즐겁게 반복을 거듭하는 것이어야 한다. 어떤 사람들에게는 진전이 너무 느려서 한두 주가 지나도 아주 작은 발전의 영역 속에 머물 수도 있다. 팀이 과연 입력을 잘하고 있는지 인식하기 위해 관찰을 계속하는 것은 중요하다.

그러나 이 장의 뒷부분에 있는 논의를 보자. 어떤 사람들에게는 어쩌면 집중적 상호작용 작업을 시작하는 시점 당시의 나이나 장애의 특성 때문에 현실적으로 그리 큰 진전을 기대할 수 없을 수 있다는 것도 기억해 둘 필요가 있다. 그들에게 있어서, 집중적 상호작용을 하는 것은 그저 의사소통과 그와 관련된 방법이라는 것을 알 필요가 있다. 그러므로 그들의 남은 일생 동안에 이를 적용하여 서로 연결하는 방법과 사회적 접촉을 갖도록 하는 것이 그들을 위한 활동의 목적과 결과가 될 것이다.

테크닉 포인트

일시 중지하는 것은 여전히 중요한 기술이다

특별히 활동이 잘 진행될지라도, 당신의 스타일을 잃지 않고, 너무 많은 것을 시작하지 않으며, 당신 자신의 행동을 상황에 너무 개입시키지 않는 것이 중요하다. 활동이 정교해짐에 따라 일시 중지를 하는 것이 여전히 중요하다. 언제 학습자가 쉬거나 또는 중단 없이 진행하자는 요구를 알아차리는 것은 중요하다.

계속 모든 것을 즐기자

모든 집중적 상호작용 작업 중 반드시 가장 중요하게 기억할 것은 두 사람 모두에게 즐거움을 주는 것이다. 대부분의 팀과 스태프 구성원들은 그들이 상대방과 '도약$^{\text{lift off}}$'을 경험하면, 활동에 동기를 부여하는 일이 그리 어렵지 않다고 한다. 일반적으로 상대방과 함께 작업하는 것이 수월하고 그들과 실제로 '대화'할 수 있다는 느낌이 든다. 사실, 어떤 의미에서 스태프 구성원들이 상대방과 재잘거리며 수다를 떠는 것으로 동기를 얻는 것은 좋은 일이다. 이것은 '진전을 위해 세션을 여는 것'보다 더 인간적이고, 효율적인 동기가 된다.

연구 프로젝트의 메모

매우 고요하고 침착해요. 저는 매우 따뜻하고 즐거웠어요. 학생이 조용히 곁에 있을 때 당신은 매우 친밀한 느낌을 가져요. -엘레나(Elena)

저는 처음으로 P.와 연결된 느낌이었어요. 진정한 상호작용처럼 느껴졌어요. -토니(Tony)

최고 수준의 서로 간의 기쁨이에요……. 진정한 흥분을 느꼈어요. -벨라(Bella)

좋은 세션을 보내고 있기에 소통을 멈추고 싶지 않아요…… -딥티(Deepti)

기분이 좋았고, 훌륭했고, J.가 진심 나의 회사를 즐기고 있다고 느꼈어요. -루이자(Louisa)

1) 세바스찬(Sebastian)은 관심이 없어 보이지만, 수(Sue)는그와 상호작용하려고 기다린다. 그녀는 그가 때때로 불쑥 상호작용하는 것을 알기 때문에 시작하는 힘을 주기 위해 기다린다.

2) 갑자기 52초 후, 세바스찬이 몸을 돌려서 몸을 기울이고 수의 얼굴을 보며 미소 짓는다. 그는 혀로 소리를 내고 수는 따라 한다.

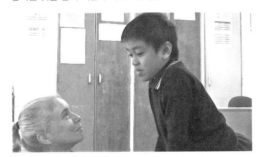

3) 세바스찬은 잠시 반 정도 얼굴을 맞댄 자세로 미소 지으며 몸을 앞으로 기울인다. 살짝 눈을 맞추다가 다시 멀어진다. 수는 가만히 있고 주의를 기울이며 이용할 수 있는(준비된) 상태로 있다.

4) 수는 바닥에 자리를 잡는다—그녀는 세바스찬이 다시 시작할 것을 안다. 30초가량 후, 세바스찬은 가만히 서서 수를 향해 손뼉을 친다. 그녀는 응답하고 세바스찬은 반복한다.

5) 두 번째 박수를 친 후, 수는 준비 자세로 손을 허공에 올린다. 세바스찬은 미소 지으며 그녀 옆의 짐볼 위에 앉는다.

6) 그는 수에 더 가까이 가서, 그녀의 손을 잡아서 자기 얼굴 양 옆에 둔다. 동료가 끼어들어서 수의 주의를 끌지만 세바스찬은 계속 유지한다.

7) 세바스찬은 목소리를 내고(발성하고) 수는 함께한다. 다시 손뼉을 치고 수는 반복한다. 그는 1분 이상 수의 손을 갖고 놀고, 미소 지으며 그녀를 때때로 쳐다본다. 그러고 나면 수에게 주의를 기울이는 것이 끝난 듯하지만, 그는 그곳에 머물렀다.

8) 그녀는 가만히 있다. 그가 다시 시작하는 것을 생각하면서 계속 거의 1분간 기다린다. 그러고 나서 그의 모든 관심이 그녀로 다시 돌아오는 순간이 오면, 수는 일부러 표정을 '빛나게' 하고, 그들의 활동은 계속된다.

[그림 6-1] 세바스찬과 수: 일시 중지와 기다림의 중요성

*출처: http://www.youtube.com/watch?v=atmODiBBoyA 참조.

집중적 상호작용의 이러한 측면에 대해 의심하지 않는 것이 매우 중요하다. 당신의 대상과 개인적인 활동과 전체 과정을 즐기는 것을 기대하는 것은 당신에게 맞다. 상대방이 당신에게 즐거움과 성취감을 줄 능력이 있다고 인간적으로 기대를 하는 것도 맞다. 이것이 의사소통 학습 시스템이 작동하는 방식이다.

우리는 이와 같은 사고 영역에 도움을 주기 위하여 앞의 박스 안에 몇몇 인용문을 넣었다. 그렇게 한 이유는 요즘 같은 시대에 일부 스태프 구성원들과 팀들은 근무 중에 즐기는 것과 학생 또는 서비스 사용자들이 하루의 많은 시간을 즐기도록 하는 것에 일종의 죄책감을 가질 수 있기 때문이다.

하지만 대략 활동을 발전시키는 과정 중에 차츰 불만이 시작될 수 있다. 당신은 상대방과 집중적 상호작용에 전념할 수 있는 시간을 필요로 하는 다른 작업에 대해 재평가할 수 있다.

만일 당신이 새로운 집중적 상호작용의 실무자이거나 팀이면, 이 시기쯤에는 당신의 작업을 확장시키는 것에 대해 고려하기 시작할 수도 있다. 여러분은 지금까지 자신에게 관대하고 조심스럽게 일을 해 왔고, 여러분이 함께 일하는 사람들의 수에 압도되지(질리지) 않도록 우리의 충고를 받아들일지도 모른다.

 테크닉 포인트

경험의 폭을 넓히기 시작한다

당신과 함께 일하는 각 새로운 사람들과 함께, 여러분은 지금까지 교류해 온 모든 사람들과 상호작용하는 방법에 대해 더 많이 배울 수 있다.

여러분은 지적 지식뿐만 아니라 집중적 상호작용을 하는 방법에 대한 '느낌'을 더 발전시킨다.

아마도 이제까지 설명한 집중적 상호작용의 특징을 통해, 개인적으로 또는 팀으로 다른 사람에게 자신의 작업을 전파할 수 있다는 것으로 이제는 자신감을 가질 것이다. 당신은 아마도 함께 일하는 각각의 새로운 사람들과 함께, 여러분이 이제까지 교류해 온 모든 사람과 상호작용하는 방법에 대해 더 많이 배운다는 것을 알게 될 것이다.

자연스러운 계기(추진력)^{momentum}

앞으로 다가올 모든 진전과 발전의 첫째 주요 요소는 자연스러운 추진력이어야 한다. 모든 일은 여러분이 의식하지 않아도 도약(출발)^{lift off}하고 또 도약하고 날마다 계속 상승한다.

 자연스러운 추진을 방해하는 일을 하지 말자

중요한 문제는 우리가 종종 작업을 할 때 계획하고, 통제하고, 처방하고, 상세히 설명길 좋아한다는 것이다. 이것이 꼭 나쁜 것만은 아니다.
하지만 몸에 밴 이러한 의례적인^{bureaucratic} 경향은 집중적 상호작용 발전의 자연스러운 추진을 막는 요소가 된다.

활동은 효과가 있다 → 상대방은 정말 그것을 즐긴다 → 그녀 또는 그는 그것을 많이 하고 싶어 한다 → 당신은 그 일들을 하는 것을 즐긴다 → 당신은 그것들을 정말로 깨닫지조차 못하고 더 한다 → 상대방은 조금 발전하고 있다 → 활동은 조금 더 길게 지속된다 → 점차 다양한 종류의 추가적인 활동들을 개발한다 ……

이러한 단계에서 이 모든 것들이 실무자나 팀이 충분히 인식하지 못한 채 발생한다. 사실, 때로 실무자들의 큰 속임수는 이러한 자연스러운 과정에 방해가 되는 일들을 하지 않는 방법을 충분히 아는 것이다.

반복과 레퍼토리

우리는 계속 반복한다는 것을 알고 있지만, 반복에 대해 걱정하지 말자. 반복은 진전의 주요 '엔진 룸(동력 기관)^{engine room}'이다.

레퍼토리

레퍼토리는 학습자와 상호작용 파트너(들) 간에 친숙하게 공유되는 활동 범위를 설명하기 위해 사용되는 편리한 집중적 상호작용 용어이다. 그것은 음악 연주에서 따온 용어이다. 뮤지션이나 밴드는 그들이 잘 알고 수월하게 연주할 수 있는 '레퍼토리' 작품들이 있다.

반복은 초기 학습에서 중요하다는 것으로 인식되고 있다. 유아와의 상호작용에서, 초기 단계의 거의 모든 상호작용의 주요 내용은 두 사람이 이전에 함께했던 것들의 반복이라고 추산된다.

일반적 활동과 작업의 대부분을 함께하는 학생들과 서비스 사용자들에게, 우리는 아마도 충분한 반복을 하지 않을 것이다. 학습자가 지금 이 순간에 어디에 있는지에 대한 즐겁고 긍정적인 연결은 충분하지 않다.

집중적 상호작용의 3가지 'Rs'

그래서 집중적 상호작용을 하는 것에 대한 또 다른 교묘한(변칙적)gimmicky 사고 방식에는 3가지 'Rs'가 있다.

- 대응성responsiveness
- 반복repetition
- 레퍼토리repertoire

때때로 우리는 다음 '단계'를 위해, 상대방이 어쩌면 '지금' 완전히 혜택을 받고 이 장소에서 충분한 시간을 가지기 전에 그냥 넘어가려고 하는 것처럼 느껴진다. 우리는 종종 (특히, 학교에서) 최대한 빨리 다음 '단계'로 넘어가려고 필사적으로 노력하는 것과 같은 작업 문화를 가지고 있다.

의사소통자가 되는 것의 복잡성에 대해 배우는 사람들에게, 반복의 요소는 다음과 같다.

- 친숙함
- 예측 가능성

- 안전과 보장성 느낌
- 통제와 전문성 느낌

이제 당신은 상대방이 당신 또는 다른 스태프 구성원들과 함께 즐기는 주된 활동의 '레퍼토리'를 이미 세웠을 것이다. 반복은 변화와 차이에 대해 확실하고 안전한 기반을 만들고, 활동 중 새로운 것에 대한 실험이 된다는 것을 알 수 있다. 다시 말하지만, 이것은 보통 점진적이고 자연스러운 과정 같은 것이고, 여러분이 멈추고 생각해 보기 전까지는 그것이 일어나고 있는 것을 알아차리지 못할 수도 있다.

파급^{spillover}과 '상호작용'

활동이 발전하고 '추진(계기)^{momentum}'의 느낌이 자리 잡으면서, 우리는 '과잉(파급)'이라는 것을 인식할 수 있다. 이것은 특정한 집중적 상호작용 활동 안에서 이루어진(확립된)^{established} 일들은 다른 시간과 다른 맥락에서 나타나기 시작한다는 것을 의미한다.

그것은 당신이 처음에 이를 알아차리지 못한 채 일어나기 시작할 수 있다. 왜냐하면 이런 방식의 상호작용은 매우 정상적이고 자연스러우며 눈에 띄지 않기 때문이다. 집중적 상호작용 중 일어난 발성의 교환은 식사 시간 동안 행복한 교환이 되고, 손 두드림 또는 거실에서나 복도를 따라 걷는 도중 교대로 교환^{turn taking exchange}하는 것으로도 이루어진다.

이러한 발전은 물론 많은 가능성이 있고 환영받고 축하받아야 한다. 또한 충분히 진행 결과로서 기록될 수 있도록 잘 인식하도록 하자! 이것은 그녀 또는 그가 하는 모든 것에서 의사소통 느낌이 점점 증가하는 것이 보이기 시작한다는 것을 의미한다.

〈사례 연구〉

파급^{spillover}

게르하르트(Gerhardt)와 함께 처음으로 제대로 진행한 활동은 감각실^{sensory room}에서 일어났다. 그는 조명 판넬 중 하나를 두드리는 것을 즐겼고, 스태프 구성원은 그것을 따라 했다.
감각실 속에서, 라디에이터와 문으로 되어 있는—그는 이것들을 두드림 게임에 사용하곤 했다—어느 날 저녁 라운지에서, 시오반(Siobhan)은 게르하르트가 라디에이터 근처에 있기 위해 바닥을 몇 피트 가로질러 미끄러져 온 것을 알아차렸다. 그녀는 그가 두드리고 있다는 것을 잠시 지나서 알아차렸고, 일어나고 있는 일의 중요성을 깨닫는 데 또 얼마간의 시간이 걸렸다.

우리가 말했듯이, 상대방과 자주 주기적으로 일대일 시간을 확보하는 습관을 유지하는 것은 늘 좋은 일이다. 하지만 시간이 지나고 상대방의 능력이 성장하고 발전함에 따라, 큰 세트 피스 세션^{set-piece session}만큼 중요한 것은 5초에서 10초간 약간의 의사소통 순간들이 일어나기 시작하는 것일 수 있다.

따라서 주 활동을 받치고 있는 작은 활동들과 순간들을 찾아보자. 예를 들면, 다음과 같다.

- 패스하면서 5초간 접촉하는 것을 기억
- 비언어적인 순간—방 건너편에서도 눈 맞춤 및 얼굴 표정 접촉(관계)
- 일반적으로 상대방 주변에 주의를 기울이고—발성을 시작할 가능성(상황)에 주의를 기울인다.
- 상대방이 하는 새롭고 일반적인 의사소통이 되는 모든 것을 경계하자.
- 당신이 상대방과 함께 해 나가는 모든 활동 방식에 대해 당신은 상호작용 인식을 사용하기 시작한다는 것을 기억하자.

테크닉 포인트

당신의 '상호작용성'^{interactiveness}

당신의 '상호작용성'을 집중적 상호작용 '세션' 뒤에 놓아두지 말 것을 기억하자.

항상 지니고, 하는 모든 일에 환기시키자(흥미가 솟게 하자)^{switch on}.

당신은 상대방 및 당신이 일하는 곳의 다른 사람들에게 정상적이고 자연스러운 사회적 환경이 되게끔 하기 위해, 점차 집중적 상호작용과 그것의 사용과 발전을 지향하려고 노력하고 있다.

1994년 우리가 집중적 상호작용에 대해 첫 책을 냈을 때, 우리는 용어를 고안했다. 우리는 집중적 상호작용 활동이 하루하루의 일반적 리듬으로 넘치고 우리가 하는 방식을 점진적으로 변화시키는 과정을 '상호작용성'^{interactivity}이라고 설명했다.

상호작용성

'상호작용성'이 문법적으로 타당한 것인지는 확신할 수 없지만, 개념을 설명하는 데는 유용한 줄임말이다. 이것은 우리가 하퍼베리 학교에서 개발하고 간단히 사용했던 용어이다. '상호작용성'은 다음과 같은 의미이다. 우리가 이 원칙에 따라 작업을 개발할 때, 우리는 우선 일련의 상호작용에 대해 하루 중 특정 시간에 일어나는 집중적 활동으로서 이를 특별한 것으로 생각했다.

그리고 나서 우리는 모든 다른 활동으로 근무일을 채워 나갔고, 한동안 계속 해 나갔다. 그러나 우리는 일부 발달이 자연스럽게 일어나는 것임을 알았다.

첫째, 일부 학생들은 그들이 상호작용을 찾고 요청하는, 즉 시작하려고 하는 지점에서 진전이 빨리 일어난다. 곤란하게도, 그것은 일정표대로가 아니라 갑자기 아무 때나 일어난다. 우리는 어디서든, 언제든 학습자가 시작이 가능할 때 응답할 수 있도록 얼른 유연하게 대처하는 것이 최선이라는 것을 알았다. 결국 자발적으로 시도하는 의사소통에 응답하는 것이 학습의 중요한 부분이었다. 이것은 우리가 하루 종일 '상호작용 모드'에서 대기하기 시작하는 것에 영향을 주었다. 이는 우리가 이전에 하던 방식을 줄이기 시작하는 데 추가적인 효과를 가져왔다. 우리는 전반적으로 지배적이고, 통제하고, 강제적인 태도에서 벗어나는 식으로 우리의 작업 방식을 바꿔 나갔다.

동시에, 우리가 일련의 상호작용 세트 피스에 더 많이 참여할수록, 스태프 구성원으로서 행동하는 방식의 중요성과 힘에 대해 더 많이 생각하고 토론했다. 자연스러운 과정으로서, 학생들과 함께하는 이런 방식은 우리가 하는 모든 것에 영향을 미치기 시작했다. 우리는 우리가 구성하고 이끌어온 모든 활동 방식에 있어서 더 편안해지고 마음이 가벼워지기 시작했다. 다시 말하자면, 학생들이 참여하도록 동기를 부여하는 것을 돕기 위한 우리의 행동은 덜 지배적이고 덜 강제적이 되었다 (Nind & Hewett, 1994).

이에 큰 이슈가 있다. 감각실에서 상대방과 집중적 상호작용을 시작하기 위한 일대일 시간이 정상적으로 세심히 계획되었다 하더라도, 단순히 그런 맥락 속에 매몰되어 있으면 안 된다. 그것은 일반 세상으로 확산되어 나가야 한다. 물론 우리는 집중적 상호작용을 특정한 치료적인 이유로 할 수 있다. 하지만 이것은 단지 치료가 아니라 그 대상이 사회적인 세상에서의 존재 방식이고, 그 세상은 어디에나 있다.

의존성이 높은 사람들인 경우, 돌봄을 받을 때 일대일 시간을 사용하는 것을 기억하자. 우리는 그런 사람들이 심하게 여러 가지 학습 장애를 겪고 있다고 생각하는 경향이 있지만, 사실 이 책에서 다루는 대부분의 사람은 언젠가 일상생활의 도움이 필요한 사람들이다.

이전에 제안했듯이, 집중적 상호작용 작업을 시작할 때부터 이러한 상황을 이미 이용했을 수 있다. 하지만 상대방의 성장하는 능력은 그들이 씻고, 먹고, 옷을 입는 등의 일상을 도와주는 동안 확실해질 수 있다는 사례가 종종 있다.

이것은 자주 발생하는 일대일 상황으로 그들이 이용(악용)^{exploit}할 수 있다. 그러므로 여러분이 자신의 직장 문화에서 돌봄을 하는 동안 '조용히 하지(입을 닫지)^{zipping}' 않기 위해 최선을 다하는 것이 중요하다. 오히려 가능하면, 이를 질적인 시간$^{quality\ time}$, 의사소통 시간 그리고 대응 시간으로 인식하자.

사람들이 진전에 대해 자주 묻는 질문 중 하나는 '그가 상호작용을 시작하는 것을 배우고 요청할 것인가?' 등이다. 답은 물론, 그렇다, 모든 사람들이 그럴 것이다. 어떤 사람들은 일을 빨리 '이해'하고 아주 초기에 시작하려 한다. 다른 어떤 사람들은 더 천천히 움직일 것인데, 이는 그들의 힘을 서서히 모아서(축적하여) 나중의 발전을 보이는 것이다.

사람들이 입문(시작)^{initiation}하는 방법은 물론 매우 다양하다. 그것은 그녀나 그가 여러분을 붙잡고 물리적으로 그들 쪽으로 돌리는 것만큼 놓쳐서는 안될 일이다. 그것은 부드러운 숨소리 같은 발성 또는 매우 제한된 움직임만 가능한 사람의 약간 튀어나온 혀처럼 미묘하고 작은 것일 수 있다.

물론 여러분의 실습에 대한 이슈는 모든 사람이 틀림없는 입문(시작)을 하는 것은 아니라는 것이다. 상대방이 성공적으로 입문(시작 개시)하는 능력은 당신과 당신의 팀원들이 하루 종일 일반적이고 환경적으로 그들에게 주의를 기울일 수 있는 능력에 달려 있다.

〈사례 연구〉

존(John)

이 일이 일어난 것은 내가 존을 알게 된 지 8년이 되는 날이었다. 거의 모든 그 시간 동안, 존은 그의 눈 몇 인치 앞에서 펄럭거리는 노란색 장난감을 자주 골똘히 쳐다보면서 그만의 리듬감 있고 자기몰입적 행동의 세계에 있는 사람이었다. 최근 몇 달 동안 그들은 그 프로젝트에서 그와 집중적으로 일하고 있었다.

나는 교실에서 엘레나(Elena)와 이야기하고 있었다. 어깨 너머로 손이 와서 턱을 움켜쥐고 머리를 홱 돌렸다. 거기서 6인치 떨어진 곳에서 존은 나의 눈을 부드럽게, 집중해서 쳐다보고 있었다. 그 순간에 대한 나 자신의 감정적 반응을 받아들이는 데에는 거의 그날의 나머지 시간이 다 걸렸다.

-데이브 휴이트

여러분의 대상이 상호작용을 요청하는 것, 즉 시작(개시)^initiation^은 물론 계획된 활동으로부터 나오는 '주요 파급^major spillover^'이다. 그들에 대한 당신의 반응과 그들의 요청에 응하려는 당신의 의지는 '상호작용성'의 주요 측면이다.

여러분은 시작할 동기와 기술을 개발하는 것이 당신과 일하는 대상에게 중요한 삶의 사건이라고 기대할 수 있다. 그것은 그들에게 잠재적으로 멋진 순간이 될 가능성이 있기에, 그녀 또는 그의 시작이 성공적이고 효과적인 것이 중요하다. 이는 우리의 '상호작용성' 능력과 우리가 실습에서 응답할 시간을 충분히 여유 있게 보유했는지에 달렸다. 하지만 우리는 대상이 의사소통자, 즉 개시자^initiator^가 되길 원한다. 이것이 항상 우리에게 편리한 것일 수는 없다.

연구 프로젝트에서 발췌한 메모

'J. 오늘은 단순히 매우 다르다. 살리바(Saliva)는 매우 큰 소리를 낸다(초대?). 너무 많이 흔들지 않는다. 주변을 더 많이 쳐다본다. 특히 니키(Nikki) 쪽을 힐끗 본다(초대?).'

'C.는 교실을 가로질러 거닐고 내가 앉아 있던 책상의 건너편에 서 있다. 멈춰 서서 나를 똑바로 쳐다보고…… 몇 초 동안 눈을 맞추더니 웃었다.'

만일 여러분이 부모의 입장에서 이것을 읽고 집중적 상호작용 연습이 집에서 당신의 아이와 이루어지는 멋진 상호작용 방법이라면, 이 이슈들은 아마도 문제가 되지 않을 것이다. 학교 교실에서나 데이 센터 또는 학습 장애가 있는 사람들의 집에서도 작업장 조직에 관한 모든 종류의 문제는 있을 수 있다. 자세한 내용은 9장을 참조하자.

만일 여러분의 직장이 엄격히 조직되고 일정이 짜여 있으면 큰 어려움이 분명히 생길 것이다. 우리는 이 책을 통해 일반적으로 의사소통 작업이 더 유연해지도록 하기 위해 조직 방법에 대한 제안을 하게 되길 바란다. 실제로 여러분이 처음 집중적 상호작용을 접한다면, 작업을 시작하기 전에 이 섹션을 읽어 보길 바란다.

또한 한 가지 긍정적인 팁이 있다. 성공적인 시작을 보장하기 위해 긍정적 반응을 한다고 해서 매번 본격적인 세션^full-blown session^이 시작되는 것은 아니다. '연구 프로젝트에서 발췌한 메모'에 나오는 학교에서는, 상당히 엄격한 작업에서 뭔가 더 유연한 쪽으로 점차 진화했다. 학생들의 시작^initiation^을 해결하기 위해 개발된 두 가지 주된 방법은 다음과 같다.

- 보다 더 유연해지고, 천천히 작업하고, 모든 일이 일어나는 동안 더 소통의 시간을 갖는다.
- '아니요, 바로 지금이 아니고 ^{no sorry, not right now}'의 20초 기술을 연습하여 대답이 '아니요'일지라도, 시작은 여전히 성공적이고 응답을 받은 것이다.

다양성을 개발하는 방법

초기 단계에 있는 많은 사람은 활동의 레퍼토리가 그리 다양하지 않을 수 있다. 실제로, 어떤 사람들에게는 레퍼토리가 확장되기 전에 오랫동안 제한된 상태로 남아 있을 수 있다.

5장 내용을 기억해 보자. 단지 상호작용이 그저 '비슷하게' 유지되고 활동이 다양하게 발달되지 않는다고 해서, 진전이 없다는 것을 의미하지는 않는다. 그 대상의 성과는 이러한 활동들 내에서 모든 종류의 진전이 있을 수 있다.

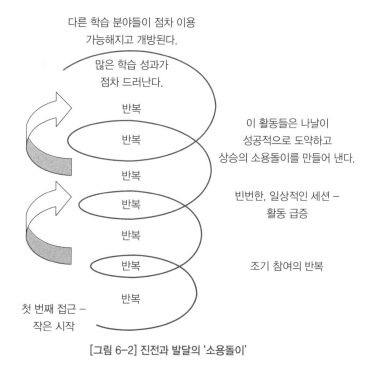

[그림 6-2] 진전과 발달의 '소용돌이'

 아무튼 지금까지 첫째로 강조할 것은 활동들이 작동하고, 세워지고(확립되고), 쉽게 규칙적으로 자주 일어나게 하는 것이다. 그러면 두 번째 우선순위는 여기서 우리가 강조했듯이, 자연스러운 추세^{momentum}와 소용돌이치며 올라가는^{spiralling} 느낌이다. 그럼에도 불구하고, 활동이 다양하게 확장됨에 따라 다양한 학습의 기회가 계속해서 진행될 것이라는 합리적인 기대를 할 수 있다. [그림 6-2]에서는 상호작용을 구성하는 활동에 있어서 더 많은 다양성을 주기 위해 몇 가지 아이디어를 나열하였다. 이러한 제안들을 주의 깊게 보고 한꺼번에 너무 많이 하려 하지 말자. 사실, 가장 좋은 조언은 한 번에 하나씩 시도해서 그중 하나가 작동할 때 어떤 일이 일어났는지 명확히 알 수 있게 하는 것이다.

🖐️ 테크닉 포인트

레퍼토리의 다양성 증가에 대한 제안

- 여러분의 대상 및 그들과 상호작용하는 동료를 더 많이 관찰해 보자. 상대방이 하고 있는 또 다른 일들, 즉 당신에게 반응할 기회를 주지만 현재로는 염두에 두지 않는 그 사람의 행동 또는 특징에 대해 생각해 보자.
- 팀 내에서 다른 사람들보다 더 많은 일을 겪는 사람이 있는가? 그녀 또는 그가 하는 일이 무엇인가?
- 여러분만의 부드러운 변화를 만들어서 레퍼토리 활동에 참여해 보자. 그것이 새로운 일이 일어날 가능성을 즉각 보여 주는지 주목하자.
- 일반적인 게임을 하며 가벼운 '놀림^{teasing}'을 해 보자. 그러나 가끔은 속도를 늦추거나 기다려서 상대방이 새로운 행동에 '즐거운 도발^{provoke}'을 할 수 있게끔 한다. 호주의 마크 바버와 그 동료들은 이를 '방해(사보타주)^{sabotage}'라고 부른다.
- 가끔 완전히 다른 스태프 구성원이 참여하도록 주선하는 것을 고려해 보자. 새로운 사람(개성) ^{personality}은 또 다른 차원을 보여 줄 수 있다.
- 당신이 상호작용하는 근처에서 다양한 물체와 물건들을 쉽게 사용할 수 있게 하자. 대상은 그 물건들 중 하나를 선택하여 가져올 수 있다.
- 시나리오 2를 사용해서 신중하게 만들어진(조작된)^{crafted} 새로운 시작^{initiation}을 생각하고 계획한다—막히지 않도록 주의하고 효과가 없을 경우 고집을 부리지 않는다.
- (비디오의 도움을 받아, 긍정적으로!) 당신의 방식을 고려하고 평가해 보자.
  - 당신은 상호작용 중에 새로운 변화가 될 수 있는 무엇인가를 놓치고 있는가?
  - 당신은 너무 많이 눈에 띄게 무엇인가를 해서 상대방이 생각하고 창의력을 발휘할 수 있는 시간과 공간을 축소하는 것은 아닌가?
  - 당신은 때때로 충분히 반응하지 않을 수도 있다. 예를 들어, 발성은?

소용돌이(급등)

여기 대상에게 어떻게 진전이 일어나는지 생각하는 데 도움을 주는 실용적 이론이 있다. 우리는 '소용돌이(급등)spiral'라는 용어를 이제까지 몇 번 사용하였다. 이 섹션에서는 이 용어 사용에 대한 더 자세한 설명을 하고자 한다. 바라건대, 시간이 지남에 따라 상대방과 집중적 상호작용 작업을 어떻게 진행하고 발전시켜 나가는지에 대한 생각의 방법에 있어서 여러분에게 정말 도움이 되길 바란다. [그림 6-2]와 [그림 6-3]은 그 의미하는 바를 잘 보여 준다.

'소용돌이'는 무엇인가가 어떻게 발달하고 진보하는지에 대해 생각하기 위한 온갖 방법으로 자주 사용되는 용어이다. 이는 부모-유아 상호작용 연구 문헌에서 유아의 의사소통 지식과 성과는 성인과의 협력을 통해 서서히 자란다는 것을 설명하기 위해 가끔 사용되었다.

우리에게 '소용돌이'의 좋은 점 중 하나는 의사소통 발달이 직선적으로 또는 멋있고 깔끔하게 배열되게 일어나지 않는다는 것을 시각적으로 보여 주는 것이다. 소용돌이치며 올라가는 활동의 느낌은 자연스러운 추세(추진)와 반복에 대한 이미지이다.

[그림 6-2]와 [그림 6-3]은 집중적 상호작용 작업이 '과정 중심'이라는 것을 보여 주는 데 도움을 준다. 이제 아마 당신 자신의 경험을 통해 확실히 알 수 있듯이, 이러한 작업 방식에서 강조하는 것은 정기적으로 자주 그 활동의 과정을 활성화하는 것이다. 그것은 설정이나 대상을 향한 목표로 일하는 것이 아니다.

2. 진전 결과 인식

대상의 진행 상황을 관찰하고 기록하는 것은 매우 중요하다. 그것은 대부분의 서비스에서 여러 타당한 이유를 들어 당신에게 요구되는 일반적인 관행이다. 하지만 당신의 작업이 성공적인 성과를 내고 있다는 것을 스스로 피드백받도록 하기 위해, 우리는 실무자인 당신에게도 그것이 얼마나 중요한지 강조해 왔다.

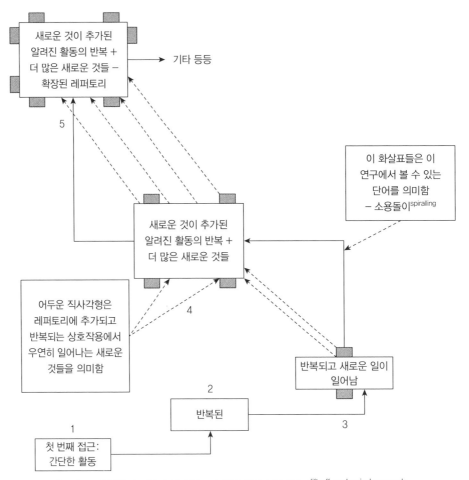

[그림 6-3] 활동이 나날이 상승하고 소용돌이치며 급등한다$^{\text{lift off and spiral upwards}}$.

우리는 서비스(기구)^{services}에서 일하고 있지 않은 부모나 가족들에게도 같은 내용을 말할 것이다. 우리는 그들이 가족 생활에 대한 기록 보관 및 관리를 시작하는 것을 제안하고 싶지는 않다. 하지만 스스로에게 피드백 문제를 주는 것은 당신에게도 적용될 수 있다.

또한 물론 어떤 사람에게는 진전이 더디고 점진적일 수 있다. 만약 당신이 그것을 합리적으로 자세히 기록하지 않으면, 진전이 일어나는 것에 대한 감(느낌)을 잃어버릴 수 있다.

7장에는 기록 보관 및 추적^{tracking} 방법에 대한 조언이 있다. 이 섹션은 활동의 자연스러운 추진에 있어서 진전에 대한 인식이 어떻게 영향을 끼치는지 더 알아보는 내용이다.

베서니(Bethany)

이는 매우 심한 장애를 가진 젊은 여성의 상호성에 있어서 가장 미묘한 신호를 찾는 선생님의
예이다.

"우리는 그녀가 함께 작업하는 성인에 의해 들어 올려지거나 가까이 했을 때, 베서니의
몸과 호흡이 약 5분 후에 이완되는 것이 분명하다는 것을 알 수 있었다. 그리고 나서 그
녀가 당신에게 주의를 기울인다는 느낌이 왔다."

– Julia Rhodes in Rhodes, J. & Hewett (2010).

진전(진행) 유형

대상과 집중적 상호작용을 시도하는 처음 그 순간부터, 작은 것이 크게 된다는 것을
기억하는 것이 중요하다. 가끔 대상이 하는 작고 새로운 일이 의미 있는 새 진전을 이루
는 징후가 될 수 있다. 이것은 특히 가장 심한 다중 장애를 가지고 있는 사람들에게 해당
된다.

이러한 이유로, 대상과 함께 여러분이 한 것을 비디오 촬영하고 비디오 영상을 평가하
는 것은 매우 중요하다.

또한 진전 성과(결과)outcomes가 상호작용 활동 내에서만 드러나는 것이 아니라는 것을
기억하자. 그것은 일상적 경험의 모든 측면에 관련되어 일어날 수 있다. 따라서 진전의
결과(성과)는 다음 두 가지 주요 영역에 있다고 할 수 있다.

• 순수한 의사소통의 발전
• 삶의 모든 영역에서의 웰빙과 발전

'등장emergence'에 대해 편안한 느낌

진전(진행 상황)progress의 관찰과 기록 보관의 중요성에 대한 또 다른 이유는 진행의 결
과가 '불시에' 나오기 때문이다. 이는 진행(진전) 결과물이 과정의 결과로서 시간을 따라
발생되고 나타난다는 것을 의미한다. 과정은 집중적 상호작용 활동의 정기적이고 빈번

한 활성화^{activation}이다. 그것은 레퍼토리와 반복이 중요한 이유가 된다. 이것은 '자연스러운 모델'에서 유아를 발달시키기 위해 모든 것이 어떻게 설정되는가이다. 그들은 복잡한 의사소통 성과를 반복된 활동의 즐거운 과정 안에서 배운다.

학습 결과(물), 특히 의사소통 능력, 그러나 보다시피 많은 것이 서서히 나타나고 발생한다. 그것들은 활동을 하는 과정의 결과로 생겨난다.

집중적 상호작용의 진행은 시간을 따라 서서히, 다양한 시기, 즉 각 개인의 각기 다른 시기에 일어난다. 어떤 사람들은 매우 빨리 진행(진전)하고, 다른 사람들은 더 느리게 한다. 따라서 그 과정에 있는 사람의 결과물은 서서히 나타난다는 생각을 하며 편하게 생각하는 것이 중요하다.

우리가 하는 일의 대부분이 그렇지는 않다. 대부분 우리는 미리 목적이나 목표를 정하는 방식으로 일한다. 그리고 나서 대상과 함께하는 우리의 활동은 그 목적을 향해 추진하는 것이다. 이것은 다양한 일에 대해 만족스러운 작업 방식이지만, 집중적 상호작용은 그처럼 작동하지는 않는다. 집중적 상호작용은 하나의 과정이다.

그리고 집중적 상호작용 작업을 진행함에 따라 다음 두 가지 중요한 추가 이슈를 염두에 두어야 한다.

① 비록 집중적 상호작용이 자연스러운 인간 학습으로부터 차용된 접근법일지라도, 우리와 함께 일하는 대상은 '자연스러운' 모델에 있는 유아들처럼 빨리 진전을 이루지는 못한다.
② 어떤 사람의 진전이라도 항상 순조롭고 지속적이지는 않을 것 같다.

그것을 그래프로 보면, 대상의 진전(진행)은 [그림 6-5]보다는 [그림 6-6]과 더 비슷할 가능성이 있다.

사람들은 직선으로 진전을 하거나 발달하지 않는다. 그렇게 되면 좋겠지만, 그렇지 않다. 발달기의 유아일지라도 지속적인 진전이 이루어지지는 않는 것으로 알려졌다. [그림 6-5]의 고원 같은 정체기가 있다.

이것은 뇌가 더 이상 아무것도 입력하지 않고, 금방 입력된 것을 가지고 일을 하고 싶어 하는 시기가 있는 것으로 추정된다. 우리와 함께 일하는 사람들에게, 이러한 고원 상태는 꽤 오래 지속될 수 있다.

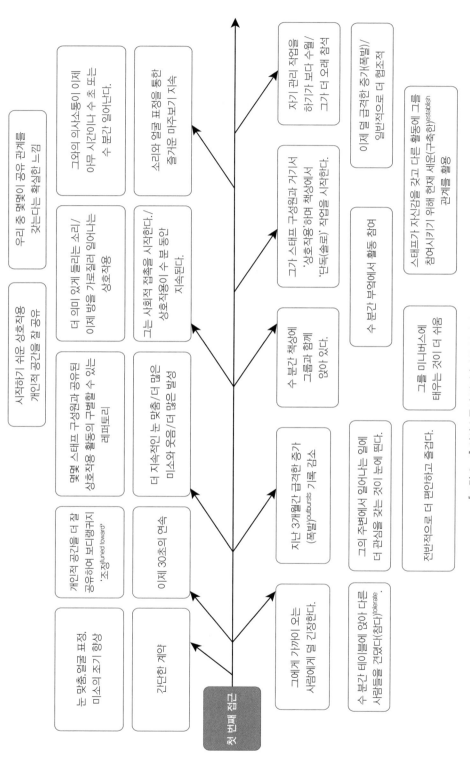

[그림 6-4] 의사소통의 발달/다른 분야에서의 발달

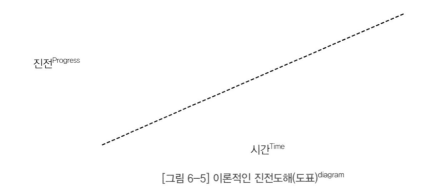

[그림 6-5] 이론적인 진전도해(도표)diagram

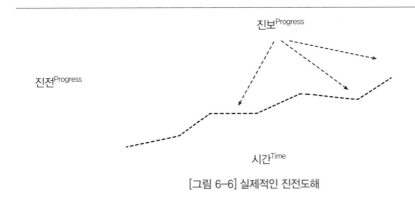

[그림 6-6] 실제적인 진전도해

3. 중장기적 가능성

시간은 흘러간다. 여러분은 출발점에서부터 1~2년 정도 지난 시점에 있을 수 있다. 집중적 상호작용 활동이 장기적으로 확립됨에 따라 실무자와 팀의 경험치는 다음과 같이 다양하게 설명될 수 있다.

- 우와, 우리 대상은 아직 틀림없이 진전과 발전을 거듭한다.
- 모든 점에서 진행은 더디고 힘들지만, 우리는 우리의 위치를 알고 현실적이다.
- 우리는 꽤 오랫동안 그녀 또는 그와 정말 잘 지내는 것 같지만, 그저 틀에 박힌 생활을 하고 있다. 우리는 같은 일을 반복하고 더 이상 진전이 없다.
- 모든 것이 매우 잘 진행되고 있다. 여러분은 자연스러운 추진력과 점진적인 성취감을 느낄 수 있다.
- 그녀 또는 그는 모든 종류의 일을 시작하려고 시도하고 참여한다.

각각의 사항들을 차례로 다뤄 보자.

상대방은 매우 빠르게 확실한 진전과 발달을 하고 있다-너무 빠르고 자연스럽게 일어나서 따라잡기가 힘들다

가장 일반적인 시나리오는 아니지만 이것은 충분히 일어날 수 있는 일이고, 이것이 당신의 경험 중 하나라면 이에 크게 놀라지 말자.

어떤 사람들은 매우 접근하기 어려울 정도이다. 그들은 리듬감 있는 자기자극의 세계에 고립되어 접근이 더 어려워 보일 수 있다. 하지만 여러분이 가까이 있는 그들에게 알맞게 그 속으로 들어간다면, 그 대상은 전혀 접근하기 어렵지 않게 바뀔 것이다. 그녀 또는 그는 단지 접근하기 어려워 보일 뿐이었다.

실제로, 그 대상은 일부 인지적으로 '준비되고' '진행하고 싶어 하는' 상태였고, 그녀 또는 그에게 이용할 수 있는 올바른 세상(세계)이 필요했을 뿐이다. 올바른 '사회적 세상'은 집중적 상호작용으로 무장한 그녀 또는 그의 주변에 있는 민감한 사람들일 가능성이 있다.

이 시나리오는 기회가 주어진다면 날아올라 빠른 진전을 보여 줄 수 있는 초기의 일부 아동들에게 일어날 가능성이 크다. 처음에는 올바른 입력(적절한 자극)^{right input}을 기다리며 '정지'된 것처럼 보인다.

실제로, 가끔 상대방의 부진한 진전이 그들의 장애 수준보다는 우리가 오히려 그들과 함께 올바른 일을 하지 않았는지에 더 관련이 있을 수 있다는 불편한 인식을 가질 수 있다. 이러한 어려운 인식은, 특히 당신이 일을 제대로 할 때 결국 진전과 발달을 거듭해 나갈 수 있는 나이든 어른인 경우에도 가질 수 있다.

조언
- 심지어 바보처럼 너무 뻔하게 들리겠지만, 상대방의 발전에 방해가 되는 어느 것도 하려고 하지 말자.
- 더욱 더 좋은 것은, 함께 앉아서 당신이 하는 모든 것이 긍정적으로 발전에 기여하고 있다는 것을 확실히 아는 것이다. 다음과 같다.
  -집중적 상호작용 작업

－집중적 상호작용 작업 외의 다른 긍정적인 경험, 특히 양육 대상에게 규칙적으로 발생하는 '기분 좋은' 경험

－대상이 경험하는 전반적인 분위기－당신은 아마 유익한 방식으로 일하고 있을 것이다－팀 스타일이 어떤가? 그것의 요소는 무엇인가? 만일 누가 당신에게 '어떻게 달성하고 있는가?' 라고 물으면, 당신은 팀의 과정들과 작업 원칙을 설명할 수 있는가?

－다른 모든 학습 기회

• 당신이 하는 것을 계속하자.

진행은 느리고 힘들지만, 우리는 현실적이고 우리의 위치를 안다^{where we are}

진전은 이 책에서 우리가 일하고 있는 사람들의 범위를 넘나드는 많은 다양한 것이 될 수 있다. 우리가 관찰한 바, 어떤 사람들은 그들의 진전과 발달에 반드시 주요 요소가 되는 광범위한 인지 장애를 가지고 있다. 여기에는 더 심각한 다중 장애를 가진 사람들 및 장애가 너무 광범위해서 거의 응답을 하지 못하는 사람들이 포함된다.

〈사례 연구〉

활용할 수 있는^{available} **사회적 세계(사회라는 세상)**^{social world}

베서니와 함께 수행했던 이전 작업의 사례에서, 줄리아는 진전이 약간 일어날 가능성이 있다고 보고되었다. 그녀는 또한 베서니에게 정서적으로 도움이 되고 주어진 정상적인 사회적 환경을 확실히 하기 위해 그들에게 가능한 모든 것을 계속하는 것이 주요 이슈라고 했다.

그들은 지속적인 사회적 접촉을 하는 최선의 유일한 방법은 하루 중 가능한 한 많은 시간 동안 베서니와 신체적 접촉을 하는 것임을 깨달았다.

또한 앞의 설명에 맞지 않으며, 여러 면에서 생활 방식이 매우 활동적이고 긴장하고 있는 사람들이 있다. 그들의 의사소통 진행은 매우 더딜 수 있다. 물론 우리는 대상에게 동기가 조성되는 데 있어서 그들의 뇌에 대한 모든 것, 장애의 특성 및 삶의 경험이 어떻게 효과적으로 영향을 주는지 다 이해하지는 못한다.

그래서 한편, 여러분은 대상의 능력의 특성, 발달과 생활 방식에 대해 현실감을 가질

필요가 있다. 그리고 그녀 또는 그의 진전이 '더디고' '힘들다'는 이유로 자신을 자책하지 말자. 그렇지 않을 수 있다. 다른 한편으로, 물론 팀으로서 그들이 더 나아갈 수 있음에도 너무 동기 부여에 대한 기대를 낮추는 관행을 조심하자.

조언

- 디테일, 디테일, 디테일. 계속 추적해 나가고^{tracking}, 그 대상의 작은 한 조각의 진전도 마치 큰 것처럼 여기고 관찰하여 디테일하게 기록 관리하자.
- 매월 진행(진전) 상황을 일상으로 '요약^{round up}'하자―비록 더디더라도 진행이 있다는 것을 긍정적으로 인식하자.
- 상호작용에 새로운 측면을 살짝 시도해 보자(이전 테크닉 포인트 참조: 레퍼토리의 다양성 증가에 대한 제안).
- 다시 한번 말하지만, 이것은 늘 조언의 일부분이다. 비디오를 사용하여 활동을 평가하고, 특히 당신이 무엇을 누락하고 있지는 않은지 점검한다.

무엇보다도, 당신이나 당신의 동료가 하는 일로 인해 대상이 좋은 삶을 살고 있는지 자문해 보자. 다음 섹션에서 논의하겠지만, 어떤 사람은 이런 반응적인 상호작용을 제공할 수 있는 사람들이 주변에 있는 것이 절실하다. 어떤 사람들에게는 이것이 그들의 삶과 남은 여생에 가장 좋은 것일 수 있다.

우리는 그와 정말 잘 지내는 것처럼 보이지만, 지금은 판에 박힌 정도다

여기서 받을 수 있는 많은 조언은 이전 섹션에서도 받았던 것이다. 그런가 하면 생각해 보아야 할 주요한 일은 다음과 같다. '진정으로 진행 중인 진전은 없는가?' 아니면 우리의 관찰과 추적이 시간이 지남에 따라 우리의 동기에 급격한 감소 효과를 주게 돼둔 것인가?

제안

- 당신이 성취한 것을 기뻐하고, 그 대상이 초기에 어떠했는지 기록을 돌아보고, 출발점과 비교하여 당신이 지금 어디에 있는지 상기해 보자.

- 의사소통자로서의 그녀 또는 그의 진전이 꼭 지속적이고 변함없을 필요는 없다. 그녀 또는 그는 당신들과 함께하는 사회적인 세상이 행복한가?
- 일련의 상호작용 비디오 클립들을 촬영하고 평가하여 당신이 혹시 누락하고 있는 것이 있는지 확인하자.
- 만약 여러분이 조직할 수 있다면 상대방과의 상호작용 작업에 한두 명의 '새로운 얼굴'을 데려오도록 해 보자. 그러면 또 다른 시각(관점)에서 접근할 수 있고, 일부 새롭고 신선한 에너지를 줄 수 있다.

모든 것이 상당히 잘 진행되고 있고, 당신은 자연스러운 추진력(계기)과 점진적인 성취감을 느낄 수 있다

만약 이것이 이 단계까지의 당신의 시나리오라면, 당신은 전반적으로 긍정적으로 느끼고 있으며 모든 것이 '상승 중'인 사람과 아주 좋은 상황을 즐기고 있어야 한다. 중반기의 좋은 진전의 일반적인 모습은 다음과 같다. 예를 들어,

- 매일 빈번하고 수월하게 시작되는 '큰' 의사소통 활동
- 대상은 정기적으로 상호작용을 시작하고 하루 종일 당신과 사회적으로 '접촉'한다.
- 활동은 오랫동안 진행될 수 있는데, 실제로 당신은 다른 것으로 넘어가야 할 필요성 때문에 활동을 끝내자고 점차 말해야 할 수 있다.
- 하루 온종일 많은 부수적인 활동이 있다.
- 그녀 또는 그는 삶 속에서 여러 종류의 발전상들을 보여 줄 수 있다.
- 대상의 의사소통 능력은 발전하고 확장된다.

상대방은 더 많은 말과 언어 교환을 시작한다

우리는 왜 어떤 사람들은 어떤 말과 언어 기능을 순조롭게 사용하는 것처럼 보이는지, 또한 어떤 사람은 그렇지 않고, 특히 ASD를 가진 어떤 사람들은 50단어 정도를 빨리 배우고 그 이상은 못하는지 이해하지 못한다.

발성의 증가와 어떤 말(언어)speech로의 점진적 전환은, 논리적으로, 과정의 흐름에 있

어서 자연스러운 모습이어야 한다. 한편, 다음 목록은 당신이 이 분야에서 무엇인가 신중하게 추가 개발을 도모할 수 있도록 몇 가지 추가 조언을 제안하는 것이다.

- 항상 해 왔던 일을 하는 것이 가장 좋다. 그러나 대상의 모든 발성에 응답하는 것을 각별히 조심하자.
- 동시 해설running commentary을 포함한 더 많은 응답을 신중하게 하기 위해 잘 판단한다.
- 그 순간에 상호작용 안 또는 주변에서 일어나는 일들에 대해 동시 해설을 이용하자 (조심스럽게–퍼붓지 않으며).
- 만약 대상이 당신에게 단어처럼 들리는 발성을 낸다면, 그 단어로 응답하자(미심쩍게 의심스럽게)–그녀 또는 그가 '에에……하면, 당신은 '예에?' '예에……'
- 전적으로 서로 어울리고 즐거운 음성을 교대로 나누는 활동을 펼치자. 그것은 조금 시끄러울 수 있다.
- 상대방 소리의 높낮이/음색 및 발성/소리의 빈도수를 정확히 조정하기 시작하여 당신의 파트너가 그것을 만들어 내고 관계의 특유한 파트를 반추해 내는 데 도움이 되도록 한다.
- 의미를 전달하는 단어의 초기 원형precursors과 여러분의 장난스러운 활동의 일부가 될 수 있는 소리 즉, '오 오!' '첨벙!' '펑!' '쾅!' '철썩!' 등을 이용하자.
- 손가락질 제스처를 찾고 부추기자.
- 함께 거울을 보며 바보스러운 얼굴을 잡아당기면서 바보스러운 소리를 내는 다른 게임도 시작하자(그렇다, 성인과도 시도하자).

상대방은 모든 종류의 일에 관여하기 시작한다

점진적 진전의 또 다른 주요 측면은 대상의 능력과 뻗어 나가는(확장되는)branching out 활동에 대한 감각이다. '뻗어 나가는' 이미지는 생생하다—우리는 '진전의 나무tree of progress'를 시각화할 수 있다.

우리는 대상(상대방)을 위한 의사소통 발달 과정을 기억할 필요가 있다. 우리가 상대방의 의사소통 능력을 연구할 때, 단지 의사소통 능력만을 보는 것이 아니다. 우리는 그 대상의 성취를 위해 노력하고, 적어도 삶에서 다른 일들을 가능케 하는 것이다.

만약 이 나무의 이미지를 시각화하면([그림 6-8] 참조), 의사소통과 관련된 능력을 배우는 것은 근간을 세우는 것(뿌리를 형성하는 것)^{root formation}이고, 의사소통은 다른 모든 성과와 성취를 지지하는 몸통이 된다.

꽤 자주 묻는 질문이 있는데, "음, 그는 의사소통을 매우 잘하고 있고 정말 잘 합류했는데, 다음은 어떻게 되는지?" 그에 대한 답의 일부는 단순히 "다른 모든 것에 참여하다."이다.

다시 말하지만, 대상이 아직 초기 단계에 있을 때는 너무 그에게 심하게 밀어붙이지 말 것을 충고하는 바이다. 하지만 그들의 능력과 모습이 뻗어 나가는 것을 방심하지 말자. 그들을 소개해 주고 삶이 제공하는 모든 것에 참여하게 할 기회를 찾자. 하지만 이것이 의사소통 작업에 대한 강조를 반감시키는 것을 뜻하지는 않는다.

4. 결국, 얼마나 진전될 것인가

집중적 상호작용의 작업을 할 때, 그 대상을 겨냥하는 종료점에 대해 식견(비전)을 가지고 작업하는 것은 거의 불가능하다. 물론 그들이 모두 완전한 의사소통자, 완전한 말과 언어 사용자가 되는 것은 매우 바람직하다. 현재로서는 모두에게 이런 일이 일어났다고 말하는 것은 가능하지 않다.

하지만 많은 사람이 어느 정도 말과 언어 사용을 달성했고, 어떤 사람들은 양적으로 상당히 많이 달성되었다. 다시 말하지만, 많은 실무자와 부모들이 말의 성취를 의사소통의 모든 것으로 보기 때문에 우리는 이에 신중해야 한다. 우리는 이러한 성취들이 바람직하지만, 의사소통은 훌륭하고 많은 측면을 가졌다는 점이 잘 설명되었기를 바란다.

이 질문에 대한 궁극적 답은, 각 개인이 진전(진보)과 발전의 '소용돌이'가 얼마나 높이 올라갈 수 있는가를 찾아내는 것이다. 하지만 사실상 모든 사람에게, 집중적 상호작용 활동은 사회적 세계에 대해 삶을 고양시키거나 변화시키는 것이라고 보았다.

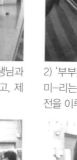

1) 토리(Tori)는 에이드 제이미-리(Aide Jayme-Lee) 선생님과 큰 거울 앞에 앉아 있다. 토리는 시작하게 되어 행복하고, 제이미-리는 '귀를 기울이고' 기다린다.

2) '부부!^{boo}' 토리는 거울과 제이미-리에게 말한다. '부!' 제이미-리는 응답으로 행복하게 말한다. 토리는 2년 동안 많은 진전을 이루었다. 그녀는 이제 다수의 발성과 단어를 사용한다.

3) '이제,' 토리는 말한다. '이제,' 제이미-리는 말한다. 토리는 손을 들고 '손!'이라고 외친다. '손!' 제이미-리가 대꾸한다.

4) 다시, '손'-'손'. 그리고 나서 제이미-리는 토리가 흔드는 것에 함께하며 '다행—다행—다행—다행' '우—이$^{oooo-eeeh}$'라고 대략 반복한다.

5) 잠깐 일시 중지. '구이^{gooee}, 구이, 구이' 토리가 말하고 제이미-리가 따라 한다. '럭키, 여키, 여키'라고 토리가 말하면 제이미-리도 행복하게 따라 한다.

6) 즐겁게 말을 앞뒤로 주고받으면서, 토리도 관계 맺음, 눈을 맞춤. 얼굴 표정을 계속 연습하는 것을 볼 수 있다.

7) 활동은 때때로 상당히 '고조'되지만, 토리는 색다른 각성 수준에 대처하는 것을 배웠다.

8) 소란스러운 4분 30초 후에 갑자기 토리는 충분히 한 후 일어서서 떠나 버렸다. 제이미-리는 이러한 익숙한 마무리에 미소 지었다.

[그림 6-7] 토리(Tory)는 단어에 거의 근접하게 발전했다.
*출처: www.youtube.com/watch?v=nKYKfKuNWBU 참조.

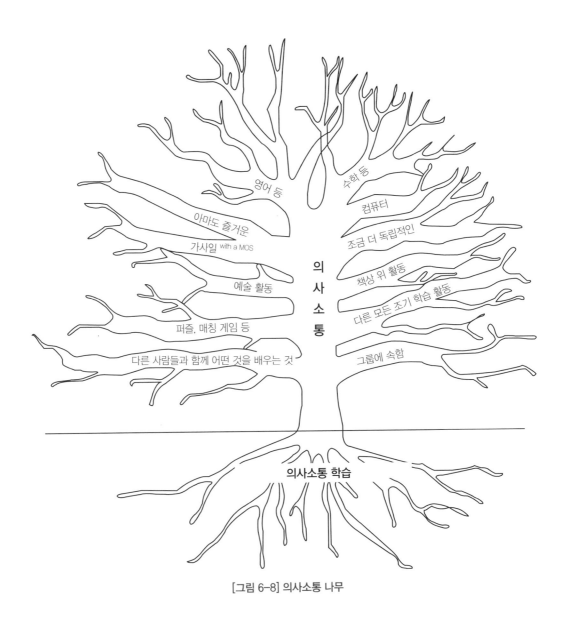

영어 등

수학 등

컴퓨터

조금 더 독립적인

아마도 즐거운

가사일 with a MOS

책상 위 활동

예술 활동

다른 모든 조기 학습 활동

퍼즐, 매칭 게임 등

그룹에 속함

다른 사람들과 함께 어떤 것을 배우는 것

의
사
소
통

의사소통 학습

[그림 6-8] 의사소통 나무

📖 추가 읽기 및 자료

만약 '돌연 결과emergent outcomes' '소용돌이' 그리고 '과정 접근법'에 대해 더 자세히 읽고 싶으면, 다음을 보자.

'What is Intensive Interaction? Curriculum, process and approach', by Dave Hewett, and 'Interactive approaches to teaching and learning', by Penny Lac ey, both in Hewett, D. (ed.) (2011). *Intensive Interaction: Theoretical Perspectives*. London: Sage.

Nind, M., & Hewett, D. (1994). *Access to Communication*. London: David Fulton.

Rhodes, J., & Hewett, D. (2010). The human touch: physical con tact and making a social world available for the most profoundly disabled. *PMLD Link, 22*(2): 11-14.

관련 온라인 자료에 대한 웹링크는 pp. 9-10 참조.

제**7**장

활동 기록 및
프로세스 유지

·

마크 바버

개요

- 관찰과 기록
- 관찰
- 작업에 대한 기록
  - 단기: 기록할 내용
  - 중기
  - 장기
  - 최종적으로: 인계 기록 또는 '여권^{passport}'
- 비디오를 통한 기록
  - 카메라 종류
  - 기타 고려 사항
  - 카메라 사용: 간단한 고려 사항
  - 실질적 이슈들
  - 신경 쓰이는 이슈들
  - 저장소
  - 파일 저장
- 비디오 증거 사용
  - 학습 및 진전의 증거로 비디오 사용
  - 진전(진행) 상황 인식 체계
- 비디오 증거를 사용하여 '실천 공동체' 생성
- 데이터 사용 및 구성
- 행운을 빕니다.

1. 관찰과 기록

어떤 의미에서는, 대상을 관찰하고 기록하는 과정은 간단한 작업이다. 일상적으로, 우리 모두가 해야 할 일은 대상이 새로운 일을 할 때 그것을 알아차리기 위해 큰 관심을 갖고 방심하지 않아야 하고, 그것을 어딘가에 적어 놓거나 비디오에 녹화해 놓아야 한다. 그렇다면 아마도 합리적인 방법으로 기록을 정리하기 위한 시스템이 필요하게 될 것이다. 가끔 우리 또는 우리 서비스(기구)가 모든 것을 더 복잡하게 만들 수 있다. 우리는 이에 대해 몇 가지 간단한 제안을 하길 바란다.

우리가 하는 일을 문서 작업 및 기록 보관하는 것은 우리가 할 수 있는 더 가치 있는 일에 방해가 된다고 언제나 비난해 왔던 바이다. 사실, 물론 양질의 기록은 장기적으로 정말 가치 있을 수 있다—그리고 현실적으로 보았을 때, 우리 중 다수가 우리의 학생 및 의뢰인들과 수년간 함께 일한다.

이 장에서는 여러분의 작업을 기록하는 방법 그리고 함께 일하는 사람들이 어떻게 당신에게 반응하고 의사소통 및 사회적으로 되는 것을 배우는가를 확인한다. 그리고 그들의 진전과 변화를 기록하는 방법에 대해 초점을 맞춘다. 우리는 또한 당신과 당신 팀이 실무자로서 어떻게 발전해 왔는지를 살펴본다. 마지막으로, 비디오를 사용하는 방법과 어떻게 그것이 너무 부담스러운 작업이 되지 않고 성과의 기록뿐만 아니라 증거로도 사용될 수 있는지 알아본다.

2. 관찰

여러분과 함께 작업하는 사람이 사회적으로 고립되거나 사회적 상황에서 의사소통에 어려움이 있는 것을 알게 되면, 여러분은 그들을 지원하는 접근법으로서 집중적 상호작용을 고려해야 한다. 복잡한 지적 장애complex intellectual disabilities를 가진 사람들은 많은 접촉들을 경험하게 될 때, 그들로서는 요청에 따르거나 응답을 요구받는 것이 됨을 기억하자. 그러므로 그 대상에게 직접 단순하게 접근하며 시작하는 것은 좋은 방법이 아닐 수도 있음을 명심하자. 여러분이 지원하고자 하는 대상에게 이것은 그 주변의 사람들과 나누게 되는 다른 종류의 교환(교류)exchange과 똑같아 보인다. 그러므로 여러분은 그들에게 접근하기 전에 그들이 흥미를 느끼거나 자주 집중하는 부분을 확인하기 위해 그들을 관찰하는 시간을 가져야 한다.

집중적 상호작용은 대화의 기본(근거)basis으로서, '개인이 행동을 자신의 것으로서 인식할 수 있는'(Barber, 2008) 접근법으로 또는 쌍방의 대화를 발전시키기 위한 것으로 설명되어 왔다. 복잡한 지적 장애를 가진 많은 사람은 매우 사회적으로 고립되어 있고, 그들은 종종 '자신의 말에 귀를 기울이는' 방법 또는 신체 리듬으로(맥박이나 주기로)pulses or cycles 반복되는 특징적 버릇characteristic mannerism을 발달시킨다. 여러분이 지원하려고 시작하는 대상을 대화에 참여시키기 전에, 이러한 행동의 리듬과 모티브를 사용하여 그들과의 연결고리를 어떻게 찾을 것인지에 대한 아이디어를 갖는 것은 정말 유용하다.

여러분이 그들의 일상적인(그리고 종종 사로잡는)consuming 단 하나의 초점, 즉 당신을 향한 사회적 초점에서 어떻게 주의를 딴 데로 돌릴 것인지, 또한 그들의 '지적인 레이더'에 계속 함께하기 위해 당신이 무엇을 해야 할지 고려해 보자. 이것은 당신과 함께 작업하는 대상에게 의미 있는 방식으로 수행되어야 한다. 여러분이 이미 알고 있는 누군가와의 대화를 시작하기 위해 보통 하는 일들은, 아마도 단어를 이해하지 못하며 주변에서 일어나는 일들을 상호연결된 방식으로 이해하거나 예측하는 데 극심한 어려움을 겪는 누군가에게는 효과 없는 일이라는 것을 명심하자. 이것이 단어 없는 대화이다.

이제 그들이 무엇을 하고 있는지 살펴보자. 그녀 또는 그는 그것이 일리가 있거나 그들의 흥미를 끌기 때문에 하고 있는 것이다(그렇지 않으면 그들은 하지 않을 것이다). 여러분은 그 대상이 좋아할 만한 일 그리고 그녀 또는 그가 친숙한 것에 대한 공통점을 찾고 있다. 여러분에게 다음의 예들은 말이 안 될 수도 있다. 예를 들어, 돌을 체로 치고, 실을 꿰고, 축축한 입소리를 내고make wet mouth-sounds, 무작위 악보(음표)로 노래하고, 방을 발로 구르고, 리드미컬하게 물건을 만지는 등등이다.

대상을 그 자체로서 지켜볼 수 있는 곳을 찾아보자. 즉, 그들이 다른 사람에 의해 집중되고 있을 때가 아니라 자기 자신의 의도(일정)agenda하에 있을 때이다.

가능한 한 많은 정보를 [그림 7-1]의 양식에 있는 상단 6개 칸에 입력해 보자. 여러분은 그들이 즐기는 움직임, 소리 또는 감각의 패턴-규칙적인 일에 대한 아이디어를 얻기 위해 이것을 서너 번 시도해야 한다.

15분 관찰 기록 대상 _____ 날짜 / / . 시간_____
관계는 다른 사람과 관계를 맺은 대상이다/ 그룹으로/ 그룹 옆에서/ 지시 없이 단독으로/ 선택된 아이템으로? 상황context, 예를 들어 방의 코너에 있는 매트 위 사람/ 벽을 마주하며/ 흔들고/ 혼자이지만 다른 사람을 쳐다봄/ 자신의 게임에 몰두/ 돌아다님/ 움직이지 않고 서 있음/ 응시[무엇을?]
소리, 예를 들어 이동할 때 소리를 내는 사람이다/ 예를 들어, 리듬감 있는 소리/ 횡설수설한 목소리/ 노래/ 기타 등등? 모습, 예를 들어 그 대상이 어디서 무엇을 쳐다보는가이다. 눈 맞춤이 있는가 또는 주시하며 시선을 옮기는가. 다른 사람에게/ 스태프/ 활동/ 누구?
움직임, 예를 들어 그 대상이 동일 장소나 인물의 주변을 리듬감 있게 움직이는가? 그들이 물체를 집거나 사람들을 만지는가? 특별한 물체 또는 관심이 있고, 검토된, 보유, 유지하고 있는 물체의 종류가 있는가?
터치, 예를 들어 무엇을 만졌는가, 물체나 사람이 인사를 받거나, 보고, 느끼고, 사용되고 가지고 노는 방식에 어떤 패턴이 있는가?
선호, 예를 들어 그 대상이 자신의 시간을 무엇을 하며 보내는가 또는 무엇을 가장 즐기는가?
의사소통, 예를 들어 사람들에게 어떤 활동이 유도되었나, 무엇이 대상에게 가장 관심 있는 것처럼 보이나?
참여, 예를 들어 어떤 행동에 동참하는 것을 상상할 수 있는가, 자신을 광고하거나 참여 권유를 받기 위해 무엇을 하는가?

[그림 7-1] 15분 관찰 기록

*출처: photocoplable c Hewett et al. (2018).

일단 여러분이 행동의 패턴에 어떻게 '응답'할지 생각한다면, 여러분은 대상에게 접근할 때 사용하기 시작할 수 있는 '대화의 주제'에 대한 아이디어를 이미 개발하기 시작하는 것이다. [그림 7-1]의 하단 칸을 채우는 데 이 정보를 이용해 보자.

여러분이 그들을 흥미롭게 하거나 관심을 보이며 시선을 끌 수 있는 방법으로 '답변'할 아이디어를 갖고 있다면, 그 대상이 관심을 보이는 무엇인가를 일단은 기다리면서 지켜보도록 하자. 그리고 나서 그 대상이 일시 중지하면, 당신은 격려하듯이 응답한다. 하지만 그들이 편안함을 느낄 수 있는 거리에서, 그들이 다시 시작하는 게 보이면 멈추자. (그 대상이 흥미를 가지고 당신을 쳐다보는 것을 알아차렸는가?)

중요 노트

단순한 출발점의 기록으로서, 학습자 단독으로 사람들 근처에서 다른 사람과 교류하는 것을 10분간 비디오로 촬영하는 것은 매우 가치 있을 것이다. 이것은 그 대상이 아는 친구들 및 스태프 또는 다른 사람들과 가까이에서 어떻게 상호작용했는지에 대한 기본적인 증거로 작용할 수 있을 뿐 아니라, 그들이 일반적으로 관여하는 것으로 보이는 습관과 활동 주기의 기록으로도 작용한다. 나는 여러분이 이 과정을 6개월 안에 이루었다는 것을 기뻐하리라 약속할 수 있다. 비디오 사용 및 저장에 대한 조언은 이 장의 다음 섹션을 참조하도록 하자.

3. 작업에 대한 기록

여러분이 대상이 하는 일에 반응하기 시작하고, 그들이 '당신을 쳐다보거나' '웃거나' '가만히 있거나' 가까이 보기 위해 다가오면서 당신에게 흥미를 보인다고 가정하면, 기록을 만드는 것은 중요한 일이다. 특히 당신이 선생님이거나 많은 대상과 일하고 있거나 또는 당신이 주거 서비스에서 일하고 있는 사람, 부모 또는 단순히 관심 있는 친구라면 이것은 더욱 중요하다. 왜냐하면 만일 당신이 학습자와 일하기 전에 참고할 수 있는 기록이 있다면, 오래된 게임 '포맷(형식)format'을 다시 보거나 이야기를 꾸밀 때embellishing 이에 대한 진행 상황과 주의 사항을 인식하는 능력이 크게 향상될 것이다.

포맷(형식)

'포맷'이라는 용어는 시간이 지남에 따라 발달하게 되는 공유된 '게임' '패턴' 또는 '일련의 응답'
으로 설명하는 데 종종 사용된다. 기존 파트너들이 그 이전의 만남으로부터 나온 주제를 다시 논
의하고 반복할 때 이러한 '포맷'에 종종 몰입하게 된다―그것은 인사말 또는 두 파트너가 모두 기
억하고 반복하는 일부 참고할 부분일 수 있다. '포맷'에 대한 다른 시각은 이것이 '학습 소용돌이
learning spiral'이거나 '가벼운 의례적인 일련의 일gently ritualised sequence'이라는 것이다―이것은 실
제로 상호작용이 시작되는 공통 지점이며, 이에는 다양한 변화와 샛길(접선/다른 방향)tangent이 있
을 수 있다.
상호작용 관계가 형성됨에 따라 '세트 피스set piece'나 '형태shape'가 나타나기 시작하는 것을 틀림
없이 알 수 있을 것이다. 이러한 패턴은 대체로 예측 가능하지만, 앞으로 일어날 약간의 꾸밈(사족)
embellishment에 민감하게 반응하는 것은 중요하다. 그러함으로써 여러분은 대상이 불안해하는 것
처럼 보일 때, 일반적인 패턴의 '안전 지대safe ground'로 돌아갈 준비를 하면서 격려하며 대응할 수
있다.

여러분이 어느 대상을 사회적이 될 수 있도록 지원할 때, '지금 무엇을 하고 있나'와 '처
음 시작할 때 무엇을 하였는가'를 비교할 수 없다면 진전이 있었는지를 어떻게 알 수 있
는가? 기억은 신뢰할 수 없는 것이고 우리는 쉽게 생각의 함정에 빠진다.

• 우리는 누구를 더 많이 가까이 실제로 알게 되었을 때, 많은 진전을 이루었다.
• 실제로 상호작용이 많이 바뀌었지만 그것들이 매우 점진적으로 이루어질 때, 우리
  는 단조로운 '세트 피스'에 빠진다.

 기타 반사 관행(연습) 질문

• 내가 그것을 할 때, 무엇을 목표로 하고 있었는가?
• 무엇을 정확히 하였는가?
• 왜 그 행동을 선택했는가?
• 그다음에 무엇을 했는가?
• 내가 어떻게 다르게 할 수 있었나?
• 얼마나 성공적이었는가?

- 성공을 판단하기(가늠하기)^{judge} 위해 사용하는 기준은 무엇인가?
- 내가 그 상황에 더 잘 대처할 수 있었을까?
- 학습자가 그것에 대해 어떻게 느꼈을까?
- 내가 과거의 경험에 비추어 이것을 무슨 의미로 이해할 수 있을까?
- 이것이 미래에 내가 할 수 있는 일들을 변화시켰는가?

우리가 하는 일, 우리가 반응하는 일, 우리가 상호작용을 한 장소, 상호작용 파트너가 관심을 갖는 일, 그들이 우리를 참여시키는 방식, 또는 실제로 그들이 우리와 작업을 끝 낸다는 것을 말하기 위해 하는 일 등을 기록하는 방법이 중요하다. 결국 이 대상을 지원 하려고 하는 사람은 당신만이 아니다.

일어나는 일을 체계적으로 기록하는 것은 이른바 '반사 관행(연습)'으로 이어진다. 이 러한 관행(연습)은 성공적 관행의 중요 요소 중 하나로 알려져 있다. 왜냐하면 당신이 만 남(작업)에서 일어난 일을 기록할 때, 일의 순서뿐만 아니라 어느 것이 중요하고 의미 있 는 일인지에 대해서도 생각하게 되기 때문이다.

기록할 내용

하루 종일 많은 사람과 함께 있을 수 있는 교실이나 데이 센터와 같은 곳에서, 당신에 게 일어나는 모든 만남이나 상호작용을 기록하는 것은 현실적이지 않다. 만약 그렇게 한 다면 여러분은 의뢰인이나 학생들과의 시간보다 글을 쓰는 데 더 많은 시간을 보내게 될 것이다. 호주 멜버른의 베이사이드 특수 발달 학교의 스태프는 근 10년간 매일 학생들과 집중적 상호작용을 해 왔으며, 기록 관리 가능한 연습^{practices}들은 오랜 시간에 걸쳐 발전 하였다. 나는 당신이 여기서 개발된 '가장 좋은 연습'을 사용할 것을 고려해 보라고 추천 한다.

테크닉 포인트

학습자의 입장이 되어서

학습자와의 합의 지점으로 파악되는 대화를 상대방과의 '집중적 상호작용'으로 여기고, 학습자가 이를 탐색하고 그 안에서 변화variation와 테마가 가능하도록 도와주는 것은 가치 있는 일이다. 만일 당신이 상호작용을 테크닉과 대응의 측면에서 생각한다면, 스스로의 반응에 약간 경직될 수 있고 파트너의 행동을 그냥 따라 하는 정도의 범주에 들 것이다.

대화는 두 사람의 단순한 '부름'과 '응답'의 일련의 행위가 아니라, 참여자 간에 어우러져서 나타나는 변화와 테마가 있는 상호 적응의 끊임없는 상태라고 할 수 있다. 당신이 하는 모든 일이 곧 당신의 파트너가 하고 있는 눈에 띄는 행동의 모습으로부터 나온다는 것을 기억하자.

당신의 행동은 항상 학습자의 입장이 되어야 한다your action should always be of the learner.

모든 스태프가 각 학생들과 하는 상호작용을 (적어도) 한 주에 한 번씩 기록하는 것은 수년간 발전해 온 관행convention이다. 나중에 우리는 상호작용이 어떻게 기록되었는지 보는 한편, 만약 여러분이 그룹과 함께 일하고 있다면 사람들이 낮이나 교대 시간 동안 그들의 관심사를 공유하는 데 완전히 초점을 맞춘 사회적 접촉을 일부 했는지 확인하는 방법을 찾는 것이 좋을 것이다. 이 확인 방법은 각 스태프 구성원들이 질 좋은 시간quality time을 가졌을 때 달력에 표시를 하도록 권장하는 것과 같이 간단한 것이어야 한다. 왜? 당신은 많은 복잡한 지적 장애를 가진 사람들이 전혀 의제 없이agenda free 사회적 접촉을 하지 않고 하루를 보낸다는 것에 놀랄 것이다. 달력 표시 또는 일지를 사용하면, 모든 대상이 각자의 스태프 구성원으로부터 하루 동안 일어나는 많은 일 가운데 정서적으로 알찬nourishing 사회적 접촉을 누리는 것을 보장받을 수 있다.

당신이 매일 일상적으로 지원하는 대상과 접촉할 때, 모든 만남이 특별한 의미가 있지는 않을 것이다. 분명히 우리가 하는 많은 접촉과 상호작용은 기능적이고 간략하거나 부수적일 것이며, 실제로 기록하는 데 있어서 유용한 형태로 정리되지는 않을 것이다. 그러나 모든 스태프 구성원은 대상과 '알찬' 만남을 어느 날이든 적어도 한 번은 가졌을 것이다. 따라서 한 주간의 과정 동안, 이러한 만남 중 한 차례 일어난 것에 대해 자세히 기록하는 것을 당신에게 기대하는 것은 큰 무리가 아니다. 이러한 것을 기록하는 데 시간을 할애하는 것 외에, 여러분은 일이 일어날 때마다 "와우!" 순간'이나 '"와우!" 상호작용'들로 알려진 것들을 설명하는 시간을 항상 준비해야 한다.

기록할 시간 만들기

만약 여러분이 상호작용에서 일어난 일을 기록하기 위해 시간을 낸다면, 일하지 않고 있다는 생각은 버려야 한다. 교육 환경에서 (적어도) 기록은 교육 활동의 부분으로 간주되어야 한다—복잡한 지적 장애를 가진 사람들은 자신들의 학습에 대한 증거(흔적)evidence를 자주 남기지 못한다. 당신이 만든 기록은 그들 학습 증거의 일부분이 될 것이다.

---

1) 간단한 설명: 어디 있었는가? 몇 시였는가? 얼마나 지속되었는가 그리고 일어난 일의 일반적 형태. 즉 간단한 '개괄적인 활동stroke' 설명

2) 무슨 일이 일어났는가?…… 이는 학습자가 한 일과 우리가 어떻게 반응했는지에 대한 설명이다. 일련의 일어난 일에 대한 설명. 이것은 학습자가 어떻게 당신과 관계를 맺었는지 또는 당신이 어떻게 그들과 관계를 맺었는지에 대한 것이다. 대화의 주된 주제가 무엇이었으며 어떻게 그 주제가 나왔는지, 등등

	날짜	시간	장소	이니셜
의사소통의 기초 • 다른 사람과 함께 있는 것을 즐김 • 그 사람에게 주의를 기울이는 능력을 발달시킴 • 집중과 주의의 기간 • 다른 사람과의 일련의 활동 배우기 • 행동을 교대로 주고받기taking turns in exchanges of behaviour • 개인적인 공간 공유하기 • 눈 맞춤, 얼굴 표정, 신체 접촉, 비음성적 의사소통 사용과 이해 • 의미를 담은 발성 이용 • 여러 겹의 감정적 이해 • 각성 수준arousal levels을 조절하고 제어하는 것을 배우기	간단한 설명? 무슨 일이 일어났는가? 학생이 한 일에 대해 당신의 이목을 끈 것은 무엇인가? 무슨 주제를 나누었는가? 무엇이 잘 되었는가? 무엇이 당신 생각에 중요한가—왜?			

3) 무엇이 잘 되었는가?……는 반사적(성찰적)reflective 연습practice의 공간—지원하는 학습자가 성공적이 되기 위해 무슨 일을 하였는가?

[그림 7-2] 기록 그리드

의사소통의 기초	날짜 23/5/2017 시간10:45 장소 교실 매트 영역 이니셜 MB
• 다른 사람과 함께 있는 것을 즐김 • 그 사람에게 주의를 기울이는 능력을 발달시킴 • 집중과 주의의 기간 • 다른 사람과의 일련의 활동 배우기 • 행동을 교대로 주고받기taking turns in exchanges of behaviour • 개인적인 공간 공유 　– 눈 맞춤, 얼굴 표정, 신체 접촉, 비음성적 의사소통에의 사용과 이해 • 의미를 담은 발성 이용 • 여러 겹의 감정적 이해 • 각성 수준arousal levels을 조절하고 제어하는 것을 배우기	**간단한 설명?** 우리는 조용한 방에 있었다. 루크(Luke)는 휠체어에 편안하고 지지를 하는 자세로 있었다. 우리는 약 15분간 '이야기를 했다'. 그가 초점을 잃은 것처럼 보일 때 일시적인 중단으로 멈추었다
	무슨 일이 일어났는가? 학생이 한 일에 대해 당신의 이목을 끈 것은 무엇인가? 무슨 주제를 나누었는가? 나는 그의 옆에 누워 그가 소리를 내거나 무엇을 할지 모색하기를 기다렸다. 그가 침을 삼키고 입술을 핥을 때, 나는 과장된 '낮은' 목소리로 대답했다. 그는 즉시 나를 향해 고개를 돌리고 한숨을 쉬고 가냘픈 소리를 내어서 나도 같은 버전으로 대답했다. 루크는 매트에 반듯이 누워 있었기에 팔꿈치에서 손과 팔을 들어 올릴 수 있었고, 나는 그가 자기 손을 내 아래에 친숙한 게임(행동)을 하도록 요청받았기 때문에, 나의 손으로 그의 손을 감싸고 노력의 맥박pulse을 기다렸다. 우리는 다음 15분간, 그의 손을 내 손 아래에 밀어 넣고, 내가 그의 움직임을 받아들이고, 그의 범위 안에서 우리의 합쳐진 손을 옆으로 뻗는 등 일련의 주고받는 행동이 있었다. 이것은 그의 즐거움과 음성에 대한 모색(모험)이었고 그가 정말 즐겼던 것은 '쩝쩝거림lip smacks' 같은 행동처럼 보였다.
	무엇이 잘 되었는가? 무엇이 당신 생각에 중요한가—왜? 조용한 방: 갑자기 방해가 있거나 주변 소음의 증가가 없음 내가 응답할 수 있도록 그가 입술을 핥기를 기다리는 것이지 제안하는 것은 아니다. 아주 근접: 왜냐하면 그가 쉽게 나를 볼 수 없어서, 조용한 시간 동안 내가 거기 있음을 그가 알도록 신체적인 접촉을 유지해야 하기 때문이다. 그가 우리의 손 동작의 느낌에 더 관심이 있는 듯하여 (아주 섬세한 터치가 더 좋다.) 우리가 나누었던 주목할 만한 주제는 우리가 낸 색다른 범위의 음량이었다. 우리가 이전에 나누었던 것보다 더 큰 소리를 내가 제안하며 그의 소리를 약간 방해했을 때 그는 자주 자신의 음량을 조정하였다. 일단 우리가 순서대로 하고, 만약 내가 응답하기 전에 주저하는 모습을 보이면, 그의 주의력은 높아지고 나를 향해 (살짝) 시선을 돌렸다.

[그림 7-3] 기록 그리드의 예시

어떻게

상호작용 기록을 축적해 나가기 위해, 우리는 [그림 7-2]와 같은 기록 그리드(격자판)grid를 사용한다. 이 그리드들 중 세 개는 A4 용지 한 장에 들어갈 수 있지만, 전자 템플릿을 사용하여 작성한 문자에 맞게 공간을 확장시킬 수 있다. 기본적으로 그리드는 세 개의 주요 공간으로 구성된다.

[그림 7-3]은 상호작용 중 일어난 일의 기록을 나타낸다. 상호작용 중 개별적인 사건은 그 사건의 반사 과정이나 학습자에게 일어난 일에 대해 중요한 것을 분리하는 과정만큼 중요하지는 않다. 흥미(호기심/관심)^{interest}는 실제 일어난 이벤트보다는 그 과정과 의사소통의 '기능'에 있다고 말할 수 있다.

요점이 무엇

학습자가 의사소통과 아이디어를 개발(탐구)할 수 있도록 돕는 데 관여되어 있는 모든 사람은 다음과 같이 세심한 기록을 해야 한다. 예를 들어,

- 무엇이 성공적인 상호작용으로 이끌었는가?
- 무엇이 학습자로 하여금 강하게 흥미와 관심을 불러일으키게 했는가?
- 어떤 공통점을 찾아냈는가?
- 학습자가 어떻게 관심을 나타내었는가?
- 학습자가 어떻게 당신의 응답에 반응했는가?
- 학습자가 왜 관심을 보였다고 생각하는가?
- 당신의 응답 중 어떤 것이 일을 유지시키거나 사회적 관심을 증가시키는 것 같은가?
- 당신이 계속하도록 하기 위해 학습자는 무엇을 했는가?
- '일반적인 것'과 다른 점은 무엇인가?
- 학습자와 당신은 어떻게 '게임'을 종료했는가?

테크닉 포인트

순간적이지만 '의도적'으로$^{be\ in\ the\ moment\ but\ be\ 'on\ purpose'}$

여러분이 실제로 상호작용의 '순간에' 있을 때 개발해야 하는 중요한 기술은, 대상이 하는 일에서 발생하는 '반복적인 것(루프/고리)^{loops}'을 놓치지 않는 능력이다. 즉, 때때로 학습자가 당신의 흥미로운 반응을 받은 5분 전 지점으로 돌아갈 것이다. 그들은 '그것이' 여전히 작동하는지 테스트해 보기 위해 그렇게 할 수도 있다. 왜냐하면 그 이후로 더 이상 흥미로운 일이 일어나지 않았기 때문이다. 아니면 단순히 당신이 한 일을 좋아했기 때문이다. 당신이 이전의 반응을 반복할 수도 있지만, 하는 일에 약간의 변화를 줄 수도 있다…… 새로 나온 게임(상호작용)을 할 때 당신은 자신의 '역할'로 보이는 입장으로 대답하기 전에 재미있게 머뭇거릴 수 있다.

이 기록은 대상과 함께 일하는 사람들로 하여금 서로의 경험을 활용할 수 있게 한다. 그 대상으로 하여금 상황을 탐색하도록 하기 위해, '무엇을 할지'만큼 '무엇을 하지 않을지'도 배운다. 어떤 유형의 반응이 학습자의 흥미를 강하게 유발시키는가. 그리고 어떤 반응이 당신이 지원하고 있는 대상을 격려하는 것처럼 보이는가. 실무자로서 더 많은 정보를 접할수록, 더 효과적으로 그들을 잘 도와줄 수 있다. 결정적으로, 대상의 의사소통이나 사회적인 탐색exploration에 응답하는 데 있어서 실무자들 간에 정보가 확산되면, 사람들이 '대화'를 시작할 때 더 일관적이고 예측 가능한 응답이 될 수 있도록 보장된다.

여러분이 혼자 일한다고 해도, 최근에 나누었던 성공적인 대화나 흥미로운 '주제'를 상기할 수 있는 기억을 도출해 내는 데 이는 정말 유용하다. 그렇게 함으로써 주제를 다시 꺼냈을 때 잘 알아볼 수 있다.

누구든지 대상과 일을 할 때 어떻게 상호작용이 진전되었는지, 어떤 주제가 자주 등장하였는지에 대한 스토리를 아는 것이 매우 중요하다. 의사소통에 대해 배우는 대상은 자신들의 시작 시점에서 눈에 보이는 반응이 이루어졌을 때 학습을 가장 잘할 수 있다. 그렇다고 모두가 다소 경직된 채로 끝나게 될 만큼 정확히 같은 방식으로 반응해야 한다는 뜻은 아니다. 또한 그 대상이 각 사람들마다 다른 의사소통의 스타일을 갖고 있다는 것을 배우는 것도 중요하다. 하지만 누가 반응을 하든 간에 그 반응은 쉽게 알아볼 수 있는 것이어야 한다―한편, 학습을 하는 그 대상'으로부터의' 반응이어야 한다는 것이 고려되어야 할 주된 사항이다.

 유추

의사소통은 훈련될 수 있는 성과(성능)performance가 아니라. 작업 분석이나 순차적 체크리스트를 거스르는 대단히 복잡한 과정이다. 이는 학습자가 이전 경험의 범위를 반복적으로 탐색함으로써 배우게 되는 과정 또는 활동이며, 오히려 새로운 도시를 점진적으로 알아 가거나 탐색하는 것과 같다. 이 유추에 더해서, 실무자는 예측할 수 있는 반응의 구조를 지켜주면서, 마치 학습자를 어디론가 앞장서서 안내하지도 않으면서 흥미로운 곳을 지날 때 알려 주는 가이드 같은 역할을 한다. 실무자는 '지도'에 능통한 가이드로서, 관심을 가질 만한 가게를 찾는 법을 제안하거나 학습자가 즐겼던 장소로 돌아갈 수 있는 경로를 제시해 주는 기술을 발휘할 수 있다.

중기

몇 달 몇 주가 지나면, 여러분은 자신이 상호작용을 통해 찾으려고 하는 공통 테마들, 연속적 사건들, 주제들을 설명할 수 있는 자원^{resources}을 얻기 시작할 것이다. 만약 대상이 선호하는 주제를 그저 빙빙 돌고 있다는 것을 여러분이 아직 알아차리지 못했더라도 (예를 들어, 풀잎 교환, 리듬에 맞춰 두드리기, 구슬 흔들기, 힐끔거리며 웃기, 비디오 시청과 특별히 함께 딸랑거리기, 추격 놀이 등) 2개월에 한 번씩 여러분의 기록을 훑어보면 패턴이 나타나는 것을 알게 될 수 있다.

이 기록은 또한 여러분이 다양하게 대응했던 방식(및 대응이 번갈아 거들어 준 응답 방식), 상호작용하기에 가장 좋은 시간이나 장소, 대상과 학생이 분명히 즐기거나 관심을 갖는 대응 방식을 설명한다. 그 밖에, 여러분은 어떻게 단순한 교류가 더 긴 대화로 구축되었는지, 또는 부드럽게 의례화된^{ritualised} 사회적 게임이나 확립된 주제 또는 형식을 구성하기 위해 어떻게 다른 사람들과 결합되거나 상호 연결되었는지에 대한 기록을 갖게 된다.

장기

어떤 관계에서든, 공통점을 찾는 것을 통해 연결(이음)^{connection}은 만들어지고 유대감이 형성된다. 처음에는 공유된 관심사와 호기심의 측면에서 대화가 이루어지지만, 누군가와 우정이 쌓이면 우리는 관련된 대화선(대화의 맥)$^{lines of conversation}$을 살펴보기 위해 주기적으로 우리가 나눴던 대화의 일부 주제로 다시 돌아간다. 또한 우리는 과거에 함께 나누었던 즐거운 경험, 이벤트 그리고 우정의 순간들을 간헐적으로 서로에게 상기시킨다. 이러한 대화를 중심으로 친구들 간의 우정이 돈독해지는 것처럼 여러분이 지원하는 대상들과의 상호작용 파트너십도 다시 상기시킬 수 있는 동반자적 활동의 레퍼토리를 쌓는 것에 달려 있다.

이러한 레퍼토리가 등장하고 정착됨에 따라, 그들이 경직되거나 융통성이 부족하지 않게 유지하는 것이 중요하다. 유동적이고 직관적인 상호작용 파트너로서, 우리는 어떤 상황에 대해 우리가 지원하는 대상들에게 일반적인 반응과는 약간 다른 무언가를 하면서, 예를 들어 주저함이나 장난스러운 건망증(태만)^{forgetfulness}을 이용하여 대응할 수도 있다. 이러한 상호작용 전략이 대화를 자발적으로 유지시키지만, 때로는 학습자로 하여금 새로운 가능성을 찾을 수 있는 맥락^{context}을 제공하기도 한다.

진전

여러분은 일부 사람들로부터는 눈에 띄는 주제의 등장이나 발전을 인식할 수 있지만, 일부 다른 사람에게서는 인식하지 못할 수 있다. 당신은 단순히 더 오랜 관심 기간을 가질 수 있고 아니면 덜 사회적 위축^{social withdrawal}이 되도록 할 수 있다. 그 대상은 지속적 각성 상태^{state of arousal}를 유지하는 것이 쉬울 수도 있고, 이전처럼 수면을 취하지 못할 수도 있다. 1년이 지났음에도, 여러분은 그들이 만든 소리^{sound}와 관련된 무슨 일을 단지 구별해 낼 수 있다는 것을 기쁘게 인식하는 지점에 겨우 도달할 수도 있다. 이 모든 것이 진전에 해당된다. 진전이란 반드시 기술 또는 기교(수완)^{finesse}의 체계를 따라 수직적으로 향상되는 것이 아니다. 심각한 복합 지적 장애^{complex intellectual disabilities}를 가진 사람들에게 있어서 '수평적 진보(진전)^{lateral progress}'의 개념은 똑같이(동등하게) 유효하다. 예를 들어, 다른 사람들과의 공간을 함께하는 범위를 넓히는 능력, 이미 알고 있는 사람들과 또 다른 환경에서도 안정적인 각성을 유지하고, 더 오랜 기간 사회적 참여를 유지하고, 또는 반응하는 소리나 접촉의 느낌을 구별하는 등 오래 지속되는 즐거움이 있다. 여러분이 작성한 기록은 그 대상들의 참여의 증거에 해당된다.

타임라인 사용

성과 기록 또는 참여의 형식으로, 진행 상황과 변화가 인정되고 보고될 수 있도록 함으로써 상호작용이 오래도록 지속된 기간을 거쳐 어떻게 변화되어 왔는지 돌이켜 보는 것은 유용하다. 여러분이 지원하는 대상이 이 과정을 통해 기여한 것에 대해 기념하고^{celebrate} 새로운 전략이나 상호작용 테마가 등장하면, 오랜 기간에 걸쳐(예를 들어, 1년) 어떻게 그들이 발전해 왔는지 그리고 어디로 이끌었는지를, 축적된 기록을 이용하여 타임라인에 반영하는 것은 중요한 일이다([그림 7-4] 참조: 진행 상황 추적의 사례).

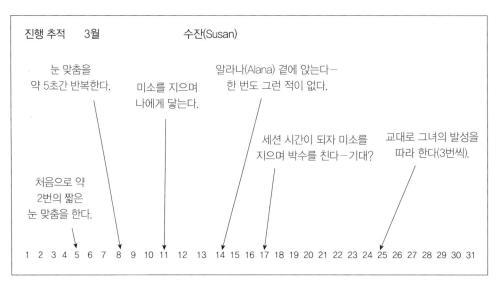

[그림 7-4] 진행 상황 추적. 서사(서술) 진행 관찰 기록을 위한 간단한 타임라인. 일주일에 한 번, 1~7번

최종적으로-인계 기록 또는 '여권passport'

다음 [그림 7-5]를 보자. 이것은 다음과 같은 정보를 주기 때문에 여러분이 작성할 수 있는 작업지(문서)paperwork의 중요한 것들 중 하나가 될 것이다.

- 그 대상과 작업을 시작할 다음 스태프 구성원
- 당신이 아프거나 그 조직을 떠날 때 그들과 함께 작업할 스태프 구성원
- 그들의 인생에 관련된 누구나

이는 직원이 스태프 팀이나 조직에서 서로 이동이 있을 때 직원들 간에 주고받는 문서로 개발되었지만, 현재 어떤 일이 일어나고 있는지를 설명해 주는 문서이기도 하며 적어도 6개월에 한 번씩은 주기적으로 검토되어야 하는 것이다. 보다시피 인계 문서에는 대상의 불안감이 어떻게 나타나는지, 어디에 있는 것을 좋아하는지 등의 정보가 들어 있다.

집중적 상호작용 정보 대상 _____ by _____ 날짜 / / 20

상호작용하기에 가장 선호하는 장소: 예를 들어, 교실 안 바닥/ 운동장 바닥에 앉아서

그녀 또는 그가 관계를 맺기 위해 무엇을 하는가? 아무것도 없다면…… 당신은 '게임'을 위해 학습자에게 어떻게 접근하는가? 예를 들어, 당신을 특정 장소로 이끄는가(어디?) 또는 당신을 지켜보고/추적하는가 또는 당신에게 접근하는가 또는 물체를 제공하는가(무엇을?) 또는 당신에게 소리를 내거나 쳐다보거나 만지는가 또는 당신에게 가까이 오는가?

당신과 나누었던 몇 가지 색다른 상호작용을 설명하라
예를 들어, 게임하기/구성하기formats/ 주기적인 상호작용 증가spirals come up/ 그들이 어떤 모습인가?

그녀 또는 그가 무엇을 좋아하지 않는가? (괴로움/ 불안감/ 불쾌감은 어떻게 표출되는가?)

일상적인 신체 접촉의 유형은 어떠한가?
예를 들어, 어느 신체 부위? 학생이 당신에게 앉거나 기대는가 또는 당신이 그들을 그렇게 하게 하는가?
신체적 접촉은 일련의 상호작용에 집중되는가(예를 들어, 교류 또는 신체적 대화) 또는 편안함/존재감에 초점을 맞추는가?

이런 종류의 신체적 접촉에 관한 비디오가 있는가? [예/ 아니오]
부모가 부모 지원 그룹PSG에서 이것을 보았는가? [예/ 아니오]

종료—그녀 또는 그가 이제 충분하다고 어떻게 알 수 있나?
예를 들어, '중단' 또는 '애로 사항pinches'/ '공격' 또는 '무시' 또는 '외면' 또는 특정 소리를 내거나 괴로움/ 불안감

당신이 특별히 기록에 더 중요하다고 생각하는 점이 있는가?

[그림 7-5] 집중적 상호작용 정보 대상 작업지

무슨 일이 일어나는지 설명해 보자

상호작용 관계가 형성될 때, 독자들[reader]은 항상 다음 사항을 고려하는 것이 최선이라는 생각에 익숙해져 있다고 가정해 본다.

① 그 대상이 당신에게 접근하는지 보고 기다린다. 또는,
② 그 대상이 즐기는 활동의 종류를 보고 기다리며, 당신이 어떻게 격려하듯이 의사소통하며 반응할 것인지 고려하자. 그리고 나서 그 대상이 그 활동으로 돌아올 때까지 기다리고 그들이 하는 것과 비슷한 일을 함으로써 흥미를 끌려고 노력하면서 부드럽게 다가가 보자.

하지만 관계가 더 확고해지면, 여러분은 그 대상과 함께 쌓아 올린 '형식'이나 레퍼토리 중 하나에서 모티브나 게임을 제안하면서 접근할 수 있다. 인계 문서에는 당신을 위해 이러한 주제를 설명할 수 있는 공간이 있다.

그리고 상호작용에서 일반적으로 사용되는 신체적 접촉의 유형을 설명할 공간도 있다. 이 정보에는 신체적 접촉이 너무 친밀해지거나 부적절해지는 것을 피하기 위해 사용되는 전략뿐만 아니라 포옹하려는 그 대상의 시도에 다시 초점을 맞추는 데 유용하다고 생각이 드는 전략도 포함될 수 있다(예를 들어, 마주 서 있는 것보다는 나란히 서 있는 것).

4. 비디오를 통한 기록

비디오 증거는 매우 유용한데, 특히 학교나 학습 증거가 매우 중요하다고 여겨지는 공식적 장소에서 매우 그러하다. 때때로 복잡한 지적 장애를 가진 사람들은 학습의 진전을 보여 주는 증거의 흔적을 만들어 내지 못한다. 비디오는 이 요구 사항을 충족시키는 데 매우 유용할 수 있다.

촬영된 비디오는 다음과 같이 이용될 수 있다.

• 참여의 증거

- 학습의 기록
- 진전을 구별하는 수단

그것은 다음과 같은 용도로도 유용하다.

- 상호작용을 증진시키는 방식으로 대응하는 법을 배우는 데 관심이 있는 부모, 보호자 등을 위한 자료
- 교류 중에 일어났다고 생각되는 일이 실제로 발생했는지 확인하기 위한 참고 포인트
- 실무자들로 하여금 자신들의 집중적 상호작용 기술을 개발시키는 데 도움이 되는 자료—당신이 기회를 놓쳤는지 또는 더 명확히 응답할 수 있었는지 검토
- 집중적 상호작용이 무엇인가를 전문가 동료들에게 설명할 수 있는 자료
- 오랜 기간 동안의 성과 기록

하지만 비디오가 사용될 수 있는 많은 유용한 방식을 살펴보기 전에, 우리는 몇몇 구체적인 카메라와 관련된 이슈들을 알아보아야 한다.

[그림 7-6] 카메라를 이렇게 잡는 것은 편안하고 안정적인 촬영을 할 수 있게 한다.

카메라 종류

비디오 카메라는 여러분의 기도에 대한 응답이 될 수 있으나 악몽의 시작이 될 수도 있다. 그것이 상호작용에 있어서 방해가 되지 않는 것이 중요하다. 그것은 도움이 되리라는 생각이다.

- 비디오 카메라에 대한 몇 가지 간단한 규칙
  - 카메라가 작고 가벼울수록, 비록 이미지 안정장치가 있더라도 1분 이상 안정성을 유지하기 힘들다.
  - 당신은 삼각대를 사용하는 것을 고려해 볼 수 있지만 그것이 좋은 '발톱' 유형의 삼각대가 아닌 이상, 당신은 상호작용이 중단될 때까지 어딘가 안전한 곳을 찾아 돌아다녀야 할 것이다.
- 상호작용이 아주 매우 정적이지 않는 한, 삼각대를 이용한 촬영은 아마 만족스럽지 않을 것이다.
- 줌 확대 정도는 문제가 되지 않는다. 왜냐하면 소리가 렌즈와 같은 방식으로 확대되지 않기 때문에, 당신은 멀리서도 이미지를 얻을 수 있지만 바로 옆에서 일어나는 일에 대한 소리도 들을 수 있다.
- 어안 렌즈나 초광각 렌즈를 장착한 액션 카메라가 넓은 공간에서의 활동을 잡을 수 있지만, 무슨 일이 일어나든 아주 멀리 떨어져 있는 것처럼 보일 것이다. 만약 당신이 그중 하나를 선택한다면 당신의 목적에 맞는 렌즈 셀렉터lens selector를 올바르게 장착했는지 확인하자.
- 거의 대부분의 요즘 카메라들은 빌트인 뷰어가 내장된 플립-오픈 사이드 도어flip-open side door 형식이다. 당신이 카메라를 구입하기 전에 사용해 본다면, 야외에서 강한 빛을 받을 때 이 화면의 이미지를 볼 수 있는지 확인해 보는 것이 좋다. 카메라가 저렴할수록 더 잘 안 보일 것이다.
- 배터리 충전이 필요해지기 전에 가능한 한 오래 촬영할 수 있는 비디오 카메라를 구입하길 바란다.
- 이동식 SD 카드가 있는 카메라가 가장 좋다. 카메라가 자동으로 MPEG 또는 MP4 파일로 저장하는지 전문점에 확인하길 바란다.

- 여러분이 카메라광이고 설명하길 좋아할지라도, 화려한 설정이 많은 카메라는 당신 동료들을 위협하는 일일 뿐이다.
  - 가장 중요한 기능은 좋은 '백라이트(역광)$^{back-lit}$' 기능(광원을 마주보며 촬영할 수 있는 기능)이지만, 실내에서 창문과 카메라 사이에 서 있는 사람을 촬영할 때는 여전히 작동하지 않는다.

[그림 7-7] 당신이 촬영하고 있는 사람들로 프레임을 채운다.

기타 고려 사항

- 만일 여러분이 촬영하는 대상의 움직임이 자유롭다면, 카메라도 이동식이어야 한다.
- 멀리 있는 물체를 줌을 이용하여 촬영할수록(즉, 방의 반대편에서 카메라를 잡고 상호작용하는 모습을 촬영하는 경우) 카메라의 흔들림은 심해질 것이다.
- 지면에 있는 카메라는 방 안에 있는 다른 사람들을 자석처럼 끌어당기는 듯 보일 것이다. 그들은 당신이 카메라를 집어 들면 다른 무엇보다 더 빨리 자신들에게 집중할 수 있다는 것을 금방 알게 될 것이다.
- 다양한 태블릿 기기나 스마트폰도 보통 비디오 기능을 가지고 있지만, 일반적으로 매우 문제가 많다. 지속적으로 들고 있기 어려울 뿐만 아니라, 산만하게 하고 학습자 내지는 방에 있는 누군가의 빈번한 관심을 끌며, 스스로를 위해 쓸 수 있는 초대

invitation로 간주하여 가까이에서 기기를 들고 있는 사람을 '읽게(의도를 노출시키게 될) read' 될 가능성이 높다. 게다가 그것을 떨어뜨렸을 때는 바닥에 많은 유리 파편을 남기게 된다.

카메라 사용: 간단한 고려 사항

- 당신이 누군가를 촬영할 때, 촬영하는 대상의 허리 높이에서, 그리고 눈높이 아래로 카메라를 들고 있는다.
- 학습자의 얼굴이 카메라를 향하도록 위치를 잡아야 한다.
- 너무 가깝게 줌 인Zoom-In 하지 않되, 참여하는 대상으로 프레임을 채울 수 있도록 주의한다.
- 상호작용 중, 두 사람이 항상 상호작용하는 것을 촬영한다. 액션을 구성한 후에는 줌 인이나 줌 아웃을 하지 않는다.
- 강한 광원(예를 들어, 창문) 쪽으로 카메라를 향하지 않는다. 그렇게 하면 카메라는 오로지 실루엣만 기록하게 된다.
- 마지막으로, 촬영 상태를 유지하고 '일시 중지'를 누른 상태로 두지 않는다.

실질적 이슈들

카메라는 근무 시작 시 미리 충전해 두는 것이 중요하다.

 유연성을 위한 플랜

여러분이 상대가 즐기는 것으로 알고 있는 소셜 게임이나 상호작용을 시작하고 있는 것이 아니라면, 또는 그 대상의 행동에서 무엇인가를 여러분이 사회적 상호작용의 잠재적인 '출발' 지점으로 보고 그것을 인식할 때까지 기다린 것이 아니라면, 우리는 학습자가 여러분과 대화를 시작할 수도 있다고 가정해야 한다…… 왜냐하면 그들이 그렇게 느끼기 때문이다.
당신의 스케줄 중 편리한 시간에 맞춰 당신에게 접근할 것이라고 가정하지 말자.
유연성 있게 플랜을 짜도록 하자.
그러나 …… 나는 당신이 "오늘 우리에게는 정말 다른 중요한 할 일들이 있습니다!"라고 말하는 것이 들린다. 하지만 단순히 말해서, 당신이 지원하고 있는 대상이 어떻게 사회화될 수 있고 고립감을 피할 수 있는지 도와줄 수 있는 기회를 이용하는 것보다 더 중요한 일은 없다.

단순하고 냉정하게 말해서, 이 분야에서 어려움을 겪고 있는 사람들에게 있어서 그들이 배워야 할 유일하게 중요한 일은 의사소통이다. 의사소통 없이는 양질의 삶은 없다.

여러분이 독립적으로 돌아다닐 수 있는 사람과 상호작용하는 것을 영상화하려 한다면, 여러분을 위해 촬영을 해 줄 누군가가 필요한 것이 사실이다. 즉, 카메라를 사용하는 방법을 (미리) 숙지하고 있는 사람.

일부 스태프 팀들은 그날에 촬영해 줄 사람을 미리 정해서 동의를 구하고 당번을 정하는데, 이는 상호작용이 '터질 때get airborne', 누군가가 "누가 나를 촬영해 주지 않을래요?"라고 말할 수 있도록 하기 위함이다. 이에는 약간의 계획이 필요하다. 여러분은 다음과 같이 할 것을 추천한다.

- 하루 중 특정한 시기에 촬영하기로 정한다.
- 특정한 요일에 카메라를 사용하기로 정한다.
- 특정한 날에 촬영해 달라는 '요청에 응답'할 사람을 후보로 정한다―즉, 그들이 자신이 현재 관련된 일을 취소하고 당신에게 응할 수 있는 것을 뜻한다. 그 사람은 자원봉사자일 수도 있고 단지 자신이 비디오에 등장하는 것이 싫은 사람일 수도 있다. 이것은 특별한 노력이 요구되지만 가치 있는 일이다. 카메라 담당자는 이전에 중단했던 위치에서 다시 시작할 수도 있다. 만일 여러분이 하루 중 특정 시간에만 이것을 할 수 있는데, 예를 들어 데이 룸(방)day room이나 학교의 휴식 시간에 많은 직원이 모인다면, 그 시간은 여러분의 시간이 된다. 만일 여러분이 자원봉사자들을 촬영 작업에 이용할 수 있다면, 그렇게 하도록 하자…… 실용적으로.

한편, 가장 좋은 것은 카메라가 아무렇게나 놓여 있지 않고 기회가 왔을 때 언제라도 집어 들 수 있도록 항상 충전되어 가방 바깥쪽에 두는 것이다.

신경 쓰이는 이슈들

어떤 사람들은 비디오에 찍힌 자신들의 모습을 보는 것을 진정으로 감당할 수 없다. 반면, 또 다른 사람들은 익숙해한다. 그들을 도우려면 두 가지 옵션이 있다.

1. 그들에게 비디오 카메라를 주고 당신을 찍도록 권해 보자.
2. 그들에게 시간을 주자.

저장소

USB 저장소와 플래시 드라이브는 빠르게 손상되므로, 항상 질 좋은 외장 하드 드라이브를 사용하길 바란다. 당신의 카메라는 아마도 자동적으로 비디오를 MPEG 파일로 저장할 것이다. 구입하기 전에 확인하길 바란다.

파일 저장

- 여러분의 카메라는 SD 카드에서 외장 하드 드라이브로 파일을 '드래그 앤 드랍drag and drop'할 수 있을 것이다. 당신이 비록 정보통신기술 ICT에 자신이 없더라도, 한 시간쯤 연습하면 습관처럼 할 수 있게 된다.
- 파일 정리를 위한 시스템을 갖추자. 몇 주간의 비디오물이 축적되면, 당신은 분명히 그렇게 하지 않은 것을 후회하게 될 것이다.
- 하드 드라이브에 제목을 붙여서 파일을 정리하자. 예를 들어, YEAR > PERSON'S NAME > MONTH or DATE

5. 비디오 증거 사용

이 섹션에서는 상호작용의 비디오 기록이 어떻게 사용되는지 설명한다.

- 학습과 발전의 증거로서
- 성과의 기록으로서

부모들이 이 섹션에 관심을 가질 수도 있으나, 우선적으로 이것은 주로 직장(작업장) workplace에서 집중적 상호작용을 사용하는 실무자들, 즉 전문적 개발과 증거 기반의 연습이 중심이 되고 공식적 고려 사항이 되는 이들에게 초점을 맞추는 것이다.

학습 및 진전의 증거로 비디오 사용

주의 사항! 조직의 라인 관리자(예를 들어, 교감, 부서장 및 교대 매니저unit/shift manager)와 당신의 집중적 상호작용에 대한 관심을 논의하고, 당신이 촬영하고 싶은 개인은 법원 명령(법령)court orders의 문제가 되지 않음을 확실히 해야 한다. 즉, 기관의 소관하에 한 사람(대상)의 개인적 기록의 목적, 계획, 개인 학습 프로그램individual learning programmes: ILPs, IEPs, IPPs, 사람 중심 프로그램PCPs 등의 목적으로 개인의 이미지를 생성하는 것은 제한 사항이 없다.

상호작용에 대해 작성한 기록 외에도, 함께 일하는 모든 사람이 적어도 2주에 한 번 상호작용을 비디오에 기록하도록 방을 구성하는 것이 매우 유용할 것이다. 당신의 대상이 어떻게 접근하는 것을 좋아하는지, 어떤 종류의 상호작용을 즐기는지, 어떻게 참여하는지, 그리고 어디에 있고 싶은지를 다른 사람들에게 보여 주기 위한 자료로 사용되는 것 외에도, 비디오 파일이 쌓이게 되면서 새롭게 대두되는 '형식'과 발전하는 대화에 대한 기록을 얻을 수 있다.

각 2주마다 당신이 기록한 것 중 최고의 10분을 선정해서 보관해 보자.

비디오를 진전이나 새로운 학습으로 사용하려면, 아마도 당신은 몇 달에 걸쳐 찍은 비디오를 수집해야 할 것이다. 이를 위해서는 영상을 저장할 조직과 장비가 분명히 필요하다. 비디오 소장품library이 증가함에 따라 매우 빠르게 자료들이 복잡해지므로, 하드 드라이브에 저장할 때는 항상 잘 정리하고 파일 이름에 날짜를 표기해야 한다.

보고서를 작성하거나 진행 상황에 대한 검토를 할 때가 되면, 녹화를 시작한 시점의 비디오를 보고 최근 상호작용의 비디오와 비교해 본다.

주의 사항! 항상 당신의 첫 번째 비디오 부분을 시작점으로 두길 바란다.

상호작용의 두 부분을 비교할 때, 자세한 차이점을 찾아보자. 발전(진전)은 꼭 '완성된' 기술일 필요는 없다. 상호작용이 일반적인 것과 다른 경로를 취하거나, 대상이 다른 주제에 관여되어 하는 일을 당신이 알아차린 것을 그들이 알고 무슨 일을 하거나, 또는 당신이 무엇을 할 것인지 지켜보는 방식에서 …… 기대의 신호를 보내고 …… 또는 당신이 망설이면 그들은 당신이 해야 한다고 생각되는 행동을 제안하고 인도한다. 일반적으로 이전부터 예상 가능한 연속적인 일들 또는 게임이 되는 경로가 다양한 방식으로 증가함에 따라 진전은 일어난다.

의사소통의 기초(Nind & Hewett, 2001)를 참고하여 다양성을 살펴보자.

- 다른 사람과 함께 있는 것에 대한 즐거움
- 그 대상에 주의를 기울이는 능력
- 집중하고 주의를 기울이는 기간을 늘리는 능력
- 다른 사람과 자세한 일련의 활동을 사용하기
- 교대로 행동을 주고받는 능력
- 개인적 공간을 공유하는 능력
- 눈 맞춤 사용 및 이해
- 얼굴 표정 사용 및 이해
- 신체 접촉 사용 및 이해
- 다른 비언어적 의사소통 사용 및 이해
- 발성 및 의미 있게 발성 사용(말하기 포함)
- 각성 수준을 조절하고 제어하는 능력

또는 단순히 다음의 증거를 찾는 것은 다음과 같다.

- 새로운 대응, 시작 및 행동 지시
- 얼굴 표정의 범위 증가
- 새로 나타내는 발성

- 제스처로 나타내는 신체 반응
- 의사소통 교류(교환)^{exchange}의 변화에 영향을 미치는 더 효과적인 시선의 사용
- 더 늘어난 관용(인내)^{greater tolerance}
- 자발적인 참여
- 다른 사람에 대한 관찰 증가
- 순서 기다리기
- 다른 사람들로부터의 이탈 감소
- 신체적 대화로 다른 사람들과 관계 맺기
- 새로운 변화(변형)^{variation}
- 원인과 결과에 대한 자각
- 예상되는 응답을 구함
- 게임에 대한 기대로 친숙한 어른을 시각적으로 추적함(주시함)^{visually tracking}

여러분이 다시 되돌아가서 하는 상호작용 활동이나 형식은 매우 '비슷비슷'해 보일 수 있지만, 학습자들은 종종 이 예측 가능한 구조를 다음의 맥락으로 사용한다. 즉, 그들이 예상할 수 있는 한계에 도달하여 새로운 '주제'나 결과가 시작되는 시점을 탐색할 수 있다는 것을 기억하자. 이러한 활동의 소용돌이는 그들로 하여금 안정감을 느끼게 하고, 상호작용이 너무 낯설게 느껴지는 경우 믿을 만한 출발점으로 다시 되돌아갈 수 있는 친숙한 배경 소음^{background noise}이 될 수도 있다.

진전(진행) 상황 인식 체계

학습자의 진전 상황에서 다양성이 발전하는 것과 상호작용 활동이 포괄적으로 발전하는 것은 매우 서로 명확히 연관될 수 있기 때문에, 기록을 진행시키는 것은 더 공식적이고 발전적인 방식으로 될 수 있다. 다수의 팀이나 '실천 공동체'는 진전 상황을 '판단'하거나 '조정'하기 위해 진행의 범위를 설명할 수 있는 강령 체계^{framework of statements}를 사용한다.

당신이 소장한 10분 분량의 비디오를 보자. 그리고 나서 다음 강령(문장)^{statements}을 보자. 당신이 비디오에서 본 것을 설명하는 문장을 찾아보자. 명칭에 너무 집중하지 말고,

강령 안의 문장에 초점을 맞추자. 매우 조심스러운 단어가 사용되고 있다.

 진전 및 애착을 인식하기 위한 체계

만남

학생들은 명백한 학습 결과 없이도 체험과 활동을 하는 것이고, 예를 들어 일부의 경우이긴 하지만 학생들이 여러 상황에 대해 주목하지 않거나 또는 여러 상황에 스스로 처하게 되는 것을 보류하고 withhold 그들이 공유하고 있는 활동 자체를 견디는(용인하는)tolerate 것, 그것이 의미 있는 것이다.

인식

학생들은 자신에게 몰두한 움직임self-absorbed movement이나 발성의 패턴을 잠시 중단시킴으로써 어떤 일이 일어났다는 것을 인식하고 알아차리며 물체, 사건 또는 사람에게 일시적으로 집중하게 된다.

주의 및 반응

학생들은 참석을 하며 일어나는 일에 대해 가끔 일관되지 않게 응답하기 시작한다.
예를 들어, 놀라움, 즐거움, 좌절 또는 불만의 신호를 보냄으로써 다른 사람, 물체, 사건 또는 장소를 구별하는 능력이 시작됨을 보여 준다.

약속(관계)engagement

학생들은 주변의 특정 사건에 대해 더 지속적인 관심을 보이고, 그들 사이의 차이점을 구별할 수 있다. 예를 들어, 집중적으로 보거나 듣는 것, 물체, 사건 또는 사람의 위치에 의지한다turning to locate. 눈과 머리 또는 다른 신체 부위의 움직임을 통해 움직이는 물체, 사람 또는 사건을 따라간다.

참여

학생들은 스태프나 다른 학생들에 의해 나오는 반응일지라도 미소 짓기, 발성하기 또는 다른 흥분의 신호를 보여 줌으로써 공유, '순서대로 하기' 그리고 친숙한 일련의 사건을 기대하기에 연관될 수 있다.

관여

학생들은, ① 활동 자체나 행동에 또는 다른 학생들의 반응에 어떤 식으로든 닿아 있고reach out 참여하거나, ② '언급'comment하느라 적극적으로 노력한다. 예를 들어, 손을 더듬거나 또는 팔 움직임으로 스태프나 다른 학생들과의 눈 맞춤을 모색하고, 말하고 노래하고, 또는 ③ 제스처를 사용하여 특정 사건을 가리키거나/표시하고 초점과 의사소통 파트너 간의 참조적 시선을 갖는다(p. 102).

용어집

[1] 순서대로 하기^turn taking, 두 의사소통자가 시간과 조정을 통해 다른 사람의 참여를 수용하는 것^accommodate the contribution

[2] 언급^comment, 다른 사람의 참여를 중지시키는 것이 아니라 수정해 주는 행동이나 문구

[3] 제스처, 학생들이 가까이 있거나 멀리 있는 물체, 사건, 사람에 대해 확실히 나타내려고 사용하는 잠재적으로 특이한^potentially idiosyncratic 제스처 (주의 사항: 이것을 인식하는 것은 동료들의 조언이 필요하다.)

*출처: 베이사이드^Bayside SDS.

6. 비디오 증거를 사용하여 '실천 공동체' 생성

주의 사항! 이 글을 읽을 때, 독자는 이미 함께 일하는 동료들과 집중적 상호작용에 대한 관심에 대해서 논의했을 것으로 가정한다. 또한 독자는 상호작용의 일부 장면을 캡쳐했을 것으로 가정한다.

비디오는 강력한 도구이다. 이를 사용하여 여러분이 달성하고자 하는 것, 그리고 함께 일하는 사람들과 집중적 상호작용을 수행할 때 상대방이 여러분에게 어떻게 반응하는지를 설명할 수 있다.

여러분에게 10분 분량의 비디오가 있다면, 이제는 대담해질 때이다.

1단계

- 스태프 룸에 기사/도서/DVD/기타 자료를 비치하길 바란다.
- 당신 자신 및 집중적 상호작용에 관련되어 함께 일하는 대상의 사진을 어딘가 눈에 잘 띄는 복도 등에 배치한다.

2단계

- 당신의 매니저(관리자)에게 스태프 미팅 시 동료들에게 비디오를 보여 줄 수 있을지 물어보자.
- 비디오를 주의 깊게 보고 답변을 요청받을 만한 모든 질문을 미리 준비하길 바란다. 스태프 회의 전에 공감하는(호의적인)^{sympathetic} 동료로 하여금 비디오를 보게 하고 그들의 질문을 기록한다.

3단계

- 스태프 회의 후에는 이에 관심 있는 사람들을 위한 추가 회의를 홍보하여 여러분이 알고 있는 것에 대해서 함께 논의하고 반영하자.
- 주의 사항: 소규모 미팅에서 항상 의제를 가지고 임하길 바란다(다음 미팅에도 매니저, 즉 그녀 또는 그의 지원이 지속적으로 필요하므로 그들을 초대해야 한다).

💡 회의를 소집할 때 명심해야 할 네 가지 사항

1. 여러분이 미리 약속한 시간보다 늦게 끝내지 않는다. 각 사람들에게는 이끌어야(책임져야) 할 생명들이 있고 일을 마친 후 픽업하는 경우도 있다. 그들을 지각하게 하지 말자.
2. 항상 맛있는 것을 제공하자(예를 들어, 초콜릿 비스킷과 과일).
3. 항상 그룹을 위해 수 분을 할애하고 파일 복사본을 보관하는 서기^{scribe}를 두자.
4. 당신의 부서 매니저에게 복사본을 보내자. 경험상 그것이 당신 그룹의 성공의 열쇠라는 것을 알 수 있다. 여러분은 전문적인 토론과 서비스의 긍정적인 발전에 기여하고 있다. 쑥스러워하지 말자.

4단계

정규적 미팅 시간을 다음과 같이 정하자.

- 핵심 집단

- 특수 이익 집단
- 집중적 상호작용 집단
- 비디오, 커피 그리고 케이크 집단

그 사이에 당신은 우수한 집중적 상호작용 연습을 시연해야 한다.

- 휴식 시간에
- 복도에서
- 공공 장소에서, 즉 당신이 대부분의 시간을 보내는 방에서

5단계

미팅이 정기적으로 이루어짐에 따라 '무엇을 할 것인가'에 대한 슬럼프에 빠질 수 있을 것이다. 여러분은 다음 아이디어를 동료들과의 대화의 주제로서 고려해야 한다.

시작-중지 비디오start-stop video

비디오를 다시 재생하고 질문을 하며 2분마다 중지 버튼을 누른다('시작-중지 비디오' 활동).

 활동: 시작-중지 비디오

1. 10분 분량의 비디오 중 2분을 재생하자.
2. 동료에게 질문: 대화의 주제는 무엇인가?
3. 동료에게 질문: 그 사람은 무엇에 집중하고 있는가?
4. 동료에게 질문: 내가 무엇에 집중한다고 생각하는가?
5. 동료에게 질문: 또 다른 무엇을 그 사람이 해야 하는가? 즉, 여러분이 이전에 그들을 보았을 때 그 사람이 어떤 다른 주제를 제안하는 것을 알아차렸는지, 그리고 만약 그들이 그것을 시작한다 면 나는 어떻게 반응할 수 있을까?
6. 다음에는 무슨 일이 일어날까?
7. 재생 버튼을 다시 누르고 2분간 지켜보고, 그리고 나서 반복한다.

승리와 패배

당신의 희소식, '와우' 순간, 문제점들을 비교해 보자.

보여 주고 이야기하기show and tell

누군가 비디오를 갖고 있는가?

조정moderation

당신은 동료와의 토론의 기초로 이 활동을 이용할 수 있다.

- 동료들로 하여금 '진전과 성취를 위한 Bayside SDS 체계(174쪽 '진전 및 애착을 인식하기 위한 체계' 참조)'를 보게 하고 비디오에서 발생하는 일에 대해 가장 잘 설명할 수 있다고 생각하는 것을 찾도록 한다. 그리고 당신이 선택한 것과 다르다면, 모든 사람이 자신들의 생각을 설명할 수 있는 열린 토론을 해 보자. 토론이 아닌 대화를 찾길 바란다(179쪽 '토론 대 대화' 참조). 또는,
- 이 활동을 연말 보고서에 기록된 내용을 비디오로 백업하는 방법으로 사용할 수 있다.
- 학습자가 상호작용에서 성공적으로 수행했음을 보여 주는 최근 비디오 중 가장 훌륭한 부분을 동료들에게 보여 준다. 그리고 '진전과 성취를 위한 Bayside SDS 체계'에 대한 설명을 통하여 대부분의 사람이 비디오가 보고서의 기초로서 가장 정확하게 설명된다는 것에 동의하게 한다.

기록

만약 방에서 다섯 명이 같은 비디오를 보고 있다면, 무슨 일이 일어났는지 적어 보고 여러분 모두가 중요하다고 생각했던 것을 메모하고 비교해 보도록 하자. 이것은 훌륭한 연습이고 흥미로운 토론을 위한 것이다(그리고 성찰적reflective 연습).

기사에 대한 토론

웹사이트 중 하나에서 몇몇 기사들을 프린트하고 각기 기사로부터 얻은 내용에 대한 일종의 '북클럽' 토론을 가지도록 한다.

네트워크

집중적 상호작용 네트워크를 이용해서, 근처에서 일하며 살고 있는 사람들과 연락하고 만나 보길 바란다.

 토론 대 대화

토론은 대립적이다. 서로 반대되는 두 개의 양측은 상대방이 틀렸다는 것을 증명하려고 노력한다.

대화는 협력적이다. 서로 다른 인식을 갖고 있는 개인들은 공유된 이해를 위해 협력한다.

토론에서는 한 사람(측)은 결점을 찾고, 차이점을 발견하고, 논쟁으로 맞서기 위해 듣는다. 대화에서는 한 사람(측)은 이해하고, 의미를 부여하고, 그리고 공통점을 찾기 위해 경청한다.

대화는 참여자의 관점의 범위를 넓히고 변화시킬 수 있다. 토론은 가정을 진실인 듯 옹호한다.

토론은 마음이 닫힌 태도를 보여 준다. 옳다고 할 결심. 대화는 마음이 열린 태도를 보여 준다: 잘못된 것에 대한 열린 마음과 변화에 대한 열린 마음.

토론에서 한 사람은 최선의 생각을 보여 주고, 그것이 옳다는 것을 보여 주기 위해 도전받게 되는 것을 방어해 낸다. 대화에서 한 사람은 최선의 생각을 보여 주는데, 다른 사람의 반사reflection가 위협으로 다가온다기보다는 개선에 도움을 주는 것으로 여긴다.

*출처: Acknowledging J. Williamson (personal communication, 1996).

7. 데이터 사용 및 구성

우리는 집중적 상호작용 과정을 유지하고 지속하는 것과 관련된 광범위한 문제들을 다루었다. 당신이 현재 집중적 상호작용을 사용하는 유일한 사람일지라도, 당신이 무엇을 하고 있는지, 의사소통하려고 지원하고 있는 대상이 당신에게 어떻게 반응하고 있는지, 그리고 그들과 무슨 종류의 활동을 탐색하는지 기록하는 것은 매우 유용하다.

만약 당신이 근무 중에 집중적 상호작용을 하고 있고 사람들의 요구를 더 잘 해결할 수 있도록 서비스가 기록을 작성하는 경우, 데이터 보호에 대한 심각한 경고에 의해 산만해지거나 위축되지 말자. 그 기록은 단순히 당신이 하고 있는 작업과 학습 방법에 대한 기록이다.

대상으로부터 촬영 동의를 얻는 것이 이슈(문제)가 될 수 있으며, 작업장의 관행과 정책을 확인해야 한다. 기록을 사용하는 목적에 부합하여, 당신은 그 가족 또는 변호인의 동의를 구하는 것을 고려할 수 있다.

비디오 기록은 전문적인 용도로 사용되며, 그 대상의 학습을 지원하는 맥락 외에 사용하거나 공람하면(내보이면) 안 된다. 분명히 당신은 그것을 인터넷에 게재하지 않을 것이다. 여러분은 사이트에 저장할지 또는 보안 공간/파일에 저장할지를 확인하도록 한다.

기억해 두자. 비디오를 당신이 사용하려고 하는 맥락 외에 저장하지 말고, 당신이 허가를 받은 영역arenas 외에서 사용하지 말자.

당신이 작업하는 서비스 이외의 용도로만 사용하지 않는다면, 그 기록은 전혀 무해하다innocuous. 여러분이 비디오를 사용하는 경우, 기록을 보관하는 방법은 참신한 것이 될 수 있지만, 일반적으로 보관되는 기록들과 기본적으로는 별반 다르지 않다.

8. 행운을 빕니다

나는 이 장을 통해 여러분의 대상이 즐기는 상호작용의 종류와 그들의 즐거움을 보여주는 방식에 대한 기록을 시작하는 데 도움이 되는 많은 아이디어를 여러분에게 주었기를 바란다. 이에는 상호작용 중 발생하는 변화나 복잡한 일들이 증가하는 것에 대해 계획을 세우고자 하는(기록하고자 하는)chart 실무자를 위한 제안과 아이디어뿐만 아니라 동료의 참여를 장려하고자 하는 전략도 있었다.

모든 문서는 여러분이 사용하기 위해 있는 것이지만 모두 '진행 중인 작업'이고, 이는 그것이 계속 변경되고 개선된다는 것이다. 여러분은 필요와 특정 상황에 대한 요구 조건에 맞게 수정해야 한다.

집중적 상호작용은 '실천 공동체community of practice' 내에서 이루어지는 경우에 가장 효과적이다. 당신이 고독한 실무자라면 이 일을 지속하는 것은 어렵다. 여러분은 동료들을 포럼에 모으려고 '전문가'가 될 필요가 없으며, 모든 답을 제공해야 할 필요도 느끼지 말아야 한다.

행운을 빈다!

📖 추가 읽기 및 자료

Barber, M. (2008). Using Intensive Interaction to add to the palette of interactive possibilities in teacher-pupil communication. *European Journal of Special Needs Education, 23*(4): 393–402.

Hewett, D., Firth, G., Barber, M., & Harrison, T. (2012). *The Intensive Interaction Handbook*. London: Sage.

Kellett, M., & Nind, M. (2003). Implementing Intensive Interaction in Schools: Guidelines for Practitioners. *Managers and Coordinators*. London: David Fulton.

Nind, M., & Hewett, D. (2001). *A Practical Guide to Intensive Interaction*. Kidderminster: British Institute of Learning Disabilities.

관련 온라인 자료에 대한 웹링크는 pp. 9–10 참조.

제8장

집중적 상호작용
결과 보고서

•

줄리 캘버리

개요

- '결과 보고서'와 결과 관찰 및 기록의 복잡성complexities of outcome observation and recording
- 결과 관찰 및 기록에 정성적qualitative 및 서술적narrative 초점을 두는 것이 필요한 이유

이 장은 집중적 상호작용 진행 결과물에 대한 인식, 기록 및 보고를 위해 개발된 하나의 특정 시스템에 초점을 맞춘다. 이전의 장에서는 기록−보관의 이유를 설명하였고, 그것이 단순하고 즐거운 활동이어야 한다고 제안했다. 더욱이 집중적 상호작용을 통한 기록 보관의 중요한 측면은 발전하고 있는 사람과 그들을 지원하고 있는 사람들의 성취를 축하하는 것이라고 할 수 있다.

효과적이고 유용한 진행 상황에 대한 서면 기록은 다음과 같아야 한다.

- 단순한 언어로 써야 한다.
- 연대순으로
- 접근하기 쉬운
- 세부적인 것과 간결함의 좋은 균형
- 안전하게 저장된 것

진행 과정(7장 참조)과 비디오 녹화를 성실하게 사용하는 것은 이러한 목표를 달성하기 위한 간단한 방법이 될 수 있다. 하지만 이러한 방법과 함께, 이는 오랜 기간에 걸친 기록과 보고를 지원할 수 있는 시스템을 다루고 있다. 이를 RIIO(Recording Intensive Interaction Outcomes)라 하며, 이 장에서는 결과 보고서라고 부른다.

결과 보고서 계획(주도권)^{initiative}은 실행 공동체 안에서 논의되고 있는 비디오 영상에서 볼 수 있는 성과의 폭과 범위가 문서화된 기록으로, 그것이 효율적으로 잘 전환되지 않는다는 것을 인식하면서 생겨났다. 우리는 실무자들이 대화에서는 진행 결과들을 깊이 있고 명확하게 설명하고 논의하는 능력이 많다는 것을 알았다. 그러나 그것을 적어 내려가는 문제에서는 집중적 상호작용으로 이루어진 심오한 성과의 증거가 될 수 있는 디테일들을 놓치는 경우가 많았다.

집중적 상호작용을 통해, 사회성과 관련된 변화는 실제로 미묘하고 점진적이며 간과하게 될 만큼 그러한 변화가 일어나고 있다는 것이 명백하지 않을 수도 있다는 것을 알 수 있다. 시범 연구 중 하나는 결과 보고서가 실무자들로 하여금 보다 철저하고 상세한 진행 상황의 결과에 대해 민감하게 알 수 있게 되는 데 도움이 된다는 것을 보여 준다.

또한 개입 결과를 부모, 매니저, 검사 및 규제 서비스에 보고해야 하는 경우가 종종 있다. 『리치포드 보고서$^{The Rochford Review}$』(2016)에서는 '모든 학생은 자신의 성취를 증명할 수 있어야 한다'는 원칙을 담고 있다.

따라서 결과 보고서는 집중적 상호작용이 가져올 수 있는 광범위한 결과 그리고 결과가 무엇인지, 결과가 어떻게 보이고 관찰될 수 있는지에 초점을 맞출 수 있도록 설계되었다. 그것은 몇 가지 광범위하고 관찰 가능한 결과를 보여 준다. 하지만 우리 모두는 복잡한 학습과 신경학적 발달에 있어서 대상의 가시적인 외부 행동이 과도한 단순화가 될 것이라는 위험을 알아야 한다.

진행 결과는 하루 종일 일어나는 상호작용 내에서 관찰되고 기록된다. 그리고 이러한 데이터들은 실무자들이 언제든지 원하는 만큼 결과 보고서에 추가할 수 있다. 따라서 이것은 단지 기록을 유지하는 도구가 아니라, 실무자가 내적 발전의 외부적 지표로서 무엇을 봐야 하는지에 대한 인식을 갖도록 돕는 살아 숨쉬는 문서이다. 이러한 결과에 대한 평가는 주로 주관적인 인간의 판단을 사용하는 직접 관찰에 의해 이루어진다는 것이 인정되고 받아들여졌다. 이러한 기록 보관을 위해 체계적인 비디오 녹화를 사용하는 것은 매우 중요하다.

의사소통의 기초는 의도된 결과에 대한 근거이며, 이는 네 가지 영역으로 분류된다. 의사소통의 기초는 주로 사회적 및 인지적 두 개의 영역으로 구성되며, 의사소통의 기초(2)(4장 참조)는 '신체적' 영역이 추가된 '감정적' 영역으로 주로 구성되어 있다. 의도된 결과가 각 영역 내에 포함된다(열거된다)[listed]. 그리고 각각의 의도된 결과에 대해, 진전[progress]이 일어났음을 나타내는 사례가 발견된다.

결과를 이런 방식으로 그룹화하는 것은 어느 정도 임의적[arbitrary]이라는 것으로 인정되었다. 그럼에도 불구하고, 그룹화하는 것은 결과들을 개념화하고 설명하는 데 유용하며, 시범 연구에서 실무자들에게 의미가 있고, 그에 따라서 '표면적 타당성[face validity]'을 갖출 수 있기 때문에 합리적인 것으로 보인다. 하지만 영역 간에 겹치는 부분이 많고 일부 관찰치에서는 하나 이상의 발달 영역에서 진전이 보인다는 것을 인정해야 한다. 이 점을 설명하기 위해 '발성의 증가'의 사례를 인지 발달 영역에 두었지만, 또한 사회적 발달의 지표로 고려될 수도 있다. 결과 보고서[Outcome Reporter]에는 실무자들의 판단하에 관찰이 기록되는 위치를 결정할 수 있는 공간과 유연성이 있다.

결과 보고서는 길지만 완전하지는 않은[not exhaustive] 의도된 결과의 목록을 보여 주고, [그림 8-1]에서 설명되듯이 의사소통 성과 및 기타 상호 연결되고 중복되는 영역의 진전을 인식하는 데 도움이 되는 사례(약 180가지)를 보여 준다. 각 의도된 결과에 대한 중요한 '다른' 상자[box]가 있는데, 이것은 발달이나 진전을 보여 주는 다양한 방법에 대해 실무자들이 경각심을 가질 수 있도록 허용하고 장려한다.

다음에 소개되는 사례는 체크리스트나 목표물로 사용되도록 설계된 것이 아니라, 진전이 일어났음을 보여 주는 가시적 변화를 실무자가 느낄 수 있게 하는 것이다. 모든 사례가 각 대상에게 관련이 있는 것은 아니므로 공란으로 남길 수도 있다. 보고서를 만들어 내는 데 결과 보고서가 쓰일 때 공란은 생략되어서 더 간결한 프레젠테이션이 만들어지고, 이것이 발달 체크리스트가 아님을 반영한다. 이에는 실무자의 언어로 된 서술적 설명이 포함되고 관찰된 결과물을 비디오나 사진 증거로 연결시킬 공간이 있다. 그러므로 결과 보고서는 의도된 결과를 광범위한 결과 영역으로 그룹화하는 사례를 제공한다.

주의 사항 목표나 대상 설정에 이것이 사용될 수 없다. 또한 순차적 또는 계층적 순서로 나열될 수 없다. 그 이유는 다음과 같다.

- 집중적 상호작용은 목표에 기반한 접근 방식이 아니다. 학습 활동, 예를 들어 상호작용은 목표가 설정되는 특정한 종료점이 없다.
- 집중적 상호작용은 '과정 중심의 접근 방식'이다. 이는 목표 설정과 달성보다는 상호작용 과정의 질적인 면에 중점을 두고 있음을 의미한다.
- 학습 결과는 시간이 지남에 따라 과정이 굴러가며, 축적되고, 생성 반복이 되는 것으로 점차 나타난다. 결과물은 과정의 결과로서 그 과정 안에서 점차 나타난다.
- 의사소통 학습은 부분적으로 또는 단계적으로 나누어서 가르치기에는 너무 복잡하다. 만약 우리가 특정 목표를 설정하려 한다면, 현실적으로 복잡한 학습을 허용하지 않을 것이다.

지적인 장애를 가진 사람들은 학습에 영향을 미치는 장애를 갖고 있다. 따라서 그들이 학습 여정을 통과하는 경로와 방식은 각기 다르다. 이것은 학습이 어떤 순서로 일어날지, 얼마나 걸릴지 예측하는 것을 불가능하게 만든다.

더 나아가, 4장과 5장에서 설명한 기본 테크닉으로 돌아가 보자. 목표를 염두에 두고 상호작용을 시작하는 것은 실무자가 의제agenda를 가지고 있다는 것을 의미하며, 이것은 다음의 사례와 같이 진전이 이루어지기 위해 필요한 스타일과 테크닉을 갖추는 데 장애가 될 수 있다.

- 시시각각으로 조정
- 지시적이지 않게 반응하는 것
- 대상에게 응답함으로써 활동의 흐름과 내용을 구축한다.
- 여세를 몰아 대화를 이끌지 않고 대상으로 하여금 리드하도록 한다.
- 기다리고, 일시 중지한다.

결과 보고서를 사용하여 기록되는 데이터의 종류는 '질적 데이터'이다. 이것은 수치적인 특성을 갖는 것이 아니라 단어, 비디오 그리고 사진 데이터를 말한다. 결과 보고서는 양적 데이터를 기록하기 위한 것이 아니다. 집중적 상호작용에서 발생하는 발달을 유효하게 정량화하는 것은 불가능한 것은 아니지만 어렵기 때문에 진행 상황을 질적으로 설명해야 한다. 10가지 사례를 드는 것이 5가지 사례를 드는 것보다 반드시 두 배의 진전을

집중적 상호작용 결과 기록								
사회적 영역	예시	관찰/비디오 클립 참조						
다른 사람들과 연결하고 의사소통 능력 향상								
	관찰 날짜 기간							
다른 사람들과 함께 있는 것을 즐기는 것	사람들과 함께 또는 사람들에게 더 많이 미소 짓는다.							
	다른 사람들과 있을 때 더 편안하다.							
	더 많이 웃는다/낄낄 웃는다/싱긋 웃는다.							
	더 자주 상호작용한다.							
	관심(주목)에 대한 더 큰 욕구를 나타낸다.							
	이벤트(경험) 및 상호작용을 더 많이 공유하기 위해 다른 사람들을 본다.							
	덜 고립되며, '자신만의 세계'에 있지 않는다.							
	다른 사람에 대한 부정적인 행동 사례가 적다.							
	기타:							
다른 사람들을 돌보는 능력을 개발하는 것	사람들을 보고, 사람들을 더 많이 관찰한다.							
	사람들의 말을 더 많이 듣는 것처럼 보인다.							
	더 오래 상호작용한다.							
	다른 사람의 얼굴, 머리, 옷을 더 많이 살펴본다.							
	사람들에 대해 더 큰 인식 또는 관심을 보인다.							
	친숙한 목소리와 친숙한 사람에 대해 더 높은 인식을 보인다.							
	말을 걸면 더 많이 반응한다.							
	관심에 더 많이 반응한다.							
	주목이 떨어지면 더 많이 반응한다.							
	더 많은 관심을 구한다.							
	친숙한 목소리 쪽으로 더 많이 돌아본다.							
	다른 사람이 보고 있는 것을 본다.							
	기타:							

[그림 8-1] 결과 보고서의 섹션과 기록 범위의 사례

관찰 날짜 기간	2016년 6월 집에서 줄리(Julie)와 첫 상호작용	2016년 8월 28일	2016년 12월 21일 ~ 2017년 1월 23일 병원에서	2017년 1월 24일 ~ 2017년 3월 20일 병원에서	3월 21일 ~ 2017년 6월 9일 병원에서	6월 10일 ~ 2017년 7월 25일 병원에서
집중력과 주의 지속 기간 — 더 오랫동안 집중력 유지		피오나(Fiona)는 오랜 시간 동안 참여하고 집중한 것으로 보고됨	줄리를 더 오래 쳐다봄	14/3/17 줄리의 얼굴을 향해 집중을 유지함		더 오래 상호작용함
사람, 활동 또는 일에 더 집중할 수 있음				30/1/17 더 집중적인 상호작용을 함		
한 장소에 더 오래 머물 수 있음						
더 주의/더 자주 주의			27/12/16 복도에서 소리에 대한 인식을 나타냄-관심의 표현으로 문 쪽을 바라봄 (비디오 링크)	30/1/17 상호작용하는 동안 더 주의함	19/4/17 간호사는 로지(Rosie)가 더 주의하고 더 즉각적으로 반응했다고 보고함 2/3/17피오나가 매우 기민하고 목소리가 높았다고 보고됨	하루 종일 더 주의함
방해에 더 잘 대처함						
보다 더 쉽게 주의를 전환함						
기타:						

[그림 8-2] 사용 중인 결과 보고서의 사례

보이는 것은 아니다.

실무자들은, 특히 빈도나 양의 증가를 설명할 때 관찰되는 내용의 질적인 면과 맥락을 고려해야 한다. 예를 들어, '눈 맞춤'의 빈도가 증가하는 것은 진정한 사회적 · 심리학적 그리고 정서적 연결이 있는 경우에만 유효한 지표가 된다. 눈 맞춤과 누군가의 눈을 쳐다보는 것은 서로 차이가 있다는 것을 기억하자. 실무자는 판단력을 가지고 각 대상에 대한 지식과 이해를 바탕으로 진전이라고 볼 수 있는 것을 확인해야 한다. 예를 들어, '고통의 증가 제시showing increased distress'는 고통의 수준의 증가를 나타내지만, 만약 그것이 고통이 수반된 의사소통을 할 수 있는 발전된 능력의 지표가 된다면 이것은 진전의 신호로 볼 수 있다.

집중적 상호작용은 사람들의 삶을 변화시키고 결과 보고서는 실무자들로 하여금 집중적 상호작용의 이점과 대상의 진전에 대한 포괄적인 큰 그림을 만들 수 있도록 도와줌으로써 그 변화를 캐치하는 것에 목표를 둔다. 결과 보고서는 상세하지만 다루기 힘든 기록을 보관하기 위한 간단한 방법과 데이터를 저장하고 정리하고 보고할 수 있는 시스템을 제공하기 위한 의도이다.

추가 읽기 및 자료

결과 보고서(The Outcomes Reporter(RIIO))를 얻기 위한 방법은 집중적 상호작용 웹사이트 www.intensiveinteraction.org를 방문해 보자.

Rochford, D. (2016). *The Rochford Review: Final Report*. Standards and Testing Agency. Available at: www.gov.uk/government/publications/rochford-review-final-report (accessed 20 August 2017).

관련 온라인 자료에 대한 웹 링크는 pp. 9-10 참조.

제9장

일터(직장)에서의
집중적 상호작용 지원

데이브 휴이트, 그래함 퍼스, 줄스 맥킴

개요

- 환경
- 집중적 상호작용 작업을 지원하기 위한 최적의 작업 환경
- 체계적·조직적 협업
- 세팅: 특수 학교 및 단체
  – 집중적 상호작용 전용 교실
- 집중적 상호작용과 다른 작업/접근 방식의 통합
- 집중적 상호작용의 3가지 좋은 기본 원칙
- 세팅: 성인 주거 및 주간 서비스
- 세팅: 상호작용 카페

이 장에서는 집중적 상호작용 연습practice을 지원하기 위한 작업장 문제에 대해 일반적인 조언을 주고자 한다. 우리는 모든 면에 있어서 '최선의 경우' 시나리오에 대한 비전을 제공하는 동시에 지나치게 지시적(규범적)prescriptive이 되지 않도록 노력할 것이다. 성공적인 작업장은 많은 형태를 갖고 있다. 미리 양해를 구하자면, 우리가 간혹 일부 독자에게 너무 뻔한 조언을 하고 있을 수도 있다.

1. 환경

우리가 고객이나 학생들과의 집중적 상호작용을 발전시키기 위해 시도하고자 하는 환경 문제는 일을 올바로 할 수 있게 하는 매우 중요한 요인이 될 수 있다. 시작하기 전부터 늘 환경에 대해 생각하는 것은 유용하다. 우리는 다음과 같은 것을 준비해야 할 수도 있다. 예를 들어, 함께 앉을 수 있는 편안한 자리, 긴 소파 또는 가까이 있는 빈백 소파 또는 바닥의 두꺼운 양털 러그 등이다. 우리는 또 다른 것들을 준비해야 할 수도 있다. 예를 들어, 방 안의 산만한 텔레비전 또는 비협조적인 펠로우 스태프 등이다.

또한 초기 관찰을 하여 그 대상 자신과 그들의 선호도를 생각해 보는 것이 유용할 수 있다.

- 그들은 선호하는 방이 있는가 또는 가장 편안함을 느끼는 공간이 있는가? 그것들의 특징은 무엇인가? 무엇이 있고 무엇이 없는가?
- 그들은 늘 같은 의자에 앉는가 또는 방 안의 같은 공간에 앉는가? 그게 무엇일까?
- 그들이 특정 시간, 특정 장소에 있을 때 더 접근이 쉽게 보이는가? 무슨 일이 일어나고 있는가? 누가 근처에 있는가? 그들이 무엇을 하고 있는가?

이러한 질문들에 답하기 위해 우리가 시간을 보낸다면, 이 성찰적reflective 과정은 우리들로 하여금 더 많이 환경의 측면을 고려하게 되는 것이다. 그러면 떠오르는 모든 생각에 비추어 행동할 수 있기 때문에 환경을 보다 집중적 상호작용에 친숙하게 만들 가능성이 높다.

만약 당신과 함께 일하거나 지원하고 있는 대상이 대부분의 시간을 휠체어에서 보낸다면, 여러분이 어떻게 자신의 위치를 정하는지(편안하고 안전하게—불편한 위치와 자세를 취했을 때 허리가 안 좋아질 수 있다는 것을 기억하자!) 그리고 그 대상이 있는 곳—그 장소를 대상 스스로 선택했는가?

소음 수준과 조명 그리고 온기(또는 온기가 부족하든 간에)^{or lack of it}, 그리고 주의 산만 ^{distraction}의 정도 또는 북새통^{hustle and bustle}(또는 혼잡이 덜하든 간에)일 때, 집중적 상호작용을 더 잘 수행할 수 있는 더 나은 장소가 있을까? 그런 장소는 어디가 될 수 있을까? 이미 사용 가능한가? 아니면 사용 가능하도록 준비해야 하는가? 그 대상이 의자에서 일어났을 때 상호작용이 더 잘될까?

이상적인 환경을 만들기 위해 다음과 같은 신체적(물리적)^{physical} 측면을 계획해야 한다.

- 좀 더 집중적 상호작용에 친숙하게 의자들을 배치할 수 있는가? 즉, 의자가 나란히 있어야 하는가? 아니면 직접 얼굴을 맞대고 있어야 하는가 또는 어떤 각도에 있어야 하는가? (종종 의자가 90도로 배치가 될 때 집중적 상호작용은 더 편안하고 수월하게 이루어진다. 누군가의 얼굴이 직접 닿지는 않지만 이 위치에서 눈 맞춤과 개인적 공간을 공유하는 것은 그 대상에게 무엇인가 덜 요구하는 것처럼 보인다.)
- 매트나 콩주머니를 내놓아야 하는가? 또는 승강 장치^{hoist}가 필요한가?
- 그 대상이 탐색하기 좋아하며 공동 관심의 활동에 사용될 수 있는 감각적 자원 아이템이 있는가?

사람(대상)이 가지고 있을 수 있는 시각적 또는 청각적 장애에 대해 생각하는 것은 유용할 수 있다. 왜냐하면 그 대상을 참여시킬 수 있는 이상적인 환경을 만드는 데 이러한 요소들은 중요하기 때문이다. 성공적인 상호작용 가능성을 극대화하기 위해 더 조용한 환경을 조성하거나 조명을 조정하는 것이 필요할 수도 있다(또는 사용 가능한 빛에 대한 위치 조정. 예를 들어, 창문을 등지고 있는 것).

이상적인 집중적 상호작용 환경 조성에 있어서 다른 사람들의 존재는 가장 중요하고 종종 가장 통제하기 어려운 것일 수 있다. 방에 있는 다른 사람들이 긍정적이고 고무적인 영향을 미칠지, 아니면 그 반대의 영향을 미칠지, 즉 그들의 존재가 잠재적으로 부정적이고 산만한 영향을 미칠지(그런 사람들에는 다른 학생, 거주자, 고객 또는 펠로우 스태프 구성원일 수도 있다.) 스스로에게 자문해 보는 것이 좋다. 만약 그런 상황이라면, 그것에 대해 무엇을 할 수 있는가? 최소한 여러분을 방해하거나 혼란스럽게 하지 않을 것을 알게 하자.

마지막으로, 여러분은 해결해야 할 필요가 있는 환경 속 '안전' 이슈에 대해 생각해야 할 수도 있다. 이러한 이슈들은 구급대원들의 진로 위험(방해)^{trip hazards for ambulant people} 요소가 될 수 있다(바닥의 물체, 문에 너무 가까이 있는 가구, 벗겨진 전선 등). 또는 작은 물체를 입에 넣어 질식의 위험이 있는 사람 또는 대상이 어떤 개인 장소에서 침을 흘리거나 손으로 탐색하는 일이 있으면 손 씻기 시설 같은 청결 이슈가 발생한다! 실제 집중적 상호작용 세션에서는 알코올 젤이나 물휴지를 사용하면 된다.

따라서 일반적으로 당신이 계획하고 있는 집중적 상호작용 작업의 잠재적 성공에 영향을 주는 모든 환경적 요소를 살펴봐야 한다. 항상 긍정적이고 지원적인^{supportive} 환경의 측면을 극대화하기 위해 살펴보아야 한다(예를 들어, 가구의 지능적 배치, 지원하는 사람들의 이용 가능성, 온기와 빛의 적절한 수준 등). 그리고 잠재적으로 부정적이고 산만해지는 환경적 측면을 최소화해야 한다(예를 들어, 텔레비전, 주의 산만한 사람들, 잠재적 안전 문제 등).

2. 집중적 상호작용 작업을 지원하기 위한 최적의 작업 환경

집중적 상호작용을 가장 잘 지원하는 환경에 대한 설명을 하고자 하니, 한 단어가 즉시 떠올랐다. 편안함^{relaxed}. 이 단어에는 혼란이 있을 수 있다. 많은 사람이 이 단어를 다음과 같이 해석한다. "글쎄요, 우리는 아시다시피 약간 느릴 거예요. 그리고 느긋하게, 그들이 일을 끝내면 우리도 끝나요. 우리가 선한 카르마(영향력)를 갖는 한 큰 문제가 되지 않을 거예요……."

느긋한 것을 나태함의 변명으로 보는 우리나, '편안한 것'을 일이 제대로 이루어지지 않는 부정적 상태로 보는 매니저나 실무자들을 돕기 위해 아마도 더 나은 문구가 있을 것이다. 오히려, 말하자면 '느긋한 목적의식'이다. 모든 일이 결국 마무리될 것이다^{everything is going to get done}. 모든 일이 계획되고 체계가 잡힐 것이다. 하지만 우리는 목적의식을 드높이되, 편안한 분위기에서 편안한 방식으로 진행할 것이다.

[그림 9-1]에서는 집중적 상호작용을 연습에 통합하고, 모든 면에서 일류라고 판단되는 실습 안에서 편안하고, 자연스럽고, 매우 인간적인 분위기를 만들어 낸 팀에 대한 내

용을 CQC 보고서에서 인용한다.

성 요셉의 집
검사 보고서

Blundell Avenue
Freshfield
Formby
Merseyside
L371PH
tel: 01704872133
website: www.ftf.org.uk

방문 점검일:
05 February 2016
08 February 2016

발행일:
03 May 2016

서비스가 배려심이 있는가?(친절한가? 신경을 쓰는가?)
: 뛰어남

- 우리와 대화를 나누었던 사람들은 예외 없이 직원들의 배려심에 대해 언급하였다. 한 관계자는 말하였다. "그들은 완전한 기쁨입니다." 다른 사람은 말하였다. "그들은 그저 놀랍기만 합니다." 다른 댓글에는 "그들은 100% 배려심이 많다(신경을 쓴다)고 말할 수 있어요. 그들이 거기 있는 것이 너무 안심이 돼요." 또한 "정말 멋져요." 그리고 "나는(우리 가족은) 그들이 있어서 행운이라고 생각해요."라고 쓰여 있었다.
- 모든 스태프는 가정에서부터 형성된 '집중적 상호작용' 서비스의 정신을 채택했다. 가정의 등록된 매니저는 말하였다. "우리는 사람 중심이 되는 것을 통해 단지 매력적인 계획을 세우는 것이 아니라, 우리가 개인을 어떻게 지원하는지를 증명하고 싶었어요……."
- 이 서비스에는 이 역할을 수행하도록 특별히 훈련된 전담 지원 스태프가 있었고, 그 역할 중 일부는 사람들과 참여하고 다양한 활동 유형들을 연구하고, 스태프들에게 집중적 상호작용 기술을 교육하는 것이다. 일부 스태프들은 이런 유형의 상호작용을 이미 특별히 교육받았다. 스태프들은 이에 대해 열정적이었고 사람들에게도 큰 의미가 있음이 관찰되었다. 사람들은 미소 지으며 웃었고, 진정으로 즐겁고 행복해 보였다. 우리는 이러한 상호작용이 일어나는 사례들을 보았고, 그것이 가정에서 지내는 사람들에게 어떤 의미인지 알 수 있었다.

[그림 9-1] 성 요셉의 집 CQC 보고서에서 발췌

이것은 작은 문제가 아니며, 집중적 상호작용 기술의 핵심은 긴장을 풀고 편안한 방식으로 진행하는 것이다. 또한 그 대상이 중심이 되는 것이 중요하다. 발달 초기에 있는 사람들은 긴장을 풀고 편안함, 안전함, 안정감, 자신감, 지원받는 느낌을 가질 필요가 있다. 그들이 그러한 감정을 느끼지 못한다면 아마도 무엇을 배우지 못할 것이다. 따라서 그 대상이 올바른 마음가짐을 갖고 있다면, 여러분이 상호작용을 시작하기 전에 스스로에게도 물어보자. '나는 과연 올바른 마음가짐을 갖고 있는가?' 만약 그렇지 않다면, 그것에 대해 뭔가 할 수 있는가?

이전의 장들에서 집중적 상호작용 실습의 방해 요소에 대해 설명했다.

- 성급함
- 스트레스
- 불행

집중적 상호작용 실무자들은 다음과 같아야 한다.

- 서두르지 않음
- 느긋함
- 이용 가능한
- 목적에 가득 찬
- 체계적/조직화된
- 협업의

당신의 작업장에서 앞의 두 가지 리스트 중 어느 것이 더 많이 적용되는가? 필요한 경우, 첫째 목록에서 두 번째 목록으로 전환하는 방법에 대해 이 장에서 아무리 많은 지침을 제공해도 지나침이 없다. 이 주제로 책 전체를 쓴 경우도 있다. 하지만 아마도 모든 팀이 실제 이 책에서 이 챕터를 확실히 읽는 것으로써 작업이 시작될 수도 있다.

3. 체계적 · 조직적 협업

가상의 최상 시나리오 팀^{in our fantasy best-case scenario team}에서, 팀 구성원은 효과적으로 협업한다. 첫째, 그들은 서로 간에 좋은 의사소통자이다. 이것은 학생들 또는 서비스 이용자^{service user}들과의 의사소통 작업에서 긍정적인 힘이 될 것이라는 것을 확신한다. 그들은 작업에 대해 각 대상들과 세세히 대화를 나누고, 매일매일 진전과 기쁨의 조각들을 나눈다. 그리고 각자가 어떻게 느끼고 있는지 서로 토론한다. 이 팀은 여기에 속하지 않은 전문가 그룹들과도 효과적으로 협업하기도 한다. 예를 들어, 말-언어치료사가 중요하다.

이 팀은 체계화된 시스템이 있어서 서비스 이용자나 학생들이 모든 것의 중심에 설 수 있게 하고, 그러기 위해 스태프들은 일상적으로 중심 주위에 배치된다. 많은 작업장에서는 이와 반대로 한다.

집중적 상호작용을 지원하는 작업장은 발생하는 모든 일에 있어서 의사소통을 절대적 최우선 순위로 둘 것이다. 다시 말하지만, 이것은 분명히 필요한 것 같지만 항상 그렇지는 않다. 중증 학습 장애자(SLD)들을 위한 많은 시설은 의사소통 작업을 최우선으로 두고 운영되지는 않는다.

이러한 우선순위는 활동과 학습 세션이 조직화되었을 때 나타난다. 다른 어떤 활동보다 더 많은 작업 시간이 의사소통에 할애될 것이다. 이전의 장들에서 자세히 설명했듯이 집중적 상호작용 시간은 체계화된 방식에서 사용되어야 하지만, 자발적이고 순간포착^{seizing the moment} 방식으로도 이루어질 수 있어야 한다. 만약 하루의 시간표가 너무 엄격히 규제된다면, 이렇게 체계화된 방식은 오히려 역효과를 낳을 수 있다.

또한 '상호작용'이라는 철학을 수용(포용)^{embracing}할 수 있다. 실제로 모든 의사소통 작업이 일어나는 집중적 상호작용은 발생하는 모든 일에서 맥락과 주제로 작용한다. 스태프 구성원은 자발적으로 하는 활동의 주안점을 차 한 잔 만드는 방법을 배우는 것에서부터 단순히 즐거운 의사소통 교환^{exchange}에 참여하는 것으로 바꿀 필요가 있다는 것을 인식한다. 또는 실제로, 모든 활동이 이러한 의사소통 활동이 되도록 하는 것이다.

느긋한 팀일지라도 좋은 계획을 짜고 체계적으로 하는 팀이 있다. 사실, 편안하고 자신감을 느끼게 하기 위해 좋은 계획이 중요하다. 서두르는 것은 당신에게 절대로 필요하지 않고, 그렇게 되기 위해 플랜과 스케줄을 짜야 한다. 이를 달성하기 위해서, 너무 많은 계획을 세우지 않는 것이 필요할 수 있다. 우리는 얼마나 우리가 열심히 일을 하는지 나타내기 위해 너무 많은 것을 포장하려는 유혹이 있을 수 있다.

따라서 전반적으로 '자유방임주의'라는 의식은 없어야 한다. 편안하지만 목적의식이 있는 이 팀은 그런 방향으로 스케줄을 잡았다.

이 팀은 기록을 관리하는 데 있어서 자부심과 기쁨을 갖고 있다. 이 책에서는 기록에 대한 조언을 하고 있지만, 그것이 즐거운 일이 되어야 한다고 강조하는 바이다. 여러분의 노력에 대한 보상. 팀은 그들 자신과 그들의 서비스 사용자들에게 좋은 성과와 진전이 이루어졌음을 공유하고 홍보할 의무가 있다. 좋은 분위기에서 일하는 팀들은 이것을 깨닫고 즐거운 일상으로써 대상들의 진전을 주시하는 작업(서비스)enterprise을 공유하게 된다.

4. 세팅: 특수 학교 및 단체

이것은 전반적인 태도나 기풍ethos에 대한 결정statement으로서 어떤가?

중증 학습 장애를 가진 아동들을 위한 학교는 의사소통을 위해 존재하는 학교이다. 그것은 다른 것들을 가르칠 때도 효과가 있다.

우리는 성공적이고 효과적인 SLD학교를 위한 시작점으로 이것을 추천한다. '더 높은 능력'이라고 불리는 아동들을 포함하여 그런 학교에 있는 얼마나 많은 아동이 실제로 의사소통 학습, 즉 의사소통의 기초 학습을 완수했는가?

교실에서

• 시간표를 짜는 데 있어서 가장 우선순위로 매일 많은 시간을 의사소통 업무에 할애하도록 계획하자.

• 교실 안 환경의 물리적 구성을 생각해 보자. 의자와 탁자 그리고 탁자 옆의 의자에 착석 등에 대해 중점을 두는가? 초기 학습자들이 의사소통 활동을 하는 데 최상의 상황이 아닌 경우를 제외하면, 이는 잘못된 것이 아닐 수 있다.

집중적 상호작용 전용 교실

영국과 호주의 퀸즐랜드주에 있는 특수 학교에서 학습자 그룹의 초기 학습 요구에 따른 전용 교실을 할애하는 사례는 점점 늘고 있다. 비록 학습자들의 나이가 많을지라도, 작업하는 날은 그들 초기의 일상적 나날과 매우 비슷하다. 여기서는 놀이와 활동적인 체험 학습에 중점을 둔다. 교실은 의자와 탁자보다는 구석에 있는 콩주머니 의자와 푹신한 공간 같은 편안한 물리적 환경에 중점을 두는 편이다. 의사소통과 일대일 활동에 대해 지대한 강조를 하게 되는데, 이러한 유연한 구성 방식은 일대일 기회를 극대화한다. 이 것은 직원 수준(정도)^{staffing level}이 일대일이란 것을 의미하지 않는다. 그렇지 않다. 스태 프는 학습자들 사이에서 익숙하게 서로 교대한다. 이것은 학생들로 하여금 휴식을 취하 고 정비하며^{consolidate} 처리하기 위한 것이고, 스태프들과 떨어져 있는 시간을 가짐으로써 빈번하고 강렬하며 즐거운 참여의 혜택을 누릴 수 있게 한다. 초기 학습자들이 하루 종 일 '과제 중' 상태로 유지하려고 시도하는 것은 실수이고, 이는 학습일을 짜는 데 참고되 어야 한다(이러한 환경을 조성하려면 '추가 읽기 및 자료'를 참조하자).

- '상호작용'의 개념에 대한 본질을 논의하고 다른 모든 활동에서도 맥락으로 작용하 도록 함께 작업하자.
- 학생들이 발달적으로 '어디'에 있는지에 대한 현실을 인식하고 논의하며, 예를 들어 학생들이 다수의 일반적인 '조기 학습' 유형의 활동을 확실히 받도록 계획하자.
- 이것은 하루를 약간 '개방^{opening up}'하고 초기에 플레이 세션^{play session}에 가까운 세 션을 대비하는 것을 포함한다(The Early Years' Foundation Stage guidance for some assistance: QCDA 참조, 2009; 추가 읽기 및 자료).
- 그러한 세션들은 스태프 구성원들이 학생들 사이에서 기회를 보며 교대하면서 최대 한의 일대일 기회를 갖게 한다.
- 욕실에서 일대일 의사소통 시간을 가지는 등 돌봄(관리) 지원^{care support}을 논의하고, 계획하고 연습하자.
- 시각적인 표현을 통하여 의사소통 문제와 의사소통 '분위기'를 강조하자.
- 매일 가정-학교 간 알림장에 의사소통 메모를 하자.
- 모든 의사소통 작업이 부모에게 이양되고 공유되어야 한다는 것을 모든 가능한 방

법을 통해 보장되도록 하자.

- 각 어린이들의 의사소통 능력 및 각자가 일상적으로 어떻게 상호작용하는가에 대한 세세한 정보를 제공하는 의사소통 여권communication passport을 확실히 하자.
- 비디오 클립이 포함될 수 있도록 CD-ROM에 파워포인트 파일로 의사소통 여권을 만드는 것을 고려하자.
- 모든 면에서 말-언어치료사speech and language therapist와 함께 협력하자. 예를 들어, 학생의 발달 상황에 대한 관찰을 할 때, 그녀 또는 그의 도움을 받아 더 객관적이 되도록 한다.

일반적인 학교 문제

- 이상적으로, 학교는 의사소통 작업의 우선적 특성을 강조하고 실습과 기법에 대해 자세한 설명을 하는 의사소통 커리큘럼 문서 또는 기타 서면 지침들을 갖고 있을 것이다.
- 이상적으로, 의사소통 커리큘럼은 다른 어느 교육과 학습보다 방대한 문서가 될 것이다.
- 그 문서는 이전 장에서 논의되었던 교실 주도권 등을 설명하고 지원할 것이다.
- 커리큘럼의 의사소통 작업에서 특별히 책임 있는 상급직senior post을 두는 것은 분명히 좋은 아이디어이다.
- 『The Early Years Foundation Stage』 지침서는 초기 학생들을 위해 쓰이기 때문에, 그 분야에 대한 생각을 모으는 데 매우 유용한 자료가 될 것이다.
- 의사소통 작업은 In-Service Training(INSET) 또는 기타 트레이닝의 스케줄에 정기적으로 반영되어야 한다.
- 대부분의 학교들은 말-언어치료사가 강력하고 귀중한 자원이라는 것을 이미 알고 있다. 그들을 활용하자.

5. 집중적 상호작용과 다른 작업/접근 방식의 통합

집중적 상호작용은 인간이 어떻게 배우는지에 대하여 교습과 학습에 대한 과학적 이해에 기초한 접근법이다. 그러므로 그것의 기반이 되는 심리학적 연구에 기인하는 어떤 전통(유산)^{heritage}이 있다. 우리들의 작업에 사용되는 모든 접근법은 하나의 전통 또는 다른 전통을 가질 수 있다. 예를 들어, 학교에서 사용되는 많은 작업 접근법과 기법의 기원은 스키너(B. F. Skinner)와 같은 행동심리학자의 작업으로부터 나온 것이다.

이전에 설명했듯이, 집중적 상호작용은 제롬 브루너(Jerome Bruner), 다니엘 스턴(Daniel Stern) 그리고 루돌프 쉐퍼(Rudolph Schaffer) 같은 인지 및 발달 심리학자들의 작업에 기원을 가진다(3장 참조). 앞에서 언급했듯이, 대부분의 우리 접근 방식이 그 기원과 작용하는 방식에 있어서 서로 간에 다르다.

하지만,
- 우선, 집중적 상호작용은 당신이 하는 다른 작업과 상충되지 않아야 한다. 이는 다른 사람에게 피해를 주지 않는 부드럽고 중립적(악의가 없는)^{inoffensive} 작업 방식이어야 한다.
- 예를 들어, 특별한 문제가 없이 그림 교환 소통 시스템$^{picture\ exchange\ communication}$ $^{system:\ PECS}$이나 다른 행동 접근 방식과 공존할 수 있다.
- 그러나 여러분은 일부 어떤 접근 방식이 집중적 상호작용과 상충한다고 점차 느낄 것이다. 예를 들어, 일반적으로 조직적인 의미로 보았을 때 어떤 접근 방식은 당신이 그냥 '프로그램화된' 방식으로 지나가길 바랄 수도 있다. 하루 중 그런 타임이 오면, 당신은 집중적 상호작용을 위해 속도와 분위기를 바꾸게 된다. 어쩌면 이것은 문제가 되지 않는다. 아마도 이런 전환을 옳지 않다고 느낄 수도 있다.

6. 집중적 상호작용의 세 가지 좋은 기본 원칙

집중적 상호작용 과정에서 다음과 같은 명백한 세 가지 좋은 원칙을 고려하는 것은 커리큘럼을 짤 때 확실히 가치 있는 일이다. 다음은 효과적인 초기 학습의 훌륭한 원칙이다. 모든 활동 계획에서 이러한 원칙을 고려할 수 있는가?

1. 학습자는 활동적이다.

   집중적 상호작용 활동에서, 학습자는 현재 일어나고 있는 일에 완전히 활동적이고 역동적인 참여자가 된다. 그들에게 또는 그들과 함께 행해지는 일들에서 수동적인 수신자recipient가 아닌 것이다.

2. 학습자는 선생님과 활동의 조절(통제권)control을 공유한다.

   만약 선생님이 대응을 적절히 한다면, 선생님보다는 활동의 흐름은 덜하겠지만 그만큼 학습자의 행동에 의해 만들어진다.

3. 학습 활동은 본질적으로 보람되고 동기 부여가 된다.

   학습자는 참여한 것에 대해 달콤한 말이 필요치 않으며, '착한 사람good boy'이라 불리며 칭찬받을 필요도 없다. 활동에 대한 보상은 본질적인 것으로—그것은 활동, 즉 기쁨이고, 자극이고, 지적 충만이다.

장기적으로

- '상호작용'의 위력이 분명해지고 학생이나 서비스 이용자가 진전하는 것이 보이면서, 여러분은 집중적 상호작용을 하는 것에 대해 많은 것을 다시 생각하게 된다.
- 여러분은 다른 접근 방식 및 학생이나 서비스 이용자가 작업 실습working practices에서 다루는 방식을 재평가하기 시작할 수 있다.
- 집중적 상호작용을 하는 것은 '인간성(개성)personhood'에 대한 개념과 그 대상에 대한 결과의 측면에서 작업의 최종 목표가 무엇인지 다시 생각하게 할 수 있게 한다.

7. 세팅: 성인 주거 및 주간 서비스

그들이 집중적 상호작용을 사용하여 작업할 때 성인 주거 및 주간 서비스 또는 더 일반적으로 지원 서비스는 종종 더 많은 이점을 갖게 된다. 서비스 사용자와 정기적으로 접촉하고 물리적·사회적 환경을 의도적으로 조정하여 집중적 상호작용을 잘 지원할 수 있는 장소에서, 집중적 상호작용은 상대적으로 수월하게 시행될 수 있다. 특히 안정되고 잘 훈련되고 지원이 잘 이루어지며 유능한 스태프 구성원을 만나게 되면 더 그렇다.

사실, 집중적 상호작용이 교실 안의 교육 접근법으로 개발되었을지라도, 편안하고 자유롭게 흐르는 성질(특성)은 (바라건대) 아마도 그 대상 가정의 편안한 특성과 스태프들이 지원하는 것과 맞는 것이라고 할 수 있다. 1980년대 후반의 집중적 상호작용에 대한 서비스를 받는 사람의 비율^{take-up}과 지원의 대부분은 성인 서비스에서 비롯되었다. 그 당시에 이 서비스들은 특수교육이 할 수 있었던 것보다 훨씬 더 개방적이고 유연한 것처럼 보였다.

 집중적 상호작용과 사회 참여?

성인 주간 서비스는 특정 서비스 구축보다는 정기적(회기마다의)^{sessional} 서비스를 제공하는 방향으로 옮겨졌다. 요즘은 서비스 사용자가 커뮤니티 활동에 들어가도록 지원하는 데 많은 시간을 할애한다. 그리고 이것은 확실히 많은 주간 사용자에게 환영받을 만한 변화이다. 하지만 실제로 상당수의 서비스 사용자가 명목상의 커뮤니티 참여를 하거나 커뮤니티 프로필을 올리는 것으로 얻는 것은 미미한 경우가 많다. 실제로, 극심한 중증 학습 장애를 가진 서비스 이용자들에게는 집중적 상호작용이 일상적 활동의 주축으로 여겨져야 한다. 우리는 이것을 지적하는 것을 두려워하면 안 된다.

하지만 실제로 일부 서비스는 물리적 환경과 적절한 교육 및 관리를 받은 스태프의 수준 모두에서 이상적 상황과는 동떨어진 상태에서 작동된다. 때때로 일부 서비스의 작업 문화는 그 대상의 특별한 의사소통 저력 또는 사회적 선호도를 알아차리고 그에 적절히 반응하기보다는 서비스 이용자의 시간(눈에 띄는 '활동'의 범위 안에서)을 채우는 데 더 집중하는 경우가 있다.

어떤 서비스에서든 집중적 상호작용의 도입(시작)^{introduction}은 장기적 지속 가능성과 서비스 개발을 염두에 두고 계획되어야 한다. 집중적 상호작용 소개(유도)^{induction} 및 교육은 지속적인 과정으로 모든 스태프들이 참여해야 한다. 그럼으로써 집중적 상호작용을 사용하는 데 직접적으로 관여하지 않는 스태프 구성원들도 적어도 무슨 일이 일어나는지, 어떤 결과가 기대되는지 이해할 수 있게 된다(결국 참여하도록 요구될 것이다!). 교육에 대한 관리^{management} 참여는 필수적이라 할 수 있다. 그러고 나서 스태프들로 하여금 멘토

링, 감독 및 평가를 통해 양질의 반사적^{reflective} 집중적 상호작용 연습을 개발할 수 있도록
한다.

 말−언어치료사

> 여러분이 근래에 말−언어치료사 서비스의 지원을 받지 못하고 있다면, 지원을 받도록 하자. 말−언
> 어치료사는 집중적 상호작용 전파에 있어서 가장 영향력 있는 사람들이었다. 그들은 지식이 풍부
> 하고 필수적인 지원을 한다.

다시 한번 문서의 위력을 강조하는 바이다. 우리가 약간 눈코 뜰 새 없이 바빠지더라
도 대체적으로 타당한 이유로 정책과 지침의 작성에 대한 중요성은 점점 커지고 있다.
하지만 집중적 상호작용 연습을 촉진하고(도모하고)^{facilitate} 확립할 때에는, 그 작업 분야
의 지침을 세우고 문서를 작성하는 것에 대해 팀과 논의해야 한다. 집중적 상호작용이
단지 '적절한' 작업의 일부분으로 곁가지에 남게 하지 말자.

8. 세팅: 상호작용 카페

'상호작용 카페'는 사전에 계획되지만 비공식적인 사회적 자리(행사)^{occasion}로 서비스
이용자나 내담자와의 집중적 상호작용 사용을 지원하기 위해 특별히 마련된 것이다. 편
안한 카페의 분위기는 일반적으로 그들이 사회적 상호작용이 얼마나 어려운지 발견하거
나 또는 그들의 지적인 장애가 얼마나 심각한지와 관계없이 모두가 환영받는 느낌을 갖
게 하기 위해 만들어졌다.

상호작용 카페에 대한 기본 아이디어는 집중적 상호작용의 일반적인 메시지를 전파함
과 동시에 누구나 집중적 상호작용을 즐기고 참여하는 접근 방식에서 이익을 얻게 한다.

각 '상호작용 카페' 세션 동안, 경험이 풍부한 집중적 상호작용 실무자들은 자리(행사)
에 참여하고 일을 도모한다. 이러한 실무자들은 어떤 방문 서비스 사용자^{user}와도 직접적
으로 집중적 상호작용을 할 수 있다. 이러한 조력자들은 참석한 모든 지원 스태프와 보
호자들에게 집중적 상호작용을 수행하는 데 있어서 조언을 해 주고, 그 접근 방식에 관

한 모든 기타 질문에 답할 수 있다.

이러한 방식으로, 참석한 지원 스태프들은 자신이 지원하는 대상과의 집중적 상호작용이 어떠한지 직접 확인할 수 있다. 이는 지원 스태프들과 보호자로 하여금 집중적 상호작용을 하는 데 필요한 기술이 어떤 식으로든 '특이한' 것이 아니며, 집중적 상호작용은 현재의 능력 범위 안에 있다는 것을 깨닫게 한다.

'상호작용 카페' 세션 동안

- 적절히 '읽기 쉬운' 집중적 상호작용 서적과 지침서를 이용하자.
- 집중적 상호작용 DVD 영상은 사용 가능한 모든 텔레비전이나 노트북에서 재생될 수 있어야 한다
- 집중적 상호작용 교육 신청서는 관심이 있는 누구에게나(모든 사람에게) 제공될 수 있다.
- 이용 가능한 기타 아이템들은 특별한 서비스 이용자들과의 상호작용을 지원하고 개발하는 데 유용하고 다양한 감각을 포함한 자원resource 아이템이 된다.
- 음료와 비스킷은 일반적으로 어느 시점에서 제공이 가능하다.

상호작용 카페

본래 '상호작용 카페'는 리즈의 그래함 퍼스와(Graham Firth in Leeds) 말–언어치료 전문가 매리온 크랩(Marion Crabbe)에 의해 진행(촉진)되었다. 2006년 초기 리즈의 'Potternewton Fulfilling Lives Service'의 첫 세션. 카페 세션은 각기 매우 다양한 서비스 장소에서 열렸고(주로 6~8주 세션에서), 참석한 사람들에게 포괄적이고 진정한 사교적인 기회를 제공하고 있다.

📖 추가 읽기 및 자료

유튜브 'Dave Hewett Intensive Interaction Channel'.에는 이 장에서 설명한 호주 학교의 영상을 담은 다수의 비디오가 있다.

초기 학습early learning 원칙과 활동에 대한 두 가지 매우 유용한 출판물은 다음과 같다.

Qualifications Curriculum and Development Agency (2009). Learning, Playing and Interacting:

Good Practice in the Early Years Foundation Stage. Available at: www.foundationyears. org.uk/wp-content/uploads/2011/10/Learning_Playing_Interacting.pdf(accessed August 2017).

British Association for Early Childhood Education (2012). Development Matters in the Early Years Foundation Stage (EYFS). London: Department for Education. Available at: www. early-education.org.uk/downloaddevelopment-matters-early-years-foundation-stage-eyfs (accessed August 2017).

Kellett, M., & Nind, M. (2003). Implementing Intensive Interaction in Schools: *Guidance for Practitioners, Managers and Coordinators*. London: David Fulton.

Skinner, B. F. (1938). *The Behavior of Organisms*. New York: Appleton-Century-Crofts.

스키너는 쥐와 비둘기를 이용한 학습 실험으로 유명하다. 그의 기술 유형은 종종 '조작적 조건형성operant conditioning'이라 불린다. 이러한 이슈에 관한 추가적 기술적인 리뷰는 다음을 참조하자.

Hewett, D. (2011). What is Intensive Interaction? Curriculum, process and approach. In D. Hewett (ed.), *Intensive Interaction: Theoretical Perspectives*. London: Sage.

관련 온라인 자료에 대한 웹링크는 pp. 9-10 참조.

제10장 자폐증과 집중적 상호작용, 그리고 더 유능한 사람들과의 집중적 상호작용

아만딘 무리에르

개요

- 의사소통, 사회적 상호작용 그리고 대인 간 의사소통^{communication,}
  social interaction and interpersonal communication

- 자폐증과 사회적 의사소통^{social communication}

- 자폐증과 언어−더 유능한 사람^{more able people}이라고 하면 누구를
  생각하게 되는가

- 대면 의사소통과 비언어적 행동

- 이미 발화 가능한 사람^{people already speaking}과의 의사소통에서 기
  초발전을 돕기 위한 간단한 실용적 조언
  − 귀 기울임(조율)^{tuning− in}
  − 참여
  − 대응 방법

1. 의사소통, 사회적 상호작용 그리고 대인 간 의사소통

1장에서 설명했듯이, 사회적 접촉이라는 순수한 기쁨을 위해 상호작용하는 것은 우리가 서로 간에 일상적으로 관계를 맺는 방식에서 쉽게 관찰할 수 있다. 날씨 또는 주말에 무엇을 했는지에 대해 이야기할 때, 물론 우리는 무슨 이야기가 오고 갔는지에 대해 관심을 가질 것이지만, 정말 중요한 것은 그것에 맞는 목적이다. 사실, 이러한 잡담식의 대화는 직접적인 목적이 없고 구체적인 결과도 없다. 그렇다고 해서 그것들이 의미 있는 교류가 아니라는 뜻은 아니다! 이러한 소소한 대화는 우리가 다른 사람과 상호작용할 때 기대하게 되는 가장 기본적인 불문율unwritten social rule이다. 그들은 우리에게 동료들과 상호작용할 수 있는 틀을 제공한다. 의례적인 의사소통(Malinowski, 1923: Senft, 2009 추가 읽기 및 자료 참조)으로 알려진 이런 가벼운 대화는 다른 사람과 신뢰, 연결 그리고 유대감을 확립하는 데 중요한 역할을 한다. 더구나 정기적으로 의례적 의사소통을 하는 것은 우리의 정서적 및 심리학적 웰빙에 중요한 역할을 한다.

실무자인 우리에게 첫 번째 이슈는, 의사소통의 어려움을 가진 사람들의 필요를 인식하는 것이다. 다른 분야에서의 능력과 상관없이, 의례적 의사소통을 충분히 하지 못하는 사람은 정서적 및 심리학적으로 더 큰 어려움을 겪게 될 것이다. 집중적 상호작용 측면에서, '의사소통의 기초Fundamentals of Communication'의 발전을 가져오는 경험을 얻지 못할 것이다(2)(4장과 12장 참조).

이러한 것들은 우리가 집중적 상호작용을 할 때 다루고 있는 이슈이다. 사회적 상호작용이 우리의 초점이고, 더 정확히 말하자면 대인 간의 의사소통이다. 사람들이 정보를 교환하는 과정, 언어적 및 비언어적 메시지를 통한 기분과 의미 그리고 대면 의사소통이다.

2. 자폐증과 사회적 의사소통

자폐증 증상에서 '사회적 의사소통의 어려움' 또는 '사회적 상호작용'이 가장 주된 장애라고 오랫동안 이해되어 왔다. 집중적 상호작용의 의도와 결과는 실습practices과 '사회적 의사소통'의 깊은 개념에 기본적으로 초점을 맞추고 있다. 그리하여 '한 쌍의 장애dyad of impairments'(다음 박스 참조)의 일부 주된 효과에 자세히 초점을 맞추고 있다. 우리는 이 책을 통하여 집중적 상호작용 활동이 의사소통의 기초의 발전된 결과를 나타내는 것으로 보아 왔다.

 한 쌍의 장애

'한 쌍의 장애'는 두 가지 주요 영역에서의 어려움을 정의한다.

- 사회적 의사소통과 사회적 상호작용
- DSM-IV-TR에는 포함되지 않은 제한되고 반복적인 행동 패턴, 관심사 또는 감각 장애를 포함한 활동

*출처: American Psychiatric Association (2013).

집중적 상호작용은 이러한 자폐증의 핵심 장애에 초점을 맞춘다. 발달과 성과를 내는 수준의 대상들을 만나고, 그들이 사회적 상호작용 일상에 대한 더 큰 이해를 할 수 있도록 도움을 주고, 다른 사람들과의 복잡한 정서적·심리학적 유대관계에 대한 더 깊은 지식을 나눈다.

함께 나누고 의미 있고 즐거운 활동을 통해, 사회적 의사소통 학습은 이루어진다. 모든 비언어적 의사소통(눈 맞춤, 얼굴 표현, 제스처 그리고 음성)을 사용하고 이해하는 것과 같은 결과가 예상된다. 이는 '규칙적 단계로 이루어지고, 축적되고, 발생적이며generative, 빈번하고 주기적이고 반복적인 활동 과정들의 결과로서 시간이 지남에 따라 점차적으로 나타나기 때문'이다('추가 읽기 및 자료' 참조, Hewett, 2012, p.139). 가장 경험이 적은 의사소통 파트너가 주도권을 잡게 함으로써, 실무자는 그들에게 응답하고 반추reflect back할 수 있다. 따라서 모방/참여가 이루어지며, '사회적 접착제' 기능을 하여 사람들을 함께 묶고 조화로운 관계를 만든다('추가 읽기 및 자료', Lakin et al., p.147). 이러한 과정이 더 일어날수록, 장애(어려움)를 가진 사람들은 더 정교한 의사소통 능력을 개발할 가능성이 높아진다.

2장에서 그래함 퍼스가 설명했듯이, 접근 방법을 개발하는 하퍼베리 학교 그룹에 있는 다수의 사람들은 자폐증 진단을 받은 사람들로서 여전히 말을 하기 전의 상태였다pre-verbal. 가장 순수한 의미에서 집중적 상호작용은 채팅 스타일의 비언어적 대화를 발전시킨다. 그러나 일부 사람들은 이 과정을 통해 말과 언어로 발전시킬 수 있고, 또 다른 사람

들은 이러한 상호작용과 관계 맺음의 비언어적 방식은 그들의 표준[norm]이 될 것이다. 따라서 그들의 웰빙 느낌은 집중적 상호작용 실무자가 계속해서 접근할 수 있는지에 달려 있을 수 있다.

말을 사용하는 사람들[people who are verbal]은 종종 말과 언어가 같다고 생각하여, 말을 하는 자폐증을 가진 사람들은 의사소통하는 데 있어 어려움을 덜 겪을 것이라고 가정한다. 하지만 우리는 사회적 의사소통이 단어를 사용하는 능력 이상의 것을 요구한다는 것을 항상 기억해야 한다. 성공적인 의사소통자가 되는 것은 얼굴 표정, 목소리 톤 및 보디랭귀지와 같은 사회적 신호[cues]에 대한 깊은 분석과 이해가 포함된다(다른 사람들과의 상호작용에서만 배울 수 있는 다양한 작업들).

말을 사용하는 사람[people who are verbal]과 작업을 할 때 활동의 초점이 그것의 의미보다는 대화의 구조에 더 맞춰질 수 있다. 정확한 의미보다 구조를 우선시함으로써, 학습자는 참여의 즐거움과 함께 구조를 사용함으로써 발생하는 정확한 정보와 의미의 점진적 발전과 함께 전달자가 되는 과정을 예행 연습할 수 있다.

3. 자폐증과 언어—더 유능한 사람이라고 하면 누구를 생각하게 되는가

집중적 상호작용 커뮤니티는 자폐증을 가진 사람들 중 말을 하고 다른 분야에서 내는 영리한 성과 때문에 더 능력이 있는 것처럼 보이는 사람들에게도 접근 방법의 사용이 더 필수적이라는 것을 점점 더 인식하고 있다. 어느 분야에서는 그들이 매우 유능할 수 있지만, 사회적 의사소통에서의 어려움은 사회적 세상에의 접근 능력에 영향을 준다. 우리는 말을 사용하는 사람들은 대화를 나눌 수 있다고 가정해 버리는 경향이 있다. 여기서 문제는, 말은 언어와 반드시 동일한 것은 아니라는 것이다. 대화를 나눈다는 것은(억양, 사회적 관습 …… 등을 수반하고), 매우 복잡하고 얽힌 작업이다. 여기서 우리가 생각하고 있는 사람들은 다른 분야의 모든 능력과 재능에도 불구하고, 의사소통 이해에서는 발달의 매우 초기 단계에 있을 수도 있다. 그리고 이는 종종 그들의 의사소통 기초에 대한 제한된 지식에서 관찰될 수 있다.

방금 말한 것을 이해하기 위해서는 언어와 말의 명확한 구분을 다시 한번 강조하는 것이 중요하다.

말speech은 말할 수 있는 물리적 동력motor이라 할 수 있고, 언어는 의미를 전달하기 위해 사용되는 규칙이 있는 상징적 시스템이다. 사람은 말이 없이도 언어를 구사할 수 있다. 신호를 보내는 사람들은 공통 언어를 공유할 수 있다. 예를 들어, 영국 수어British Sign Language: BSL는, 고유의 규칙들을 가지고 있다. 구문syntax, 문법grammar, 화용론pragmatics …… 그러나 말을 사용하지는 않는다.

그리고 자폐증을 보이는 사람 중에 언어language 없이도 말speech을 하는 사람을 볼 수 있다. 종종, 자폐증을 가진 것처럼 보이는 더 유능한 사람이 영화나 스토리로부터 기계적으로 조작된 것 같은 말을 사용하지만 그들 자신의 말과 언어를 생성시키지는 못하는 것들이 그 경우이다.

4. 대면 의사소통과 비언어적 행동

대면 의사소통은 직접적으로 정보를 교환하거나 말로 감정을 나누는 것 이상이다. 또한 비언어적 행동을 통해 메시지를 연결하고 소통하는 더 섬세한 방법을 나눈다. 이는 얼굴 표정, 제스처, 음성의 톤과 음조와 같은 행동들을 포함한다. 이 모든 비언어적 신호들은 언어적 의사소통을 증가시킨다. 우리가 명한 얼굴과 천 마일이나 되는(초점 없는) 시선으로 말한다고 상상해 보자. 단어는 들을지언정 대상의 감정을 느낄 수 없고, 눈은 보고 있을지라도 상대방의 진수(본질)essence는 알지 못한다.

비언어적인 것은 말한 것을 강화하거나 수정하고, 감정 상태에 대한 정보를 전달하고, 피드백을 마련하고, 의사소통의 흐름을 조절한다. 언급한 바와 같이, 이러한 비언어적 정보의 '흐름'은 대부분의 과정이 무의식적 수준에서 발생하고 많은 신호, 즉 얼굴, 눈 그리고 보디랭귀지가 섬세하게 작동하는 복잡한 교환 과정이다. 우리는 말을 사용하는 사람과 작업을 할 때 이러한 복잡한 작업의 발전을 인식하는 것을 배우는 것이 필수적이다. 왜냐하면 그것은 언어 개발이 이루어지고 있음을 나타내기 때문이다. '미묘한 얼굴 언어'라는 문구는 누군가 비언어적 의사소통을 사용하는 데 있어서 미묘하고 의미 있는 방법의 발달을 전달하고 포착하기 위해 수년간 사용되어 왔다.

미묘한 얼굴 언어

집중적 상호작용 커뮤니티는 '미묘한 얼굴 언어'를 대상의 눈 맞춤과 얼굴 표현에서 나타나는 작은 변화를 언급하는 문구로 사용해 왔다. 이는 그들이 처리를 더 잘하고, 더 잘 이해하고 비언어적 의사소통을 하게 됨에 따라 그렇게 되었다. 이러한 변화는 우리가 의사소통을 할 때 관여하는 무의식적 행동, 즉 사회적 상호작용에서 대인 간 행동의 '급격한 불rapid fire'을 나타낸다.

대상의 미묘한 얼굴 언어의 발달을 통해서, 우리는 특히 비디오를 사용한 사회적 의사소통을 관찰하고 기록할 수 있다. 그러므로 미묘한 얼굴 언어는 학습자의 얼굴과 눈 사용의 발달에 따른 의사소통 발달에 대한 인식이 증가하고 있음을 보여 준다.

이미 말하고 있는 사람들people already speaking과의 의사소통의 기초를 발전시키는 데 도움이 되는 간단한 실제적 조언 상호작용 기법은 동일하게 유지되지만, 약간 다르게 보일 수도 있다. 그 차이점을 강조하기 위한 몇 가지 기법을 알아보자.

귀 기울임(조율)

귀 기울이는 것은 집중적 상호작용을 하는 데 있어서 가장 중요한 측면이다. 사실, 그것은 당신이 하는 모든 것을 형성할 정도로 중요하다. 오직 다른 사람의 모든 피드백에 스스로 귀를 기울여야 어떻게 반응할지를 알 수 있다.

귀를 기울이려면, 당신은 그들에 해당되는 수준의 대상을 만날 필요가 있다. 그들이 무슨 말을 하는지 들어 보되, 그들이 그것을 말하는 방식도 들어 보자. 그들의 보디랭귀지와 얼굴 표현도 보자. 간단히 말해서, 여러분의 모든 감각으로 들어 보자. 왜냐하면 이것은 그들이 그 특별한 순간에 어떻게 느끼는지에 대한 단서를 줄 것이고, 그럼으로써 여러분이 참여하고 반응하는 것을 도울 것이기 때문이다. 당신이 그녀 또는 그로부터 받는 정보에 여러분이 하는 일이 달려 있으며, 여러분의 반응 또한 결정할 것이다.

참여

그 대상이 특정 주제에 대해 이야기하는 것을 좋아한다면, 그들의 관심사에 참여하는 것은 그 대상의 말에 대응할 수 있게 해 주고 그것이 아무리 반복적이고 인위적인 것일지라도 다른 사람이 그들이 이해할 수 있는 대화에 참여할 수 있도록 해 준다. 당신은 그들의 언어를 사용함으로써 그 대상이 말하고 주의를 기울이는 것을 더 쉽게 처리하게 될 것이다.

- 상대방을 기다리고, 주도하고 먼저 하게끔 한다.
- 그들에게 대응함으로써 상호작용의 흐름을 발달시킨다.

대응 방법

흉내 내기/참여하기/실행하기 또는 그들이 방금 한 일을 말하기 사용

흉내 내기는 당신의 의도를 표현하는 강력한 방법이다. '나는 당신과 이어지고 싶다.' 그리고 '나는 당신을 흥미롭게 생각한다'. 더 유능한 사람과 일할 때, 이 기법의 사용은 감소하는 경향이 있거나 약간 달리 보인다. 말을 한다는 것이 반드시 그 대상이 그 이해의 수준에 있거나 그 말의 숨은 의도를 갖는 것은 아니다. 그들은 그것이 어떻게 들리는지를 좋아하기 때문에 단어를 말할 수 있고, 또는 접근하여 대화를 시작할 수도 있다. 그러므로 단어를 반복하는 것은 상대방에게 인사를 하고 당신의 능력과 참여를 알리는 데 사용될 수 있다.

당신이 억양을 높이면서 금방 말한 것을 그 대상이 반복하는 것은, 당신을 그들로 하여금 더 이해하게 하고 그들이 선택하든 무시하든 간에 방금 한 말을 더 확장시키도록 만드는 것이다.

집중적 상호작용 실무자들은 교대로 하는 것turn taking의 능력과 대화의 구조를 발달시키는 것을 점점 중요하게 인식하고 있다(3장 참조).

1) 톰(Tom)은 8살이다. 그는 여러 방면으로 영리하다. 그는 읽고 쓴다. 그는 많은 말을 하지만, 그가 하는 모든 말은 '대본'이다. 즉, 영화, 티비, 스토리 등에서 외운 것.

2) 앤과 다른 사람들은 톰과 의사소통의 기초를 연습할 방법을 찾는다. 그들은 그가 일하는 동안 옆에 앉아서 대응할 만한 일을 찾는다. 그도 역시 이렇게 춤추고 노래하는 게임을 좋아한다. "나는 그렇게 생각해요." 톰이 리듬을 타며 말했다.

3) "나는 그렇게 생각해요." 앤은 그와 춤추고 빙글빙글 돌면서 매우 장난스럽게 즐거워했다. 톰은 얼굴을 맞대고, 다른 사람과 즐겼다. 이것은 그에게 큰 진전이다.

4) "당신은 그렇게 생각하지 않아요." 톰은 노래한다. "나는 그렇게 생각하지 않아요." 앤은 반복한다. 그들은 돌고 돌며 앞뒤로 계속한다. 톰은 대화, 눈 맞춤, 얼굴 표현, 다른 사람과의 연결(이어짐)을 연습하고 있다.

5) 톰은 쓰고 생각한다. 아비(Abi)는 조심스럽게 기다린다. 톰은 "우리는 헬로."라고 한다. 아비는 "하, 하, 헬로."라고 한다. 톰은 말한다. "나는 헬로라고 했어요!" 아비는 장난스럽게 말한다. "오오오, 나는 헬로오오.'라고 한다."

6) 톰은 크게 말한다. "나는 굿바이라고 했어요". 아비는 "오오, 나는 말했어요……."라고 말한다. 그녀는 톰이 그녀를 볼 때 천천히 말했다. "굿바이이이". 그들은 계속해서 서로의 얼굴을 자상하게 쳐다보았다.

7) 이러한 연결된 일시 중지는 대략 10초 정도 지속되었고, 톰은 그가 아비의 얼굴에서 무엇을 보았는지 깊게 생각하는 것 같았다. 아비는 가만히 있다가 톰에게 기회를 준다.

8) "정말 좋았어요." 톰은 말했다. "오오, 정말 더 좋았어요." 아비는 대답했다. "매우 좋았어요." 톰은 반복해서 말했다. "오오, 매우 좋았어요." 아비는 말했다. 그들은 이렇게 잠시 동안 앞뒤로 다정하게 계속했다.

[그림 10-1] 톰: 다른 의사소통의 기초를 수반한 순서대로 말하기 및 대화 연습

*출처: www.youtube.com/watch?v=E-BKbSnvJXY 참조.

테크닉 포인트

내용 앞의 구조(내용보다는 구조)

정확한 의미를 가진 대화를 발달시키는 것에 집중하는 일은 매우 쉬울 수 있다. 하지만 일상적인 의사소통 발달에 대한 연구는 아기들이 단어를 사용하기 아주 훨씬 전에 대화와 교대로 하는turn taking 구조의 과정을 배운다는 것을 보여 주고 있음을 기억하자. 그럼에도 불구하고 이미 말을 하고 있는 자폐를 갖고 있는 사람이 정확한 내용에 대해 걱정 없이 교대로 하는 연습을 많이 해야 하는 경우일 수 있다. 즐겁게도 그 또는 그녀가 말한 것, 단어 게임, 노래 부르기, 동요 등 모든 중요한 활동들을 반복하는 것이다.

지적하기/댓글 달기

만일 개인이 가장 좋아하는 것에 대해 말하고 있다면, 여러분은 당신의 관심사를 전하고 그 흐름을 용이하게 하기 위해 언급하거나 간단히 지적할 수 있다.

질문에 주의하자. 그들은 대상에게 쉽게 부담을 주거나 안전지대에서 데리고 나올 수 있다(불안감을 느끼게 할 수 있다). 명확히 하려고 하는 것은 오히려 흐름과 감정적 연결선을 깨뜨릴 수 있으니, 그보다는 격려하는 논평을 하거나 질문 태그를 사용해 보도록 하자. 그들은 금방 말한 것을 언급하고, 듣는 사람으로 하여금 어떤 응답이 적절한지 알려 준다. 또한 수신자receiver는 수사학적으로 질문을 해석하고 그에 응답하지 않도록 선택할 수 있다(즉, 'Do you?' 'Is he?' 'Haven't they?' 'Yes they do, don't they?').

그리고 적절한 모성어(너무 과하지 않은)를 섞어 입력하자. 당신의 억양에 대해 생각해 보자. 그러면 여러분이 질문을 하고 있는지 또는 단순히 지적하고 있는지 알 수 있을 것이기 때문이다. 'are you?' 'was she?' 그리하여 대상의 관심을 유지할 것이다.

여러분의 관심사를 전달하자 — 여러분이 관심을 갖고 듣고 있다는 것을 나타내는 것으로는 한 단어로 충분하다. 'really' 'Uh-huh'.

짧은 문구를 사용해서 여러분의 기분을 나타내 보자. '얼마나 슬프니how sad' '오 노! oh no!' '아프겠다that must hurt'.

일시 중지

여러분의 언어에 압도되지 말자. 미니멀리즘은 여전히 작동한다!

만약 상대방의 말이 매우 특이하고 그녀 또는 그가 당신이 참여할 수 있게 충분히 멈추지 않는다 해도, 그것을 강요하지는 말자. 당신의 관심사를 전달하기 위해 비언어적 방법을 사용해 보자.

기억하자. 여러분이 말로 표현하는 이 대화는 상호작용 흐름 안에서 모든 의사소통의 기초가 연습되고 학습되는 것을 구성하는 길이 된다.

이 모든 것을 말했지만, 상호 간의 즐거움이 필수적이라는 것을 잊지 말자. 대화를 하는 주된 동기는, 대화를 하는 것에 대한 보상이다.

시각적 '흥미'hooking-in

언어적 의사소통 리허설에 많은 중점을 두는 의사소통 안에서도, 모든 비언어적 순간들을 놓치지 않도록 하자. 대상이 당신에게 눈을 맞춘다든가, 당신의 얼굴을 본다든가 하는 순간들을 방심하지 말자. 고개를 끄덕거리거나 또는 눈을 크게 뜨거나 비언어적인 표현을 천천히 하는 것으로 '그 순간들을 표시'하자. 이 모든 것을 대수롭지 않게 여기지만, 유쾌하며 자연스러운 흐름 속에서 더 즐겁고 평범해진다.

즐거움

물론 인간의 의사소통은 재미있고, 충만하고, 즐겁고, 훌륭하다는 것을 잊지 말자. 노래하고, 운율 맞추고 소리치는 게임과 같은 상호작용 방법은 대상이 나이에 상관없이 참여하고 장난기를 만들어 내는 좋은 기회가 된다. 이러한 것들은 또한 언어 개발 환경의 한 측면으로 전 세계적으로 오랫동안 널리 사용되어 왔다. 그것을 놓치지 말자.

추가 읽기 및 자료

자폐증 및 집중적 상호작용: 다음 집중적 상호작용 연구소 숍에서 이용 가능한 교육용 DVD이다. www.intensiveinteraction.org ([그림 10-1] 참조).

Autism and Intensive Interaction: instructional DVD available from the Intensive Interaction Institute shop at www.intensiveinteraction.org (see the Tom video story).

American Psychiatric Association (2013). *Diagnostic and Statistical Manual of Mental Disorders: DSM-5.* Washington, DC: American Psychiatric Association.

Hewett, D. (2012). What is Intensive Interaction? Curriculum, process and approach. In D.

Hewett (ed.), *Intensive Interaction Theoretical Perspectives*. London: Sage, pp. 137–54.

Lakin, J. L., Jefferis, V. E., Cheng, C. M., & Chartrand, T. L. (2003). The chameleon effect as social glue: Evidence for the evolutionary significance of nonconscious mimicry. *Journal of Nonverbal Behavior, 27*(3): 145–62.

Malinowski, B. (1923). The Problem of Meaning in Primitive Languages. In Charles K. Ogden, & Ian A. Richards, *The Meaning of Meaning*. London: Kegan Paul, Trench and Trubner, pp. 296–336.

Moroza-James, S. (2014). *Learning through Social Connection*. Treating Autism. Available at: http://issuu.com/treatingautism/docs/ta_i.i._handbook_final_single_pages#signin (accessed 26 August 2017).

Senft, G. (2009). Phatic communion. In G. Senft, J.-O. Östman, & J. Verschueren (eds), *Culture and Language Use*. Amsterdam: John Benjamins.

관련 온라인 자료에 대한 웹링크는 pp. 9–10 참조.

제11장

가정에서 집중적
상호작용 실행

·

탠디 해리슨

개요

- 연결^{make connection} 방법 배우기
- 순간^{moments}과 장소 찾기
- 가끔 그는 몸 상태가 안 좋다
- 다른 가족들과 친구들
- 전문가와 관계 맺기
- 가족의 기록 보관
- '실천 공동체' 안의 부모

그들이 아이를 임신했을 때, 대부분의 사람들은 아마도 그 아이들과 미래에 저녁식사 자리에서 수다를 떨고, 케이크를 함께 굽고, 기차 세트를 펼치는 등 그 아이와 사랑스러운 일들을 하기를 기대할 것이다. 그 가능성은 끝이 없다. 만약 당신의 아이가 학습 장애가 있다면, 당신이 상상했던 것과는 매우 다른 양상으로 되어 갈 것이다. 당신은 아이가 간단한 부분에서도 여러분과 상호작용을 할 동기와 기술이 부족한 상황에 직면할 수도 있다. 부모에게 있어서 그것은 매우 고통스럽고 고립감을 느끼게 하는 것이다. 당신 스스로 아이를 돌보는 행위를 통해서 극복하려 하지만, 그들과 의미 있는 유대감을 느끼지 못하는 자신을 발견하게 될 것이다. 만약 그들이 전형적인 아이들처럼 놀거나 반응하지 않는다면, 어떻게 우리는 부모로서 우리 사이의 무엇인가를 형성할 수 있을까?

1. 연결 방법 배우기

그 외에 우리 부모들은 종종 서로 상충되는 조언과 선의에 찬 여타 치료를 접하게 되는데, 이는 어떤 것은 도움이 될 수 있지만 종종 우리의 주된 관심사, 즉 어떻게 우리 아이와 어떤 종류의 관계를 맺어야 하는지를 제시해 주지 않는 경우가 있다. 무엇보다도 우리는 아이와 유대감을 갖고 즐거운 시간을 보낼 수 있는 방법을 알고 싶다.

위험 중 하나는, 집중적 상호작용을 위한 시간을 확보할 때 아이와 라포(친밀한 관계)를 형성하려는 열망하에 우리는 충분히 긴장을 늦추지 않는다는 것이다. 우리는 결과를 원하며, 그것을 얻지 못하면 스스로 판단한다. 이것은 우리가 존재하고^{present}, 편안하고, 서두르지 않고 융통성 있게 많은 생각을 가지고 집중적 상호작용을 시도하려는 의도로 끝날 수 있다. 접근 방식이 원활히 되고 즐거워지기 위해 이는 필수적인 것이다.

그러므로 정신적 준비에 대한 4장의 팁은 여러분이 시작하기 전에 정말 도움이 될 것이고 다시 한번 읽어 볼 가치가 있다. 내가 조지(George)와 함께 그 접근 방식을 사용하기 시작했을 때, 만약 내가 집중적 상호작용을 위해 시간을 공식적으로 따로 내준다면, 나는 긴장이 덜 풀리고 상호작용이 잘 이루어지지 않는다는 것을 알았다. 나는 때때로 하루 중 이미 나의 아들과 함께 있을 때, 예를 들어 부엌에서 늦은 오후 간식 시간이나 트램펄린 위에서 또는 목욕 시간에 자연스럽게 발생되는 접근을 시도하는 것이 유용하다는 것을 알아냈다.

　　집중적 상호작용을 하는 것에 더 익숙해지면서, 나는 그와 함께 집에서 보내는 시간 중 집중적 상호작용을 사용하고 있다는 것을 알게 되었다. 때로는 아침 식사를 준비하는 잠시 동안, 때로는 방과 후 거실이나 침대 위에서 긴 시간 동안 사용한다. 중요한 것은 스스로 부담 없이 시도해 보는 것이다. 아이와 함께 시간을 보내며 함께 있고 집중적 상호작용을 따르는 것은 기분이 좋으며, 초기 단계에서는 비록 조금이지만 아이들과 더 가까워지는 느낌을 갖게 한다. 여러분은 아이와 '어울리면서' 작은 변화를 알아차리기 시작하고 그 사실을 점점 알아가게 된다. 접근 방식에 익숙해지면, 자연스럽게 여러분은 더 많은 사용 기회를 가질 것이다.

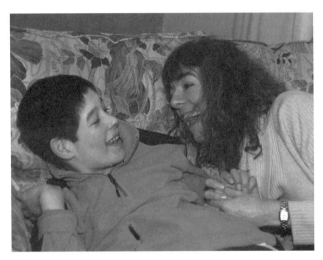

[그림 11-1] 말없이 농담 나누기

2. 순간과 장소 찾기

　　만약 당신이 아이와 함께 집중적 상호작용을 탐색하는 데 있어서 시작하는 방법을 잘 모른다면, 일이 너무 과하지 않을 때 또는 아이와 어떤 방식으로든 함께 있을 때 당신 가족의 하루 일상 중 시간을 정할 수 있을지 확인해 보자. 취학 연령 미만의 자녀를 둔 가족의 경우, 일반적으로 나이 있는 자녀를 둔 경우보다 더 쉽다. 특히 여러분이 가족 중 다른 아이들의 요구와 저울질을 하고 있다면, 등교날에 일대일 틈새 시간을 찾는 것은 곤란해진다. 처음에는, 여러분이 스스로 접근 방법을 시도할 때 다른 아이들이 숙제를 하거나 독립적으로 놀이를 하기 위해 자리를 뜨게 되면 기회(의 시간)windows of time를 갖도록 해 보자. 5분이면 충분히 시도해 볼 수 있다. 집중적 상호작용은 조정이 가능하다는 특성이 있기 때문에 기존의 가족 일상에 맞춰질 수 있다는 것을 뜻한다.

기저귀나 패드 교환 시간, 목욕 등 아이들 개인적인 요구에 주의를 기울이는 시간을 집중적 상호작용을 하는 자연스러운 기회라고 볼 수 있다. 목욕 시간은 나와 나의 아이가 다양한 상호작용을 하는 시간 중 하나였다. 때때로 우리는 목소리, 몸동작, 물 튕기기, 물 붓기, 욕조 두드리기 등을 섞은 긴 '대화'를 한다. 이제 그는 우리가 함께 놀 때 많이 눈을 맞추고, 미소 짓고, 웃는다. 이것은 내가 그의 엄마로서 우리의 관계가 확실하고 특별하다는 것을 깊이 느끼게 되는 시간이다. 사실 그가 그의 인생에서 오랫동안 누군가와 각기 상호작용해 왔던 것처럼, 나도 그와 또 다른 어른으로서 집중적 상호작용을 해 왔다는 것을 알아차렸다. 나의 우정이 본질적으로 다양한 것만큼 그도 자신을 위해 각기 다른 진정한 우정을 발전시키는 것이다.

주말과 공휴일은 더 다양하게 함께할 수 있는 기회를 제공하므로 여러분이 집 또는 다른 곳, 집안 또는 바깥, 즉 각기 다른 장소에서 접근 방법을 시도해 볼 수 있다. 여러분은 성장해서 독립적으로 살고 있는 아이의 부모일 수도 있다. 여러분은 그들이 집으로 오거나 그들을 방문할 기회가 있을 때, 집중적 상호작용을 할 수 있다. 집에서 아이들과 집중적 상호작용을 하는 부모로서, 우리가 경험할 상호작용의 유형은 아이들의 나이, 성격, 능력뿐만 아니라 개인적인 환경에 따라 크게 달라질 것이다. 어떤 부모들은 아이들이 조용하고 방해받지 않는 장소를 필요로 한다는 것을 알게 될 수도 있다. 만약 당신이 극심한 다중 학습 장애를 가진 누군가의 부모라면, 여러분은 아이와 조용한 시간을 보내고 눈 깜빡임, 호흡 또는 약간의 머리 움직임 같은 매우 미묘한 움직임에 귀를 기울이고 응답하는 것을 발견할 수 있다. 반면, 여러분의 아이가 신체적으로 매우 활동적이면, 여러분도 침대 위에서 많이 뛰거나 '거칠게 굴러떨어지는' 신체적 상호작용을 하는 것을 발견할 수 있을 것이다. 5장에서 제시된 학교 및 주거 환경에서의 집중적 상호작용 시나리오의 다양한 사례는 집에서 하는 우리들에게도 똑같이 적용된다.

호기심 차원으로 집중적 상호작용에 접근하는 것은 도움이 되므로, 두려워하지 말고 집의 다른 장소와 하루 중 다른 시간을 시도해 보아서 아이와 당신에게 가장 잘 맞는 시간이 언제인지 확인해 보자. 부모로서 하루 중 아이가 필요한 '휴식 시간'이나 피곤할 때

등 피해야 할 시간을 알게 된다. 만약 아이의 이동성이 제한되어 있을 경우, 여러분은 그들이 휠체어나 지지대가 있는 바닥 등 다른 자세에 있을 때 집중적 상호작용을 시도할 수 있다. 점차 여러분은 장소마다 달리해서, 당신이 반복하고 확충할 수 있는 상호작용의 레퍼토리를 정할 수 있다는 것을 알게 된다. 어떤 것은 매우 짧고 어떤 것은 훨씬 더 길어질 수 있다. 아이가 충분히 놀았을 때의 신호를 읽는 것을 기억하고, 아무리 즐겁더라도 계속해서 놀게는 하지 말자! 그 순간 나는 부엌에서 성대모사와 동작 모방과 같은 짧은 상호작용을 끝내고 노래를 하는 긴 상호작용을 하거나, 거실에서 공굴리기 그리고 침대에서 점프하고 노래 부르고 간지럽히고 게임을 짜내고 밖에서 트램펄린을 한다.

3. 가끔 그는 몸 상태가 안 좋다

아이와 함께 집중적 상호작용을 하면서 그들이 어떤 종류의 상호작용 일상과 게임을 좋아하는지 알고 있으면, 아이가 덜 반응하고 평상시보다 덜 상호작용하는 것처럼 이상하게 느껴지는 날이나 응답을 하더라도 짧게 하는 시기를 찾아낼 수 있다. 이것은 보통 몸이 좋지 않거나 아마도 병에서 회복된 후 또는 피곤함과 관련된다. 내가 이유를 몰랐던 아들과의 이러한 날들이 있었다. 그러나 이것은 우리 모두가 덜 사회적이 되는 날이다. 이것은 여러분의 상호작용이 조용하고, 단순하고 보통 때보다 덜 유대감을 가지게 되는 시기이다. 가끔 이런 날에 나는 아들 조지 옆에 누워 아주 천천히 손을 쓰다듬거나 손가락을 만지는 행동을 서로 한다. 이것은 내가 일상적으로 느끼는 상호작용의 종류와는 아주 다른 느낌이다. 만약 당신이 오랜 시간 동안 같은 대상과 상호작용 파트너가 되어 있다면, 상호작용의 속성은 그들의 기분, 건강, 당신의 위치, 그들의 관심사가 변화하는 패턴, 일 년 중 어느 시기인지에 따라 달라질 것이라는 것을 알게 된다. 예를 들어, 여름에 당신은 정원이나 야외를 훨씬 더 이용할 수 있다.

4. 다른 가족들과 친구들

나는 여러분이 상호작용을 시작하며 스스로 익숙한 느낌을 가질 때, 아이와 혼자 힘으로 있을 수 있는 시간을 찾으라고 언급했다. 일단 여러분이 그것에 익숙해지면, 자연스럽게 당신과 아이가 다른 사람들과 상호작용하는 방식과 같은 이러한 일상적 상황을 더 많이 사용하게 될 것이다. 주변 사람들, 특히 배우자, 파트너, 다른 자녀들 그리고 조부모 같은 다른 가까운 가족 구성원에게 왜 그런 일을 하는지 설명하는 것은 정말 좋은 생각이다. 내가 알아낸 가장 중요한 일은, 집중적 상호작용을 할 때 다른 사람들의 이해와 지원을 받는 것이다. 스스로 접근하는 것이 모두 다 편안하게 느껴지는 것은 아니다. 하지만 실제로 상호작용을 하는 가족에게 지원하고자 하는 태도가 중요하지는 않다. "행동이 말보다 더 힘세다actions speak louder than words."라는 격언을 우리는 다 알고 있다. 때때로 집중적 상호작용이 실행되는 것을 보고, 사람들 사이에 펼쳐지는 반응과 그로 인해 발생되는 연결 '버블bubble of connection'을 보는 사람들은 왜 여러분이 그렇게 하는지 이해할 것이다.

만약 다른 가족 구성원도 집중적 상호작용을 하길 원한다면, 훨씬 좋은 일이다! 가족 지원 전문가family support worker인 나로서는 나의 전문적인 인생에서 감동적인 순간들이 있었는데, 그것은 학습 장애를 가진 그들의 형제 자매들과 집중적 상호작용을 사용해서 성공하는 모습을 보았을 때였다. 외부인이 보았을 때는 이것이 다소 특이한 놀이처럼 보였을 수도 있지만, 그들이 재미와 단란함을 느낀다면 그것은 그리 중요하지 않다. 집에서 이 접근법을 사용하는 사람들이 갖는 이점은 아이가 더 많은 상호작용과 사회적 기회를 받고 다양한 사람과 더 긴밀한 관계를 맺을 수 있다는 것이다. 관계의 관점으로 보았을 때, 그들은 더 완전히 가정생활에 합류하게 될 것이라고 본다. 아이와 함께 집중적 상호작용을 하는 사람들은 경험과 통찰력을 공유할 수 있을 뿐만 아니라, 접근 방식을 사용함에 있어서 서로 지원할 수 있다.

여러분은 다양한 환경을 탐색하면서, 낯선 사람과도 집중적 상호작용을 사용해 볼 수 있다. 나는 나의 아들이 집중적 상호작용에 있어서 흥미가 솟아나는 곳이 수영장이라는 것을 알아차렸다. 또한 우리가 식당에서 음식을 기다리거나 체크아웃할 때 또는 대기실에서 기다릴 때 성대모사나 행동모사 게임 또는 상호적인 노래 게임을 하는 나 자신을 발견했다. 대부분 사람들은 이상하고 우스꽝스럽게 보여도 개의치 않는다. 항상 그렇듯이, 긴장이 풀리는 것 같을 때 집중적 상호작용을 해 보고 아이의 반응을 살펴보자.

집중적 상호작용을 사용하기 좋아하는 부모들로서는 그것의 옹호자(지지자)가 되는 것이 거의 불가피한 일이다. 왜냐하면 우리는 다른 사람에게 우리가 무슨 일들을 종종 하는지 설명해야 할 처지가 되기 때문이다. 남은 삶의 기간 중 최고의 시간에 장애를 가진 자녀와 다른 가족들을 돌보고 일을 하는 등 많은 일을 하는 것은 때로는 정말 피곤한 일일 수 있다. 우리는 또한 수년 동안 다양한 방식으로 우리의 아이들을 의미 있게 보살 필 것이라는 것을 알고 있다. 우리가 스스로의 에너지 수준을 유지할 수 있도록 우리 자 신의 요구를 인식하고 충전해야 하는 것들을 위해 시간을 갖는 것이 중요하다.

5. 전문가와 관계 맺기

만약 당신의 아이가 집중적 상호작용의 혜택을 받고 있다면, 가정 내에서 하는 일을 학교, 대학, 휴식 시간이나 주거 시설 스태프들뿐만 아니라 관련된 전문가들과 적절히 공유하는 것이 좋다. 만약 그 접근 방식이 아이가 진전을 이루고 더 포괄적인 경험을 쌓 는 데 도움이 된다면, 가능한 한 많은 것을 얻고 관련된 사람들과 일하는 것이 중요하다.

어쩌면 당신과 접촉하고 있는 전문가가 이미 경험이 풍부한 집중적 상호작용 전문가 일 수 있다. 만일 그것에 대한 확신이 없으면, 당신을 지원하는 사람이 집중적 상호작용 에 어떤 경험이 있는지, 그들이 과거에 공식적 교육을 받은 적이 있는지, 그들의 기관이 집중적 상호작용을 사용하는지 여부를 확인할 수 있다. 당신은 의사소통 정책 서류들을 요청하여 집중적 상호작용이 언급되었는지 알아볼 수 있다.

만약 그 관련된 전문가가 집중적 상호작용이 생소하다면, 그들에게 그 점을 지적하여 (13장 참조) 그들이 더 큰 그림을 그리며 어떤 교육 기회가 있는지 탐색할 수 있게 한다. 하지만 만일 당신의 아이와 작업을 시작하게 하고 싶으면, 가장 강력한 메시지는 여러분 자신의 이야기를 하는 것이고, 당신 아이가 집중적 상호작용을 통해 얻은 진전의 결과와 더 넓은 포용을 증명하게 될 것이다.

6. 가족의 기록 보관

부모로서 우리는 가능한 한 가족들과 평범한 삶을 영위하고 싶어 할 것이다. 우리는 더 친밀한 관계를 맺고 삶의 질을 높일 수 있게 하기 위하여 아이들과의 집중적 상호작용 을 선택하였다. 우리는 우리 아이가 이루어 낼 진전에 흥분할 것이지만, 가족의 입장(맥락)^family context에서는 그것을 기록하기 위해 메모를 하거나 비디오를 촬영하는 것에 우선 순위를 두지는 않을 것이다. 만일 당신이 시간 여유가 있다면, 비디오를 촬영하고 비형 식적인 노트를 매 순간 함으로써, 다른 사람에게 진전에 관한 귀중한 증거로 그것을 제 공할 수 있다. 만일 데이브 휴이트의 교육 날짜 중 하루라도 참가했다면, 당신은 비디오 가 얼마나 강력한 영향을 주는지 알게 될 것이다. 일련의 짧은 클립들은 진전을 추적할 수 있을 뿐 아니라 집중적 상호작용 수행에 대한 많은 것을 시사할 수 있다.

가능하면 자녀와 집중적 상호작용을 시작하기 전에 자녀에 대한 기본적인 비디오를 직접 촬영해 보자. 나는 한 학기에 한두 번 정도 비디오를 촬영하는 것을 목표로 하고 있 다. 여러분은 무엇이 현실적인 목표인지 생각해 내야 한다. 나는 부엌에도 파일을 보관 하고 날짜에 기록할 만한 것이 있으면 적어 둔다. 사실을 담아 노트(메모)를 간단하게 보 관하고 새로운 일이 생길 때 메모하려고 노력하자. 노트를 적어 내려가고 비디오를 촬영 하는 것은 무슨 일이 일어나는지, 무엇이 잘 작동되고 있는지 그리고 미래에 어떻게 다 르게 할 수 있는지에 대한 반추를 가능케 하는 자극이 되는 좋은 방법이다.

기록 보관과 비디오 촬영에 대한 더 많은 조언을 보려면 7장을 참조하자. 친구나 가족 구성원의 도움을 받아 비디오 촬영을 하는 것은, 그들이 그 기술에 관심이 있고 여러분이 DVD에 수록함으로써 시간을 절약할 수 있는 경우에 효과적일 수 있다. 무엇보다도, 그 것에 대한 균형감을 유지하고 너무 무리가 되지 않게 스트레스받지 않기를 바란다.

다른 사람들은 가끔씩 새로운 아이디어와 작업 방식에 개방적이지만, 항상 그런 것은 아니다. 당신이나 당신 자녀에게 지원을 하는 사람들이나 서비스 기관이 관심을 보이지 않으면, 그들과 긍정적 관계를 유지하는 것에 힘쓰길 바란다. 정중하되, 적극적이고 꾸 준한 태도를 취하길 바란다. 가능하다면 비디오 및 서면 증거를 가지고 당신 자녀를 위 한 집중적 상호작용의 이점에 대해서 미팅에서 계속 이야기하자.

7. '실천 공동체' 안의 부모

집에서 집중적 상호작용을 하는 것은 학교나 주거 시설에서 다른 스태프들과 함께하 는 것과는 매우 다르다. 만약 여러분이 그것을 직업의 일부분으로 여긴다면, 당신은 연 습^practice에 대해 성찰하고, 아이디어를 나누고, 추가적인 교육을 받을 비공식적 내지는 공식적 기회를 얻게 될 것이다. 비록 다른 가족 구성원 및 가족과 관련된 다른 사람들이 그 접근 방식을 취하여 사용한다 해도, 일반적으로 이에 대한 사용의 시작은 비공식적인 트레이너, 조언자 그리고 주최자인 부모가 하는 것이다. 다른 부모나 전문가 등 다른 곳에서 집중적인 상호작용을 사용하는 사람들을 만나는 것은 우리에게 좋은 일이다. 서로 경험을 나누고 조언을 주고받으며 더 배우는 것은 도움이 된다. 13장에서는 다른 집중적 상호작용 실무자와 연결할 수 있는 방법에 대한 정보를 제공한다.

여러분은 가정에서 비공식적으로 지원 네트워크를 구축하여 당신 자녀와 비슷한 상호작용 접근 방식을 사용하는 사람들과 아이디어를 나누고 실무에 반영할 수도 있다. 나의 경우에는 나의 남편, 우리를 도와주는 고용인, 우리에게 휴식 시간을 주는 자원봉사자들 그리고 집으로 오는 음악 치료사와 아들 조지에 대해 함께 이야기를 나눈다.

조지를 도와주고 있는 '지원 서클'에 대해 생각하면, 그들은 모두 집중적 상호작용을 통해 구축된 관계들이다. 즉, 그들은 조지가 누구인지, 무엇을 좋아하는지, 어디를 가고 싶어 하는지 그리고 그를 웃게 하는 것이 무엇인지 알고 있다는 것이다. 그는 이제 열세 살이고 나는 그의 미래를 바라보면서, 그와 함께 작업하는 사람들이 집중적 상호작용에 대해 이해하고 우선적으로 사용하며 그의 삶의 질이 이러한 관계에 의해 계속해서 반드시 향상되도록 노력하고 있다.

제3부

이슈, 주제 및 커뮤니티

제12장

일부 관련 이슈 및 주제

데이브 휴이트

개요

- '연령 적합성' 및 발달 적합성 age-appropriateness and developmental appropriateness

- 신체적 접촉

- 비디오 기록 사용

- 도전적 행동 challenging behaviours

  − 집중적 상호작용은 대상의 도전적 행동 이로운 영향을 주는가?

  − 도전적이거나 폭력적일 수 있는 대상과 어떻게 집중적 상호작용을 하는가?

1. '연령 적합성' 및 발달 적합성

우리의 작업 분야에서는 수년 동안 '연령 적합성'이라는 개념을 채택하는 경향이 있어왔다. 그것은 예전만큼 두드러지지는 않는 것처럼 보인다. 아마 모든 서비스(기구)들은 그들의 가치와 관행에 대한 재고를 깨달은 것처럼 보인다. 하지만 모든 실무자가 여전히 다음과 같은 방식의 가장 저급한crudest 형태의 개념을 접할 수 있다는 것은 분명하다.

극심한 학습 장애를 가진 사람들은 그들의 생활 연령(실제 연령)chronological ages에 준하는 경험만 가져야 한다.

물론 이런 관점으로 인해 일어나는 관행을 운영하는 매니저들이나 실무자들이 사회적 약자를 존중하고 존경을 나타내는 등 칭찬할 만한 동기들을 갖고 있다는 것은 의심의 여지가 없다.

하지만 우리 또는 다른 많은 사람이 종종 극심한 학습 장애를 가진 사람들을 심각한 결과severe consequences로 보는 문제가 있다. 투표권이 있는 성인 시민이 그들의 개인적인 소유물을 빼앗기는 것, 그들이 표현하는 욕망과 바람을 고려하지 않는 스태프, 그녀 또는 그가 이해하지 못하는 방법을 사용하여 의사소통을 실패하는 스태프, 상대방에게 편안함과 안심을 주지 않는 스태프, 어떤 식으로든 대상과 놀이를 하지 않으려는 스태프, 기본적으로 내면의 사람inner person을 인정하지 않는 스태프의 행동 등의 이슈가 발생한다.

집중적 상호작용은 이러한 이슈들을 둘러싼 사고방식에 긍정적인 영향을 미치는 것으로 보인다. 그 대상이 발달적으로 어느 '위치'에 있는가는 그들의 생활 연령보다 더 중요한 이슈라는 인식과 수용이 현실적으로 증가하고 있다. '연령-적합성'의 명목으로, 서비스는 내면의 사람의 발달상 실제 모습을 지속적으로 고려하지 못했다. 이것은 말이 안 된다. 특히 의사소통 작업의 경우 그러하다. 만약 의사소통 일상이 발달적으로 그 대상에게 적절하다면, 그런 일은 일어나지 않는다.

모든 배경 서적(문헌)literature과 연령-적합성age appropriateness(AA)에 대한 연구를 읽기 위하여 약간의 조사를 하는 것은 흥미로운 일이다. 여기에 몇 가지 놀랍고 흥미로운 결과가 있다.

- 나는 우리 분야의 문헌 중 이 주제에 관한 문헌을 거의 찾을 수 없다.
- 이 주제는 유명한 저자들에 의해 쓰인 SLD와 자폐증에 대한 '위대한 책$^{big\ book}$'이다.
- 또는 SLD 커리큘럼에서 다루어지지 않았다. 이는 그럼에도 불구하고 일부 저자들은 연령-적합성에 대한 열렬 지지자임을 공언하는 경우가 있다.
- 나는 AA in the Office for Standards in Education(OFSTED) 규약에 대한 언급을 찾을 수 없다. 나는 조사원들이 AA를 바탕으로 비판을 할 때, 그것은 개인적 선호라고 간주한다.
- 사회 복지 조사단의 경우에도 이와 비슷한 입장이다.
- 연령-적합성은 정상화 철학이나 이론화(논리)^{theorising}의 측면이 아니다. 반대로, 니르제(Nirje) 같은 오리지널(독창적인) 이론가는 학습 장애를 가진 사람들을 정상적으로 보이게 하려는 노력에 당황했다. 니르제와 다른 사람들은, 정상화란 정상적 경험을 갖게 하는 것이지 정상의 개념 자체를 조작하는 것은 아니라고 했다.

 스태프 관행을 지원하는 정책 또는 지침을 위한 연령 적합성에 대한 서술 제안

일상적인 작업 관행^{practices} 및 관행의 문서화를 하는 데 있어서, 투표권 있는 성인으로서 개인의 생활 연령과 지위를 고려하는 작업 관행을 갖는 것은 중요한 일이다. 이러한 관행은 가능한 한 개인의 능력과 이해를 염두에 두고, 투표권 있는 성인으로서 스스로 인식과 이해를 증진시킨다.

하지만 동시에, 반박이나 역설$^{contradiction\ or\ paradox}$을 전혀 느끼지 못한 채 스태프 구성원은 대상이 인지적으로, 심리적으로, 감정적으로 그리고 의사소통적으로 어느 위치에 있는지 고려할 수 있는 관행과 활동을 제공해야 한다. 이 일을 실패한다는 것은 진정 내면의 사람을 배려하고 접촉하는 것을 실패하는 것이다.

이상의 내용들을 성취한다는 것은 매우 복잡한 작업이고 그렇게 보일 수 있다. 이것은 스태프 구성원이 대상을 바라보고 활동과 경험을 제공하는 방식에 있어서 균형과 차별화를 주는 것을 의미한다. 활동과 경험은 그 대상의 특성에 맞춰진 다양한 활동과 또 다른 측면을 다루는 활동과 함께 온종일 균형을 이루어야 한다. 종종 동시에 모든 측면을 다루는 경험과 활동을 촉진시키는 것이 가능할 수도 있다.

대상을 위한 균형적인 활동의 다양성을 이루는 데 있어서, 각 개인 대상마다 다른 균형 축^{set}이 있다는 것을 기억하는 것은 중요하다.

나는 일부 입증되지 않은(일회적인)anecdotal 증거(말 그대로, 내가 말하고 들은 내용, 글로 된 것이 아닌)가 있다고 생각한다. 그것은 고도의 학습 장애(높은 능력의 학습 장애)high-ability learning difficulties를 가진 대상에게 그들의 생활 연령에 맞는 치료가 이루어지면 그들 자신과 그들의 자아상 향상에 도움이 된다는 것이다. 이것은 논리적으로 보인다. 하지만 나는 그들이 제공받지 못하거나 촉진받지 못한 발달적 경험, 특히 놀이를 둘러싼 더 많은 이슈가 여전히 있다고 생각한다. '더 능력 있는' 사례에서라도, 실제로 인지적·심리적·감정적 '증거'는 과연 존재하는가?

그러므로 연령 적합성은 실제로 일종의 '정치적으로 올바른' 반복을 통해 어떤 영향력과 인기를 얻은 모호한 개념이다. 그것은 적절한 기본을 갖추고 있지 않다. 그것은 우리의 문헌을 통해 뒷받침되지도 않았고, 조사나 연구가 이루어지지도 않았다. 정의나 철학은 학습된 방식으로learned fashion 정리되지도 않았다.

우리는 우리의 관행에서 하는 모든 작은 일들이 증거에 기초하고 연구/조사에 의해 뒷받침되어야 한다는 것을 제안하는 것은 아니다. 이것은 스태프의 상식과 일반적인 경험을 부정하는 분명히 옹호할 수 없는 입장이다. 하지만 AA의 개념은 수년간 서비스 이용자들의 삶에 매우 광범위하고 근본적인 영향을 미쳤다(특히 성인 서비스에서 유의미하게). 이 경우에 일어나는 관행은 심리학적·철학적으로 인용된 출판물에 의해서만 입증되는 절대적으로 강제적이고 윤리적으로 당연한 것이다. 하지만 이처럼 되지는 않았다.

나는 결코 절대 AA 정책에 대한 서면 내용을 본 적이 없다. 특히 성인 서비스에서는 모든 관행을 정책으로 다루는 것이 필요한 것으로 보인다. 그러나 연령-적합성은 아니다. 나는 연령-적합성에 대한 열렬 지지자age-appropriateness enthusiast에게 그러한 정책을 만들라고 요구하는 것은 흥미로운 관행이라고 생각한다.

실무자들이 '연령-적합성'이라는 용어를 사용할 때는, 나는 그들이 현실을 모른 채 잘 알려지고 정당하게 작업 정책으로 수립된 것으로 생각하여 대수롭지 않게 쓰는 것이라고 느낀다.

2. 신체적 접촉

몇 년 전, 중한 학습 장애를 가진 사람들과의 작업 분야에서 폭력(학대)abuse과 보호에 대한 일반적인 걱정^{anxiety}이 절대적인 '노 터치' 정책으로 흘러가는 것처럼 보였다. 그러한 경향은 글을 쓰는 시점에서는 줄어드는 것 같다. 연령−적합성과 마찬가지로, 근래의 집중적 상호작용은 이 이슈에 대해 긍정적인 역할을 한 것으로 보인다.

집중적 상호작용 작업에 종사하는 사람들은 항상 학생, 서비스 이용자 그리고 스태프들을 위한 적절한 보호 절차의 필요성을 인식하고 지지해 왔다. 다음은 확실한 실제 우려 사항이다.

- 무심코 신체적으로 성숙한 대상에게 성적 흥분을 자극하는 것
- 관찰자에 의해 여러분의 의도가 잘못 해석되어, 폭력(학대)으로 고발되는 것
- 모든 일이 걷잡을 수 없게 되며 그 대상은 '집착함'
- 신체적 접촉은 과도한 감정적 유대감을 갖게 함

앞에서 설명한 잠재적 문제들은 마음에 새기고 때로는 해결해야 한다. 여기에 글을 쓰는 저자들은 만지거나 또는 만지지 않거나 그것이 간단히 해결될 수 있는 단순한 문제가 아니라는 것을 완전히 인식하고 있다.

하지만 우리는 우리가 지원하고 있는 대상이 절대적으로 평범한 인간적인 발달상의 이유로 단순한 인간적 접촉을 원하고 필요로 할 수 있다고 주장해 왔다. 함께 일하는 스태프와 팀의 개별 구성원은 항상 그들이 지원하는 대상들의 복잡한 상황과 각 개인에게 사려 깊게 대응해야 할 필요성에 놓여 있다.

이러한 인간적인 현실은 최근 아동 보호 단체^{child protection bodies}에 의해 알려졌는데, 아동 보호에 대한 그들의 권리와 적절한 작업이 있음에도 불구하고 많은 부모가 더 이상 그들의 아이들을 제대로 또는 충분히 만지고 양육하지 못하는 불안한 상황에도 영향을 줄 수 있다고 우려하게 되었다[241페이지의 이유 (근거)^{rationale} 참조].

최악의 시나리오는 '노 터치' 규칙의 만연(확산)일 것이다. 우리는 이것이 재앙이 되리라고 느낀다. 아직 매우 초기 발달 단계에 있는 각각의 성인 또는 아이에게 이것은 심리학적으로, 감정적으로 또는 의사소통적으로 개인적인 재앙이 될 것이다. 그러나 우리는 이것이 우리 분야와 우리 사회에도 재앙이 될 것이라고 제안한다. 인간의 복잡성을 다루는 우리의 접근 방식은 제도적으로 그것을 무시하는 것이다.

이유(근거)

접촉은 우리가 지원하는 아이들이나 젊은 사람들에게 민감한 양질의 돌봄을 제공하기 위해서는 필수적인 것이다. 우리가 돌보는 아이들이나 젊은 사람들에게 맥락(내용)context 안에서 공감을 가지고 사용되는 접촉은 자연스러운 상호작용의 발달을 촉진시킨다.

스태프는 종종 다양한 이유로 접촉을 하는 것에 걱정과 두려움을 갖고 있다. 이 정책은 접촉에 대한 이유와 조건을 명확히 하기 위해 정리된 것이다.

[집중적 상호작용 웹사이트에서 볼 수 있다. '접촉에 대한 견본(표본)specimen 정책'에서-www. intensiveinteraction.org-내려받기가 가능한 자료]

다시 한번 말하지만, 신체 접촉 문제에 대한 지침을 위해서 우리 작업 문헌을 연구할 때 얼마나 적은 자료가 나와 있는지는 불미스러울scandalous 정도이다. 우리 분야에서 일반적으로 이에 대한 연구 토론도 없었고, 저널 기사도 없었고, 우리 작업에 대한 대단한 책에서도 실제로 다루어지지 않았다. 많은 서비스에서 스태프들에게 이러한 문제에 대해 적절하고 긍정적인 지침을 제공하는 것을 여전히 주저하는 것 같다. 집중적 상호작용에 관한 저자들에 의해 어떠한 문헌이 있는지 주로 정리되었으며, 아주 조금씩 증가하고 있다(이 장 끝부분의 '추가 읽기 및 자료' 참조).

자, 이제 긍정적이 되어 보자. 이 이슈에 대해 우리가 적극적으로 할 수 있는 일은 무엇인가? 다음은 몇 가지 제안 사항이다.

- 연습(실습)할 때 항상 주의해야 한다는 것을 인식하고 애로 사항과 지침 등을 고려해야 하지만, 또한 인간적이어야 한다.
- 이야기해 보자. 여러분의 팀 또는 매니저와 이 주제를 가지고 평범하고 인간적인 논의를 해 보자. 이 문제가 '언급할 수 없는' 중대한 문제가 되지 않도록 하자.
- 이 논의를 위해 자료를 충분히 읽어 보자.
- 팀 및 매니저들과 함께 이러한 보호 장치safeguarding 지침과 인간 상호작용의 의미 있는 측면을 긍정적으로 보여 주는 지침의 필요성에 대해 논의해 보자(예: '보호 장치 지침에 대한 제안' 참조).
- 지침서를 작성하거나 이미 작성된 일부에서 차용하자. 그리고 나서 여러분의 작업장에서 생생한 작업 문서로 보관하자.

- 만일 '노 터치' 정책이 있다고 말하는 사람이 있으면, 정책을 확인하라고 요청해 보자. '정책'은 기록된 경우에만 정책이다. 기록되어 있지 않으면, 그저 누군가의 관점일 뿐이다.

 보호 장치 지침에 대한 제안

- 왜 당신이 그렇게 하는지 알아보자. 신체적 접촉을 사용하는 목적을 토론과 생각 그리고 심리학적 및 발달적 문헌을 통해 식견을 쌓자.
- 대상의 동의를 구하자. 대상과 신체적 접촉을 하는 것과 관련된 일반적인 관례를 따르자. 만약 여러분이 접촉의 동의를 거의 구하지 못했다면, 몇 단계 전으로 돌아가서 기꺼이 동의를 얻기 위해 노력하자. 최소한 신체적 접촉은 기본적인 관리(돌봄)를 위해 필요한 것일 수 있다.
- 여러분의 관행practice을 논의하고 설명할 준비를 하자. 무엇보다도 우선적으로 이와 같이 식견을 쌓자.
- 문서–학교 커리큘럼 문서 또는 작업장 브로슈어로 인정을 받자. 학교 또는 작업장의 문화와 작업 관행은 커리큘럼 문서 또는 작업장 브로셔로 인정을 받고, 이는 신체적 접촉이나 접촉의 목적에 대한 설명이 포함될 것이다.
- 문서–대상의 개인적 프로그램에서도 인정받도록 하자. 자신감을 갖자. 신체적 접촉이 교육적으로나 발달적으로 개인의 요구를 충족시킨다면, 그 대상과의 작업을 진행하기 위해 작성된 문서에 이를 명시하자.
- 조직적이고 감정적인 훌륭한 팀워크를 갖자. 팀워크 관행은 문자 그대로 스태프들이 팀에서 함께 일하며 스태프나 학생들이 혼자가 되지 않도록 하는 것이다. 팀워크 정신에는 작업에 있어서 신체 접촉의 사용에 대한 방향을 포함하여 작업의 감정적 측면에 관한 스태프 간의 훌륭한 토론도 포함되어야 한다.
- 신체적 접촉의 사용은 공개적이고 주기적으로 논의되어야 한다. 은밀함furtiveness이나 '숨겨진(비밀의)hidden 커리큘럼'이어서는 안 된다. 교육 기술의 중요한 측면은 명백히 공개 토론과 연구의 대상이 되어야 한다.
- 가능한 경우, 다른 사람을 참석시키자. 스태프나 학생들을 위해 최선의 기본 보호 장치는 신체적 접촉이 사용될 가능성이 있는 경우에 다른 스태프로 하여금 방에 있도록 하는 것이다.

3. 비디오 기록 사용

일부 서비스에서는 비디오를 사용하는 데 있어 주저함이 있을 수 있다. 우리는 비디오 기록이 전혀 없거나 사진조차도 찍을 수 없는 서비스들을 만났다. 대상들이 말로 동의를 얻을 수 없는 경우에 그렇다. 이것은 다소 극단적으로 보인다. 어디서든 촬영할 수 있는 비디오 카메라가 있음에도 불구하고, 서비스 사용자들을 커뮤니티 밖으로 데리고 나가지 않는 서비스는 없다.

때때로 비디오가 특별히 취약한 성인층에 대한 보호 법률^{protection of vulnerable adults(POVA)} ^{legislation} 및 국가 지침에서 언급하고 있지는 않지만, 이러한 주저함(거부감)^{reluctance}은 성인 취약층 정책에 대한 해석에서 기인한 것으로 보인다.

대상과 하는 커뮤니케이션 작업을 강화하기 위해 우리가 비디오를 사용하는 것은 그 사람의 최선의 이익에 명백하고 자명하게 도움이 된다고 제안하는 바이다. 마찬가지로, 우리는 일반적으로 그들에 대한 회의를 열고 그들의 명시적 동의 없이 서면 기록들을 보관하는 것은 그들에게 최고의 이익이 된다고 판단하는 바이다.

그렇더라도, 스태프나 서비스의 각 구성원들이 이 문제를 적절한 책임감과 적절성을 가지고 다루지 않아도 된다고 제안하는 것은 아니다. 우리는 다음에 제공된 간단한 지침을 당신이 따르기를 제안하는 바이다.

- 여러분의 서비스 서면^{written} 정책과 지침서를 확인할 것을 요청하자.
- 만약 서비스가 서면으로 된 절차나 지침서가 없다면, 함께 작성할 것을 제안하자.
- 반드시 지침서의 적절한 절차를 따르자.
- 반드시 데이터 보호 규칙을 준수하자.
- 비디오 데이터는 안전하게 잠금 키로 저장한다(절대 집으로 가져가면 안 된다).
  - 그것을 볼 필요가 확실히 있는 시기 동안에만 보관한다.
  - 비디오를 시청하는 것은 서비스 이용자에게 최선의 이익을 줄 수 있으며 확실하고 명확하게 '시청의 필요성'이 있는 사람들에게만 제한되어야 한다.
- 절대로 휴대 전화의 비디오 기능을 사용하지 말자(근무 시간 중에는 절대 여러분의 휴대 전화를 켜지 말자).

우리가 대부분의 초기 연구에서 가졌던 멋지고 복잡한 부모−유아 상호작용에 대한 이해는 비디오 녹화 분석을 통하여 이루어졌다. 적절하게 잘 사용된 비디오는 우리가 함께 일하는 각 사람들의 삶의 질을 크게 향상시킬 수 있는 잠재력을 지닌다.

4. 도전적 행동

집중적 상호작용 세미나와 워크숍에서 주로 나타나는 도전적 행동에 대한 질문은 크게 두 가지가 있다. 각 항목을 간단히 차례로 다루어 본다.

1. 집중적 상호작용은 대상의 도전적 행동에 이로운 영향을 주는가?
2. 도전적이거나 폭력적일 수 있는 사람들과 어떻게 집중적 상호작용을 하는가?

집중적 상호작용은 대상의 도전적인 행동에 이로운 영향을 주는가?
다음과 같은 선언으로 시작해 보자.

"행동의 어려움은 의사소통의 어려움이다."

자, 그것은 아마도 뭔가 지나친 단순화 내지는 일반화일 수 있지만, 그럼에도 불구하고 집중적 상호작용 공동체의 경험으로, 그 선언 안에 기술적인 현실을 뒷받침하는 튼튼한 논리가 있는 것으로 보인다. 몇 번이고 되풀이해서 만약 여러분이 어느 대상의 의사소통 능력과 발달에 도움을 준다면 (기본적이거나 정말 정교한 수준으로) 그 대상이 행동하고 세상에 보여 주는 방식에는 유익하고 긍정적인 보상이 따른다는 것을 발견할 수 있다. 물론 어느 대상의 의사소통 능력과 발달에 도움을 준다면, 우리는 그들 내적인 자아의 다양한 측면을 돕고 있는 것이 된다.

한 단계 더 나아가서 우리의 주장을 펼쳐 보자. 우리 분야에서 일어나는 '도전적 행동'에 대한 고려가 점점 더 많은 깨달음으로 다가오는 것 같다. 집중적 상호작용이 우리가 관심을 가지는 사람들을 대신하여 점점 더 나은 사고를 하도록 기여하고 있다고 믿는다. 확실히 우리는 '도전적 행동'을 하는 대상과 일하는 것에 대해, 이를 단순히 그들의 '행동'

을 변화시키고 조정하는 과정으로 생각해도 되는 단계를 넘어섰는가? 그것은 그 대상의 행동에 관한 것이 아니라, 그 사람이 행동하는 방식은 그들의 내면 상태의 기본적인 표현이고 그들이 처해 있는 환경의 요구에 의해 그들에게 제시되는 도전이다. [그림 12-1]은 집중적 상호작용과 도전적 행동 간의 관계를 종종 논의하는 데 사용되는 이러한 상황에 대한 비전을 세미나에서 제시한 것이다.

> 우리는 느낌, 감정, 생각, 인지, 심리학적, 발달의 의사소통 수준, 내면 상태와 일반적 존재 방식을 가진 사람들과 작업을 한다. 그들은 처해 있는 환경과 충돌할 수 있고, 불행하고, 두려움을 느끼고, 스트레스를 받고, 불안하고, 혼란스럽고 화를 내는 등 나머지 사람들이 주변에 있기가 어려운 상황을 만들어 낸다.
> – 데이브 휴이트(퀸즐랜드 특수 학교 리더들을 위한 세미나, 2016년 2월, 브리즈베인 QLD)

[그림 12-1] 도전적 행동을 하는 사람들과 함께 일하는 것은 '행동'에 관한 것이 아니다.

이 서술statement은 집중적 상호작용을 하면서 나타나는 사람 중심의 가치 시스템을 심오하게 표현한 것이다. 하지만 이것은 또한 일부 기술적 이해에 대한 지침이기도 하다. 만일 우리가 인간 행동의 원인을 찾을 수 있다면 매우 멋진 일일 것이다. 그런 다음 (우리 작업의 가장 거친 표현으로) 우리는 원인에 대해 무언가를 할 수 있고 그 행동은 사라질 것이다. 과거의 사람들의 행동에 대한 대부분의 연구가 그 열망에 있어서 이와 비슷한 것처럼 보였다.

불행하게도, '원인'이 존재하지 않기 때문에 우리는 이 염원이 가능하지 않다는 것을 확실히 깨달았다. 즉, '원인'은 단독으로 존재하지 않는다. 사람들은 그들이 하는 것처럼 세상과 관련을 맺는다. 왜냐하면 다양하게 다른 요소들이 모여서 각기 다른 상황에서 다른 시간에 사람들이 행동하는 방식을 만들어 내기 때문이다.

보다시피 [그림 12-2]는 이러한 전망을 간단히 요약한 것이다. 그것은 완전한 것이 아니다. 각 요소들은 두 가지 차원으로 나뉘는데 '개인적인', 즉 모든 것이 대상의 내부에서 일어나는 것 그리고 '환경적', 즉 대상의 주변에서 일어나는 모든 것이다. 물론 우리는 대상의 개인적인 요소들과 그들이 처한 환경 사이의 상호작용이나 충돌을 시각화해서 볼 수 있고, 우리가 좋아하지 않는 행동들이 나타날 수 있다. 요인 목록은 각 대상과 함께 사람 중심의 작업을 생각하고 계획하기 위한 프레임워크(틀)를 제공한다. 그녀/그가 세상

개인적 요인	환경적 요인
체질적 또는 생리적 사례 • 예를 들어, 자폐증, ADHD같이 삶을 어렵게 할 수 있는 진단 상태 • 행동에 직접적으로 영향을 주는 것으로 생각되는 유전적 상태 • 호르몬 상태 • 배고픔[매슬로(Maslow)의 1단계 욕구] • 알러지 • 뇌 손상 • 마약 정책 • 병 • 뇌전증 • 정신병	**물리적 환경의 질 사례** • 조명 • 음향 시설 • 소음 수준 • 사용 가능한 공간 • 습도 • 난방 • 색상 자폐증이 있는 사람들을 위한 중요한 문제들
성격 및 캐릭터 사례 • 외향성 또는 내향성의 극단 • 정서적 상태/ 내적 고통 • 관계 '각본script' • 유머 감각 • 변덕스러운 기분 • 각성 패턴 • 대처 유형(자신의 감정에 대처하는 능력) • 편견	**사회적 환경의 질 사례** • 일반적인 사회적 복잡성 • 충분히 복잡하지 않은(자극적이지 않은) 환경 **지속적 무력감 사례** • 목표가 무력화된 상태 • 참을성과 능력 밖의 활동에 대한 참여 기대 • 결정 능력의 부족 • 본인 행동에 대한 선택 능력의 부족 • 규정 준수 및 순응에 대한 스태프의 강조 • 대치 및 성패 시나리오에 대한 스태프의 의존도 • 스태프의 개입으로 지속적으로 조사되는 행동
자아감 사례 • 자존감self-esteem: 스스로 '함께하기에 좋은'사람으로 가치 부여하지 않음 • 자기관self-view: 예를 들어, "나는 이런 사람이다." – 스스로를 어렵거나 거친 사람으로 바라봄 • 자기 인식 정도degree of self knowledge • 불충분한 잡담 제공(의례적)phatics	**예측 불가능한 사건 사례** • 깜짝 놀람/궁지에 몰림 • 주변에서 일어나는 일에 대한 이해 부족 • 다른 대상들의 감정의 폭발
의사소통의 어려움 사례 • 언어를 사용하거나 이해할 수 없음 • 언어 표현의 어려움 • 타인을 이해하는 데 어려움. 예를 들어, 청각장애deafness • 불충분한 잡담 제공(의례적)	**타인들의 높은 기대 사례** • 항상 '착하게' 행동할 것 • 항상 생활 연령에 맞게 행동할 것 • 달성할 수 없는 목표를 설정하는 스태프 **모든 의사소통의 어려움 사례** • 자신의 의사소통 능력 수준에 미달함 • 스태프와 의사소통의 부족 • 스태프 간 의사소통의 어려움 • 기타 등등
아직 초기 발달 단계 사례 • 아직 초기 발달 단계에 있으나, 준비가 다 된 신체 상태 • 초기 발달 경험이 아직 필요하지만, 그것을 겪지 못함 • 이해할 수 없는 성적인 욕구 • 아직 기본적인 안전 욕구와 사회적 욕구를 갖고 있음 (매슬로 2 & 3단계)	

[그림 12-2] 어렵거나 도전적인 행동 발생에 있어 가능한 요인들

을 대하는 방식에 어떤 요소들이 작용하고 그러한 요소들을 해결하는 데 우리는 어떤 도움을 지원할 수 있는가? 이것은 그 대상의 행동에 대한 더 인간적이고 지적으로 현실적인 접근 방법이다. 내면의 사람$^{inner\ person}$을 발달시키기 위해 긍정적으로 작업한다. 단순히 행동을 변화시키거나 수정하는 것에 초점을 맞추는 것은 이제 원시적인(초기의)^{primitive} 관점(전망)으로 보인다.

우리 학생들과 서비스 이용자들에게, 그들이 하는 의심할 여지없는 한 가지 핵심 요소, 반응하는 방식, 그들이 세상을 이해하는 방식 그리고 그들 주변에 일어나는 일 등 주요 개인적 요인이 있다는 것을 가시화하는 것은 쉽지 않은 일인가? 그렇다, 의사소통의 어려움이 있다. 사실, 어디서나 언제나 우리 모두에게 해당되는 것 아닌가? 대인 관계의 마찰, 분노, 충돌, 비효율적인 관계 심지어 폭력까지, 핵심은 의사소통의 어려움이다.

물론 우리는 이 책을 통하여 우리가 관심을 갖는 대상들에게 미치는 의사소통의 어려움이 그들에게 어떤 영향을 주는지 더 구체적으로 이해할 수 있다.

- 의사소통 문제는 매우 좌절감(불안감)^{frustrating}을 준다.
- 의사소통 문제는 당신이 그 문제를 겪고 있다는 것을 알고 있을 때 더 심하게 좌절 감을 준다.
- 인간은 유전적으로 풍부하고 충족되는 방식으로 의사소통할 수 있는 잠재력을 갖도록 '프로그램'화되어 있고, 이 목적을 달성하기 위한 많은 에너지를 가지고 있다. 의사소통을 할 수 없을 때에도 그 에너지는 존재한다.
- 의사소통의 발전은 행동을 구성하고, 조직하고, 조정하고, 통제한다.
- 의사소통의 능력 없이는 느끼는 대로 행동할 가능성이 높다.
- 의사소통 능력은 이성, 통찰력, 합리성을 가능하게 한다.
- 의사소통과 관계 맺음의 어려움은 대부분의 사람들에게 행동 방식이 공유되고 사회화되는 데 더 어렵다는 것을 의미한다.
- 의사소통의 발달은 보통 '의사소통의 기초 (2)'에서 설명되는 감정적 및 심리적 발달에 동시에 접근하게 한다.

다음 목록을 살펴보자. 의사소통 능력은 우리의 모든 행동과 삶의 방식에서 중요하고, 기본적이고 지대한 영향을 미친다. 상단의 마지막 요점은 4장에서 설명된 '의사소통의 기본 (2)'에 대한 내용이지만, 반복할 필요가 있다.

- 다른 사람이 신경을 쓴다는 것을 알고, 신경 쓰는 법을 배움
- 다른 사람과 함께하는 것을 즐김-연결, 유대감, 등등
- 애착, 조율
- 자기 안전, 안전감, 안심, 진정감
- 자존감, 자아감
- 자신의 감정을 파악하고 다른 사람에게서도 찾는 것
- 점차적으로 감정을 이해하는 것
- 신뢰, 등등
- 공감, 다른 사람이 어떻게 느끼는지 이해하고 신경 쓰는 것
- 우뇌 발달 (초기 정서적 학습은 훗날의 고도 기능을 위해 뇌의 영역을 준비한다)

[그림 12-3] 의사소통의 기초 (2) 정서적 · 심리적 발달

*출처: Bowlby (1953)를 기반으로 Lamb et al. (2002); Schore (2003).

우리 모두에게 이러한 발달이 얼마나 중요한지 쉽게 추측할 수 있지 않은가? 또한 영유아기에 이러한 발달을 이루지 못한 채 완전히 성숙한 성인 신체를 가지고 살아가게 된다면, 그 결과를 예측하는 것도 쉬울 것이다.

4장에서 설명한 바와 같이, 집중적 상호작용의 원래의 목표와 결과 영역으로 정의되지 않았다. 원래의 결과는 훨씬 더 순수한 의사소통의 결과로 정의되었다. 하지만 집중적 상호작용이 바람직한 강도와 규칙적인 활동으로 이루어진 완전히 민감하고 인간적이며 공감적이며 따뜻한 관계 활동이라면, 이러한 영역에서 개인에게 사랑스러운 발전을 점차 유도한다는 것이 분명해졌다. 이러한 것들은 부모-영유아 상호작용의 자연스러운 모델에서 일어나는 것과 거의 비슷한 것으로 보인다. 이러한 중요한 영역에서 대부분의 영유아 발달은 의미 있는 활동에 대한 몰입의 결과로 발생한다.

따라서 우리는 한 대상과 집중적 상호작용을 하는 것은 연결하고 의사소통하는 능력을 발달시킬 수 있다는 것을 알 수 있으며, 이것은 세상을 대하는 방식에 매우 큰 도움을 준다는 것을 알 수 있다. 하지만 또한 [그림 12-2]의 '개인적 요인'에 묘사된 다른 많은 영역에서도 발달과 이익이 나타날 가능성이 높다.

다시 한번, 이 훌륭한 작업 분야에 관련된 모든 우리 실무자들이 '개인적 요인', 특히 마지막 세션인 '초기 발달 단계 중'으로 돌아가 보자. 이 책을 통해, 우리는 '발달 적성

developmental pertinence'이라고 부르는 것에 대한 분명한 강조를 하였다. 인지적 · 감정적 · 심리적 · 의사소통적으로 초기 발달 단계에 있는 사람들에게는 그들의 활동과 환경을 발달인 측면에서 올바른 상태로 만드는 것이 필수적이다. 그렇게 하지 못하면 실패할 수 있다. 우리는 그들에게 다가가지 못할 것이고, 그들이 이해할 수 있는 활동을 제공하지 못할 것이고, 바로 주변에 있는 사람들과의 관계와 연결을 이어 주지 못할 것이다. 이것의 영향은 그 대상에게 정서적 · 심리적으로 재앙이 될 것이다. 그러나 '연령 적합성' 섹션에서 논의된 바와 같이, 이것은 우리 분야에서 일상적으로 발생했으며 좋은 실천과 잘못된 가치 체계의 적용에 대한 큰 오해가 있었다.

우리가 '도전적인 행동'이라고 부르는 것의 대부분은 그들의 웰빙well-being에 그러한 재앙적 영향을 가지고 있던 초기 발달 단계의 사람들의 잠재적 결과로 볼 수 있다. 더 간단히 말하면, '도전적 행동'이라고 부르는 것의 대부분은 단순히 그들의 발달 단계에 부합한 행동을 하는 초기 단계의 사람으로 볼 수 있다. 그러나 그 대상은 아마도 한 살 먹은 유아보다 더 효과적이고 효율적인 신체를 갖추고 있을 것이다.

도전적이거나 폭력적일 수 있는 대상과 어떻게 집중적 상호작용을 하는가

자, 조심스럽게 매우 실용적 의미에서 보자. 이 활동은 신체적인 접촉을 자주하는 가까운 두 사람 사이에서 자주 일어나는 활동이다. 그러나 이것은 기정사실이 아니다. 그 대상과 친밀할 필요는 없다. 집중적 상호작용은 멀리 떨어져 있거나 심지어 다른 방에 있는 스태프 구성원과 종종 시작된다. 물론 여러분은 시각적 및 청각적 채널을 사용하여 교환, 교대로 하는 것을 확립하려고 한다.

시간이 지남에 따라 참가자들이 자신감을 갖게 되고, 활동들이 재미있게 진행됨에 따라 물론 함께 더 친밀해지고 심지어는 궁극적으로 감동을 줄 수 있다. 그럼에도 불구하고, 그러한 환경에서 일하는 대부분의 스태프 구성원들은 실수를 하고 그 결과를 받을 수 있다고 보고한다.

집중적 상호작용의 본래 개발 작업은 대형 장기 입원 병원에 사는 사람들 사이에서 일어났다. 그들 중 대부분은 가장 심각한 도전적 행동을 할 수 있는 사람들이었다. 그들 중 몇몇은 곤란한 행동의 가능성 때문에 정신보건법Mental Health Act에 따라서 격리 입원되었다. 그들과 일하는 스태프 구성원들은 이와 함께 수반되는 집중적 상호작용과 '존재의 방식'이 그 학생들과 일하는 가장 효과적인 방법이라고 느꼈다.

게다가 그들은 보다 더 안전하다고 자주 언급한다. 우리의 집중적 상호작용을 수행하기 위해 학습한 '조율'의 민감한 특성 때문에, 사람들을 좀 더 쉽게 이해하고 깊게 알고 더 쉽게 그들의 기분과 행동의 흐름 변화를 예측할 수 있다고 느꼈다.

📖 추가 읽기 및 자료

학습 장애 및 ASD 분야에서 연령 적합성에 대한 출판물

Forster, S. (2010). Age-appropriateness: Enabler or barrier to a good life for people with profound intellectual and multiple disabilities?. *Journal of Intellectual and Developmental Disability, 35*(2): 129-31.

Nind, M., & Hewett, D. (1996). When age-appropriateness isn't appropriate. In J. Coupe-O' Kane, & J. Goldbart (eds), *Whose Choice?* London: David Fulton.

AA에 다음과 같은 섹션이 있다.

Nind, M., & Hewett, D. (2001). *A Practical Guide to Intensive Interaction*. Kidderminster: British Institute of Learning Disabilities.

Nind, M., & Hewett, D. (2005). *Access to Communication: Developing the Basics of Communication with People with Severe Learning Difficulties thr ough Intensive Interaction*, 2nd edn . London: David Fulton. (1st edn, 1994.)

학습 장애 및 ASD 분야에서 신체 접촉에 관한 출판물

Barnes, J., & Hewett, D. (2015). Physical contact experiences within the curriculum. In P. Lacey, R. Ashdown, P. Jones, R. Lawson, & M. Pipe (eds), *The Routledge Companion to Severe, Profound and Multiple Learning Difficulties*. London: Routledge.

Hewett, D. (2007). Do touch: Physical contact and people who have severe, profound and multiple learning difficulties. *Support for Learning, 22*(3): 116-23.

Hewett, D. (2008). Do touch. *Caring, Summer*: 16-19. (Churches' Child Protection Advisory Service.)"No" to arm's length- Yes to good sense!', *Caring, Summer*: 16-19. (Churches' Child Protection Advisory Service.)

Rhodes, J., & Hewett, D. (2010). The human touch: Physical co ntact and making a social world available for the most profoundly disabled. *PMLD Link, 22*(2): 11-14.

신체 접촉 문제에 대한 섹션

Nind, M., & Hewett, D. (2001). *A Practical Guide to Intensive Interaction*. Kidderminster: British Institute of Learning Disabilities.

Nind, M., & Hewett, D. (2005). *Access to Communication: Developing the Basics of Communication with People with Severe Learning Difficulties thr ough Intensive Interaction*, 2nd edn. London: David Fulton. (1st edn, 1994.)

많은 참고문헌이 있다.

Firth, G., & Barber, M. (2011). *Using Intensive Interaction with a Person with a Social or Communication Impairment*. London: Jessica Kingsley.

Nind, M. (2009). Promoting the emotional well-being of people with profound and multiple intellectual disabilities: A holistic approach through Intensive Interaction. In J. Pawlyn, & S. Carnaby (eds), *Profound Intellectual and Multiple Disabilities: Nursing Complex Needs*. Chichester: Wiley-Blackwell.

Zeedyk, M. (ed.) (2008). *Promoting Social Interaction for Individuals with Communicative Impairments*. London: Jessica Kingsley.

일반적인 신체 접촉 문제 개요 및 연구에 관한 두 가지 훌륭하고 읽을 만한 책이다.

Field, T. (2001). *Touch*. Cambridge, MA: MIT Press.

Montague, A. (1986). *Touching: The Human Significance of the Skin*. New York: Harper and Row.

여기서 논의되는 의사소통 문제와 관련된 학습 장애 및 ASD 분야의 도전적인 행동challenging behaviour에 관한 출판물

Hewett, D. (ed.) (1998). *Challenging Behaviour: Principles and Practices*. London: David Fulton.

Imray, P., & Hewett, D. (2015). Challenging behaviour and the curriculum. In P. Lacey, R. Ashdown, P. Jones, R. Lawson, & M. Pipe (eds), *The Routledge Companion to Severe, Profound and Multiple Learning Difficulties*. London: Routledge.

'의사소통의 기초 (2)'에 사용되는 참고문헌은 다음과 같다.

Bowlby, J. (1953). Some causes of mental ill-health. In Bowlby, J. (1953) *Child Care and the Growth of Love*. London: Pelican.

Lamb, M. E., Bornstein, M. H., & Teti, D. M. (2002). *Development in Infancy*. Hillsdale, NJ:

Lawrence Erlbaum.

Schore, A. N. (2003). The Human Unconscious: The development of the right brain and its role in early emotional Life. In V. Greene (ed.), *Emotional Development in Psychoanalysis, Attachment Theory and Neuroscience: Creating Connections*. Brighton & NY: Routledge.

관련 온라인 자료에 대한 웹링크는 pp. 9-10 참조

제13장

집중적 상호작용 커뮤니티

그래함 퍼스, 줄스 맥킴

개요

- 집중적 상호작용 '실천 공동체'
- 집중적 상호작용 교육기관
- 집중적 상호작용 뉴스레터
- 집중적 상호작용 지역 협력단체
- 웹상의 집중적 상호작용
  - www.IntensiveInteraction.org
  - Intensive Interaction 페이스북 사용자
  - 위키피디아
- 다른 나라들의 집중적 상호작용
  - 호주
  - 핀란드
  - 덴마크
  - 그리스
  - 독일
  - 다른 국가들

1. 집중적 상호작용 '실천 공동체'

집중적 상호작용을 하는 가장 최선의 방법은 관심 있고 공감하는 사람들 집단의 지지와 격려를 받는 것이라고 오랫동안 이해해 왔다. 이 사람들이 같은 관점과 같은 목적을 공유할 때 더욱 효과적이다. 이러한 사람들의 집단은 '실천 공동체'로 형성될 수 있다.

 '실천 공동체'

'실천 공동체(줄여서 CoP)'는 관심사와 문제 그리고 주제에 대한 열정을 공유하고 지속적으로 상호작용함으로써 이 분야의 이해와 지식을 심화시키는 사람들의 집단이다(Wenger, 1998, p. 4).

집중적 상호작용과 같은 일을 하는 집단을 형성하는 것은 각 집중적 상호작용 실무자들에게(다음의 '실천 공동체란 무엇인가?' 참조) 매우 도움이 될 수 있다. 이러한 사람들의 집단은 그들이 그러한 방식으로 일하면서 생기는 기복을 집단적으로 서로 이해할 때 매우 지지적일 수 있다.

 '실천 공동체'란 무엇인가?

- 특정한 이슈 또는 작업 방식에 대해 관심과 열정을 공유하는 사람들의 그룹이다.
- 지지적이고 실용적인 방식으로 함께 일하는 사람들의 그룹이다.
- 그들이 공유하는 기술과 지식을 끊임없이 개발시키려는 사람들의 그룹이다.
- 신입 또는 '초보 실습자'도 쉽게 접할 수 있도록 하는 지지적 네트워크이다. 즉, 초기에는 'CoP' 이슈와 작업 방식에 대해 잘 모르는 사람들을 위한 것이다.
- '초보 실습자'가 'CoP' 이슈와 작업 방식에 대해 이해할 수 있도록 도와주는 사람들의 그룹이다. 그리고 이는 적절한 속도와 달성 가능한 범위에서 허용된다.

이러한 집중적 상호작용 'CoP'는 집중적 상호작용과 관련된 어떠한 어려움에 대해서도 모여서 토론하고 논의할 수 있는 사람들에게 비판단적 자문non-judgemental sounding-board 역할을 할 수 있다.

마찬가지로, 그들은 어떠한 성과와 성공을 공유할 수 있는 사람들의 그룹이 될 수 있다. 이는 매우 중요한 과정이다.

이러한 지지적인 'CoP' 네트워크에서는 실무자들이 경험과 지식이 더 많은 집중적 상호작용 고참들로부터 조언을 얻을 수 있도록 한다('고참들'이란 오랜 기간 동안 집중적 상호작용을 사용해 온 사람들을 의미한다. 꼭 더 나이가 많은 것은 아니지만). 이러한 집중적 상호작용 '고참들'은 다방면의 집중적 상호작용 이슈와 경험을 접하였기 때문에 매우 유용한 사람들이다.

이러한 집중적 상호작용 'CoP'는 개별 실무자들이 성공에 대한 개인적인 책임감을 공유하고 또는 집중적 상호작용 개입을 소개하고 지지하는 데 도움이 될 것이다. 이러한 공동 책임감의 이점은 과소평가되어서는 안 된다. 왜냐하면 집중적 상호작용에 대해 개별적으로 느끼는 책임감은 때로는 다소 부담스러울 수 있기 때문이다.

이 'CoP' 커뮤니티 지원 과정은 쌍방향의 과정이어야 하며, 모든 'CoP' 구성원들은 다른 구성원들의 도움과 혜택을 받아야 한다. 이 커뮤니티의 일원이 되는 것은 지원을 받는 것만큼 지원을 제공하는 것이다(지원을 제공하는 것은 자체적으로도 이점이 있다). 이것은 분명히 좋은 점이다.

이러한 지지적인 집중적 상호작용 'CoP'의 도움은 매우 유용하다. 왜냐하면 실제적으로 집중적 상호작용을 수행하지 않을 때에도, 여전히 중요하게 할 일이 많기 때문이다. 이는 실무자들이 다음과 같은 일을 할 때이다.

- 예를 들어, 서로 자신의 집중적 상호작용에 대해 함께 이야기하거나 자신이나 다른 실무자들이 특정 인물과 집중적 상호작용을 하는 모습을 비디오로 녹화하여 함께 보는 등, 현재의 일에 대해 성찰하는 시간을 함께 보낼 때이다.
- 예를 들어, 집중적 상호작용 책이나 뉴스레터 기사 또는 논문을 읽고 토론하는 등 사람들이 함께 일하며 이 접근법에 대한 이해를 더욱 향상시킬 때이다.
- 예를 들어, 다른 사람들이 집중적 상호작용을 하는 비디오를 보고 토론함으로써 집중적 상호작용을 실질적으로 적용하는 그들 자신의 스킬을 향상시키고자 할 때이다(이 비디오들은 경험이 풍부한 집중적 상호작용 실무자들이 출연하는 교육용 영상 일부를 포함할 수 있다).

이 모든 것은 서로 잘 격려하고, 잘 알고, 이해심이 많은 동료 실무자들의 적극적인 도움과 지원을 통해 가장 최선으로 얻어질 수 있다.

 기술 및 지식 공유

'실천 공동체'가 일하는 방식은 사람들이 스킬과 지식을 서로 공유하는 일부 다른 방식과는 다른 경향이 있으며, 따라서 결론적으로 특정 학습 분야에서 초보자로 시작한 사람들을 '전문가'로 만드는 것이다.

한 사람의 전문성을 개발하는 보다 공식적인 방법 중에서는, 현재 인정받고 있는 상대적으로 소수의 '전문가'들이 누가 또 다른 전문가가 될 자격이 있는지, 그리고 언제, 어떻게 그런 사람이 이를 수행할 수 있는지를 결정하기도 한다.

종종 이러한 공식적인 '전문가' 작업 방식은 종종 계급 제도로 발전하며, 계급상 꼭대기에 있는 '전문가'들은 다른 모든 사람들의 능력과 특정 활동에 참여할 수 있는지 여부에 대해 판단할 권력을 가지는 경향이 있다.

따라서 더 공식적인 '전문가'들은 종종 정확히 무엇을 해야 하는지, 또한 누가 특정한 일을 하도록 해야 하는지(그리고 누가 특정한 일을 하도록 허용해서는 안 되는지)를 결정할 수 있게 된다.

일반적으로 집중적 상호작용 '실천 공동체'는 집중적 상호작용과 관련된 필요한 지식과 스킬을 공유하는 사람들로 구성된 그룹이다. 그러나 현실에서는 집중적 상호작용 스킬과 지식의 수준이 그룹의 구성원(일부 사람들은 지식과 경험이 풍부한 '고참들'이고 일부는 '초보자'인)들 사이에서 서로 다를 수 있다는 것을 인정해야 한다. 그러나 집중적 상호작용 경험과 지식의 수준이 어떻든 간에 우리 모두는 더 많은 것을 배울 수 있고, 서로를 도우면서 집단적으로 가장 잘 배우는 경향이 있다.

일반적으로 'CoP'는 비공식적으로 형성된 집단으로 여겨지다 보니, 신입과 '초보' 실무자들에게 항상 열려 있고 그들을 초대하는 것이 중요하다. 이러한 잠재적 비전문가 '초보자들'이 점차 기본적인 스킬을 익히고, 점점 더 유능하고 자신감 있게 집중적 상호작용을 위해 필요한 지식을 개발할 수 있도록 지원해야 하며, 이는 그들에게 적절한 속도와 수준으로 이루어져야 한다.

'실천 공동체'의 세 가지 측면

'실천 공동체'는 세 가지 측면으로 구성되어 있다고 정의된다. '상호 참여' '공동 사업' 그리고 '공유된 레퍼토리'이다(Wenger, 1998, pp. 72-3).

1. 상호 참여: 'CoP'에 참여함으로써, 개별 구성원들은 그룹을 사회적 독립체로서 하나로 묶는 관계를 형성한다.
2. 공동 사업: 지속적인 토론과 명증(해명)^{clarification} 과정을 통해, 'CoP' 멤버들은 서로 연결하는 문제에 대해 공통의 이해를 형성한다.
3. 공유된 레퍼토리: 공동 사업을 추구하면서 'CoP'는 집단적으로 공유 관행 또는 작업 방식을 개발한다.

따라서 이러한 'CoP' 과정은 관련된 'CoP' 문제에 대한 이해를 보다 높이는 것이 가능해지며, 'CoP'의 공유 경험과 지식인 '공동 기업(즉, 집중적 상호작용)'이 커뮤니티 구성원들에게 보다 더 쉽게 전달되고 이해될 수 있도록 한다. 집중적 상호작용 'CoP' 내에서 '공유 레퍼토리'(앞 참조)는 개별적으로 관련된 지식과 집중적 상호작용 경험을 공유함으로써 그룹의 구성원들 사이에서 개발될 수 있다. 예를 들어, 집중적 상호작용 세션을 실시간 또는 비디오로 함께 보고, 토론하고, 분석함으로써 개발될 수 있는 것이다.

집중적 상호작용 'CoPs'는 다음과 같은 방법으로 개발될 수 있다.

- 지역 Intensive Interaction Regional Support Group(세부 사항은 뒷부분 참고)에 참석
- 학교나 주거 서비스와 같은 개별 기관 내에서 개발
- 다양한 서비스에 걸쳐 상호 개발(예를 들어, 여러 학교 또는 주거 서비스에 걸쳐 직원 또는 보호자들로 형성된)
- 접근 방식의 혜택을 받을 개인을 중심으로 집중적 상호작용 커뮤니티를 형성(이 과정은 지지망$^{circle\ of\ support}$ 또는 우정의 형성과 유사함)

모든 'CoP' 내에서 구성원들은 그들 자신의 스킬과 지식의 발달뿐만 아니라, 다른 사람들이 스스로 관행과 지식을 발달시킬 수 있도록 지원하는 역할도 있다는 것을 인정해야 한다. 그다음, 신입 또는 초보 구성원들의 집중적 상호작용 스킬과 지식이 발전함에

따라 그들은 그룹 공통의 이해에 기여할 수 있게 된다. 따라서 모든 'CoP'에는 공통의 집중적 상호작용 지식과 기술이 위로 소용돌이(익숙하고 친숙한 그것)^{upward spiral}치고 올라가는 현상을 볼 수 있어야 한다.

집중적 상호작용 'CoP'는 항상 개방되고, 활기차고 활동적인 사람들의 그룹이어야 하고, 새로운 사람들(결론적으로 집중적인 상호작용 'CoP'를 보다 더 잘 발전시키는 역할을 하는 사람들)로 인해 강화되는 커뮤니티여야 한다. 또한 새로운 사람들은 (환영받고 지원받는다면) 새로운 통찰력과 새로운 기술을 그룹으로 들여올 것이다(예를 들어, 비디오 편집과 같은 최신 기술에 대한 새로운 기술과 지식). 그들은 또한 훗날의 경험이 많고 지식이 풍부한 '고참들'(다시 말하지만, 연령과는 관련이 없다)이 될 것이다. 결국, 그들은 집중적 상호작용의 미래인 것이다!

'실천 공동체'의 이점 요약

요약하자면, 다음과 같다.
- '실천 공동체'는 다음과 같은 이유로 매우 유용하게 간주되어야 한다.
  - 집중적 상호작용 'CoP'에서 경험이 풍부한 실무자들은 '초보' 실무자들의 발전에 도움을 줄 수 있다.
  - 집중적 상호작용 'CoP'에서는 모든 구성원들이 결합된 집중적 상호작용 기술과 이해를 향상시키도록 서로를 도울 수 있다.
  - 집중적 상호작용 'CoP'에서는 구성원들이 협업 토론 또는 연구를 통해 집중적 상호작용에 대한 새로운 기술과 통찰력을 가져올 수 있다.
- 그러므로 집중적 상호작용 'CoP'의 구성원들은 모두 동료 실무자들을 지원하고, 집중적 상호작용의 발전을 도모하는 데 있어 중요하고 적극적인 역할을 해야 한다.

2. 집중적 상호작용 교육기관

2006년 Leeds에서 열린 UK Intensive Interaction Conference에서 현실적이고 바람직한 개념으로 처음 제안된 (그리고 5년 동안 다양한 논란을 거친 후) 집중적 상호작용 연구소의 설립은 2011년에 등록된 비영리 기업으로서 마침내 결실을 맺었다.

집중적 상호작용 연구소는 집중적 상호작용의 정의, 보급 그리고 발달 과정을 지속하기 위한 주요 수단으로서 창립 멤버들에 의해 인정되었다[identified].

처음에는 연구소가 이사회 멤버인 데이브 휴이트(Dave Hewett), 캐스 얼바인(Cath Irvine) 그리고 그래함 퍼스(Graham Firth)로 구성되었으며 [2009년에 Isle of Man 임상 수석 말-언어치료사 잰 고든(Jan Gordon)과 2011년 초에 총무인 사라 포드(Sarah Forde)가 합류함], 연구소는 지지적이고 도움을 주는 많은 사람들의 의견과 조언을 수집하는 것을 포함하며 장기적이고 때로는 고통스러운 협의 및 개발 과정을 거쳐 탄생하게 되었다.

초기부터 임상 심리학자인 피터 코이아(Peter Coia) 박사의 도움으로 집중적 상호작용 연구소의 목표는 다음과 같이 수립되었다.

- 집중적 상호작용의 본질과 특징을 정의하는 것
- 집중적 상호작용의 이론과 관행을 개발하는 것
- 집중적 상호작용에 대한 인식, 지식 및 이해를 전파하는 것
- 집중적 상호작용에 대한 이론과 관행에 대한 고품질 교육을 제공하는 것

연구소를 설립하는 데 놀라울 정도로 오랜 시간이 걸렸음에도 불구하고(영리하고 업무에 충실한 총무 사라 포드의 도움으로 후반에 상당히 빨라졌다), 초기 시작 단계에서 다양한 집중적 상호작용 학습 자료의 제작을 위해 상당한 준비 작업이 진행되었다. 이는 다음을 포함한다.

- 확장된(발전된) www.intensiveinteraction.org 웹사이트(초기에는 데이브 휴이트에 의해 생성되고 관리되고 재정 지원을 받은)는 집중적 상호작용에 대한 자료, 정보, 뉴스, 기사 그리고 과거 집중적 상호작용 뉴스레터의 복사본을 제공한다. 또한 이 사이트는 영국의 급성장하는 집중적 상호작용 협력단체(RSGs)의 상세 연락처와 RSGs의 향후 회의 날짜를 제공하기도 한다.
- 집중적 상호작용 평가 실무자 과정[Intensive Interaction Assessed Practitioner course]은 (주로 이사회 멤버인 캐스 얼바인이 작성하고 많은 집중적 상호작용 학생 코디네이터들의 도움으로 실험 및 개발된 것으로), 개인적인 집중적 상호작용 실행과 반성(반추) 능력[reflectivity]을 향상시키기 위해 고안된 매우 포괄적인 원격 학습 팩[pack]이다.

- 집중적 상호작용은 리즈 앤 요크(Leeds & York) 파트너십 NHS Trust와 공동으로 제작된 것으로, 이 접근법에 익숙하지 않은 특정 그룹(예를 들어, 관리 직원, 부모 및 지원 직원)에게 정보 전달을 위해 설계된 것이다.

집중적 상호작용 이사회는 매년 영국에서 개최되는 집중적 상호작용 콘퍼런스의 조직에 집중적으로 참여하며, 매해 특정 주안점focus과 구조를 정의하는 데 도움을 주고 있다.

집중적 상호작용 연구소의 역할 중 하나는 공식적인 집중적 상호작용 아카이비스트(기록 보관 담당자)로서 관련 논문 및 기사들(발표되거나 발표되지 않은 것 모두)의 저장소 역할을 하는 중앙 기관인 것이다. 이 아카이브 작업의 목적은 집중적 상호작용과 관련된 연구 프로그램에 참여하는 모든 사람들이 집중적 상호작용 관련 자료를 얻을 수 있도록 포괄적인 집중적 상호작용 도서관을 만드는 것이다.

3. 집중적 상호작용 뉴스레터

2003년 리즈 파트너십 NHS Trust의 학습 장애 심리 서비스에 의해 처음 발행된 영국의 집중적 상호작용 뉴스레터는 이메일을 통해 무료로 제공되며, 분기별로 발행된다. ([그림 13-1], [13-2] 참조)

집중적 상호작용 실무자와 지지자들을 적극적으로 지원하기 위해, www.intentsive interaction.org/contact 사이트에서는 그들이 집중적 상호작용 뉴스레터 이메일 리스트에 등록하여 이메일로 제공받을 수 있게 한다.

집중적 상호작용
www.intentsiveinteraction.org/

집중적 상호작용 뉴스레터

60호 2017년 8월 발행

요점 및 공지사항

www.IntensiveInteraction.org

국제 '집중적 상호작용 주간'
2017

2016년 성공을 바탕으로, 우리는 다시 하기로 결정했습니다! 올해의 '집중적 상호작용 주간'은:
10월 9일 월요일
~
10월 15일 일요일

…그리고 전보다 더 크고 더 좋게 만들어 봅시다!

'집중적 상호작용 사용자' 페이스북 그룹에서 당신의 계획을 공유하세요.
https://www.faicobook.com/groups/13657123715/

그리고 당신의 이벤트를 '집중적 상호작용 주간' 브로셔에 넣을 수 있도록, graham.firth@nhs.net로 알려 주세요.

자폐증을 가진 사람들을 위한 집중적 상호작용

9월 29일 – QEII 학교, 런던, W9 3LG

이 날은 자폐증의 중요한 영향에 초점을 맞추어, 대표자들이 의사소통과 연결을 위한 실용적인 기술을 개발할 수 있도록 합니다. 입장료는 100파운드입니다.

더 자세한 내용은 여기로 문의 주세요.
Helen Janes 07778 178346
또는 이메일: event.made.easy@nttworld.com

집중적 상호작용 연구소의 공식 웹사이트가 새롭게 열렸습니다! 다음 사이트에서 볼 수 있습니다. :
www.IntensiveInteraction.org

최근에 (블랙 스완 테크놀로지의 이안 해리스Ian Harris에 의해) 추가 개발된 우리 웹사이트는 사이트의 모든 특징, 범위, 기능에 대한 피드백을 받길 원합니다.

우리는 또한 이 웹사이트가 (구글 랭킹과 같은) 검색엔진 순위에서 '1위'를 빠르게 차지하기를 원합니다. 그러므로 앞으로 몇 주간 가능한 자주 사이트를 방문해 주세요.

또한 웹사이트에서 집중적 상호작용 연구소의 '메일링 목록'에 등록하여, 향후 십숭적 상호작용 관련 이벤트, 교육과정, 콘퍼런스, 그리고(뉴스레터와 같은) 서비스 및 리소스에 대한 정기적인 업데이트를 받을 수 있습니다.

우리는 또한 다음과 같은 기능을 추가하려고 합니다.

1.1. 웹 기반 서비스
다른 나라들의 집중적 상호작용 웹페이지
1.1. 출판물 및 연구에 대한 더 많은 정보
1.1. 지역 지원 그룹에 대한 더 많은 정보
그리고 필요해지거나 제안된 다른 기능들

당신의 생각을 알려 주세요!

우리 집중적 상호작용 연구소는 1.1.co.uk 사이트를 오랫동안 매우 성공적으로 설립하고 운영해 준 Designation 유한회사의 존 얼바인Jon Irvine에게 진심으로 감사의 말씀을 전합니다!

새로운 집중적 상호작용 '블로그'

그래함 퍼스Graham Firth는 다양한 집중적 상호작용 이슈와 다른 관련 이슈들에 대한 새로운 주간 블로그를 쓰기 시작했습니다. 블로그는 다음 사이트에서 볼 수 있습니다.
https://www.blogger.com/blogger.g?blogID=5211472751896394867Weditor/target=pst;postId=7584314430414131868

[그림 13–1] 집중적 상호작용 뉴스레터 60호

뉴스레터는 다음 사양을 고려하여 작성되었다.

- 뉴스레터 내용은 다양하며, 넓은 독자층(부모, 보호자 그리고 다양한 전문 그룹을 포함하는 종합적인 그룹을 의미)에게 흥미롭다.
- 뉴스레터 내용은 유아, 학교, 어린이 서비스, 성인 서비스, 노인 서비스와 같은 모든 연령대의 사람들과 함께 일하는 독자층을 대상으로 한다.
- 다양한 독자들이 뉴스레터 내용에 접근할 수 있도록, 가능한 한 전문어와 지나치게 학문적인 언어를 지양한다.

뉴스레터의 내용은 일반적으로 다음을 포함한다.

- 일반적인 집중적 상호작용 뉴스
- 집중적 상호작용 연구 분석 및 요약
- 책, DVD 등과 같은 새로운 집중적 상호작용 리소스에 대한 세부 사항
- 향후 집중적 상호작용 콘퍼런스에 대한 세부 사항
- 집중적 상호작용 훈련 기회에 대한 세부 사항
- 개별 집중적 상호작용 실무자 계정
- 집중적 상호작용 지역 지원 그룹에 대한 세부 사항 (및 기타 추가 정보)

[그림 13-2] 뉴스레터 내용

- 뉴스레터는 현재의 집중적 상호작용 실무자, 즉 분산되고 종합적인 '집중적 상호작용 실무자 커뮤니티'에 기여할 수 있도록 하기 위해 적극적으로 나선다.
- 뉴스레터는 집중적 상호작용 연구소의 일반적인 견해와 포부를 반영한다.

4. 집중적 상호작용 지역 협력단체

집중적 상호작용 연구소 이사회의 초기 바람은 개별 실무자들이 집중적 상호작용 커뮤니티에 접근할 수 있는 가능성을 제공하는 것이었으며, 이는 영국의 집중적 상호작용 지역 지원 그룹으로서 결실을 맺었다. 다수의 집중적 상호작용 실무자들의 오랜 토론 끝에, 이 접근 방식의 전파와 지원에 일부 구조^{structure}와 기준^{standard}을 도입하는 것이 바람

직하다고 인정되었다. 또한 여러 가지 이유로, 그 지역에서 제공되는 확정되고 뚜렷한 외부 지원 수단이 있다면 집중적 상호작용이 서비스와 조직들^{services and organizations}에게 좀 더 진지하게 받아들여질 것이라고 인식되었다.

 지역 협력단체는 무엇을 위한 단체인가?

- 예를 들어, 사례 연구 및 비디오 영상을 공유하고 토론하고 우수한 집중적 상호작용 관행에 대해 집단적으로 성찰함으로써, 현역 집중적 상호작용 실무자들을 지원한다.
- 학습 환경 안에서 서로 공유하며 지원함으로써 초보 실무자들(예를 들어, 부모들)을 지원하고 격려한다.
- 집중적 상호작용과 관련된 지식과 정보, 예를 들어 콘퍼런스, 실습 지침, 새 책 및 DVD, 훈련 기회 등을 전파한다.
- 동료 지원, 문제 해결 및 성공에 대한 축하를 위한 기회를 제공한다.
- 집중적 상호작용 작업의 종합적인 특성을 강조하고 발전시키고, 생산적인 네트워킹을 위한 장소를 제공한다.
- 집중적 상호작용 연구소와 연결해 준다.
- 집중적 상호작용의 사용을 연구하는 다른 사람들이 요청할 경우, 관련 연구/설문에 참여한다.

접근 가능한 집중적 상호작용 '실천 공동체'를 만드는 아이디어를 중심으로, 집중적 상호작용에 초점을 맞춘 토론과 협력 학습을 위한 친근하고 격려받을 수 있는 포럼을 제공하기 위해 영국의 지역 협력단체가 공식화되었다. 일부 단체들은 이미 전문적인 특별 이익 집단^{Special Interest Groups: SIGs}으로 모임을 갖고 있었지만, 이들 단체 중 일부는 2008년에 버밍엄에서 열린 집중적 상호작용 콘퍼런스에서 캐스 얼바인이 공식적으로 발표한 전국 네트워크에 가입하였다.

각 단체는 일반적으로 세 달마다 미팅을 갖는데, 본질적으로 준자치적^{semi-autonomous}이며 민주적으로 보인다. 이 단체들은 특히 단체의 멤버들의 이익을 위해 회원제로 운영된다. 보통 기본적인 안건이 있긴 하지만, 각 미팅의 내용과 구조는 참석자들에게 발생하는 특정 문제를 해결하기 위해 합의하에 결정된다.

RSG 미팅은 때로 특정 주제나 특별한 발표를 중심으로 구성되며, 과거에는 다음과 같은 것들이 포함되었다.

- 집중적 상호작용과 관련된 최신 정보 또는 최신 DVD와 책과 같은 교육 자료 보기
- 부모를 위한 '소개' 발표: 이 접근 방식에 대해 들어 보지 못했거나, 이론적 근거나 기법에 대해 현재 거의 이해하지 못하는 부모들을 위해 집중적 상호작용의 기본을 정리
- 집중적 상호작용에 대한 비디오 분석: 공동(집합적) 비디오 분석을 가장 생산적으로 구성하는 방법
- 집중적 상호작용의 진전을 강조하기 위한 기록 및 분석

비록 각 RSG의 중심에는 연락처 역할을 하고 (다과가 있는 경우) 장소를 구성하는 전담 개인 또는 소규모 단체들이 있는 경우가 많지만, 단체를 구성하는 책임은 비교적 유동적일 수 있다.

각 집중적 상호작용 지역 협력단체의 최신 연락처 정보는 www.intensiveinteraction.org 사이트에서 확인할 수 있으며, 향후 RSG 미팅 날짜와 장소는 보통 웹페이지에서 확인할 수 있다.

 RSGs 국가 포럼

2010년 초에는 모든 영국의 RSGs 대표들을 위한 첫 연례 회의가 개최되어, 자발적으로 단체를 조직하고 도모하는 사람들을 지원하기 위한 포럼을 제공했었다.
이 미팅에는 선덜랜드, 리버풀, 셰필드, 리즈, 매클스필드, 런던, 웨이스, 노팅엄, 브라이튼, 옥스포드의 대표들이 참석했다.

따라서 RSGs는 이제 운이 좋게도 집중적 상호작용를 지원하고 전파하는 조직의 일부가 되었다. 그러나 다른 많은 헌신적인 실무자들의 집중적 상호작용 관행을 지원하고 장려하고 유지하기 위해 더 많은 새로운 RSGs가 제안되고 있으며, 영국 전역의 다른 지역에서도 생성되고 있다.

5. 웹상의 집중적 상호작용

요즘 많은 사람은 집중적 상호작용에 대한 많은 초기 정보를 인터넷을 통해 얻는다. 이는 점점 더 집중적 상호작용에 대한 정보와 지식을 전파하는 데 큰 도움이 되는 커뮤니케이션 수단이 될 것이다.

현재 중요한 집중적 상호작용 사이트는 다음과 같다.

www.intensiveinteraction.org: 이 사이트는 집중적 상호작용 '공식' 웹사이트이며, 다음과 같은 다양한 섹션을 제공한다. '집중적 상호작용은 누구를 위한 것인가?' '커뮤니케이션의 원리' 그리고 '집중적 상호작용은 어떻게 작동하는가?' 또한 집중적 상호작용에 대한 출판물(집중적 상호작용 연구 및 논문의 광범위한 참고문헌 포함), 권장 도서(주요 집중적 상호작용 도서 및 관련된 다른 도서 목록 포함), 내려받기가 가능한 리소스(내려받기가 가능한 집중적 상호작용 뉴스레터 복사본 포함), 지역 지원 그룹에 대한 세부 사항(향후 미팅 및 연락처 세부 정보 포함), 향후 콘퍼런스, 교육과정, 이벤트에 대한 세부 사항 그리고 집중적 상호작용에 대한 기사와 '블로그' 페이지도 있다. 또한 집중적 상호작용 책과 교육 자료를 구매할 수 있는 온라인 상점도 있다.

페이스북에서의 집중적 상호작용 사용자

페이스북 사용자들을 위한 '집중적 상호작용 사용자Intensive Interaction Users'라는 전용 페이지가 있으며, 이 페이지는 집중적 상호작용 연구소 이사회 멤버인 캐스 얼바인에 의해 만들어졌다. www.facebook.com으로 가서 '집중적 상호작용 사용자'를 검색해 보자. 이 사이트에서는 '게시판wall' 기능을 통해 뉴스, 의견 또는 질문을 게시할 수 있고, 다른 회원들로부터 댓글이나 연락을 받을 수 있다. 집중적 상호작용 사용자 사이트는 아이디어를 공유하고, 특정 문제에 대한 답을 찾고 집중적 상호작용과 관련된 정보를 게시하는 데 사용되며, 이 페이지에는 활동적인 토론 게시판, 집중적 상호작용 관련 문서들, 집중적 상호작용 지역 협력단체 미팅 상세 내용과 업데이트, 그 밖에 많은 것들에 대한 링크도 제공한다. 부모와 가족을 위한 페이스북 그룹도 있으며 2016년에는 집중적 상호작용과 치매에 관심 있는 사람들을 위한 그룹이 추가로 생겨났다.

페이스북에서 데이브 휴이트: 데이브는 기본적으로 집중적 상호작용과 관련된 모든 이슈뿐만 아니라 다른 나라에서의 그의 작업 이야기를 담은 블로그를 작성한다. 그는 많은 사진과 동영상을 올린다. 그리고 데이브는 집중적 상호작용 관련 많은 영상들을 제공하는 유튜브 채널을 진행하기도 한다. 이 책에 나오는 사진 스토리Photo Stories의 비디오들도 그 유튜브 채널에서 볼 수 있다.

위키피디아

위키피디아(무료 인터넷 백과사전 http://en.wikipedia.org/wiki/Intensive_interaction)에 집중적 상호작용에 대한 페이지가 있다. 이 페이지는 이 접근법에 대한 정보 및 간략한 역사와 배경 지식을 제공하며, 게시된 논문들에 대한 일부 참고문헌이 제공된다. 또한 관심 있는 독자가 관련 문제와 개념에 대한 이해를 높일 수 있도록 페이지 텍스트 내 링크도 제공한다.

6. 다른 나라들의 집중적 상호작용

특히 지난 10년 동안 인터넷은 집중적 상호작용을 전파하는 역할을 하고 있으며, 데이브 휴이트와 그의 동료들은 현재 다른 많은 나라를 방문하며 콘퍼런스에서 연설하고 훈련과 자문을 제공하고 있다. 이는 또한 집중적 상호작용 커뮤니티가 성장하고 있다는 것을 의미한다.

호주

지난 12년 동안, 베이사이드 특수 발달 학교Bayside Special Developmental School의 마크 바버는 이 대륙에서 집중적 상호작용의 도입을 주도해 왔다. 그는 멜버른에 기반을 두고 있지만, 가능할 때마다 다른 주들을 돌아다니고 있다. 데이브 휴이트는 최근 몇 년 동안 브리즈번과 퀸즐랜드 남부의 특수 학교를 정기적으로 방문하고 있다. 마크의 노력과 몇몇 주목할 만한 특수 학교 직원들의 지속적인 노력 덕분에, 빅토리아와 퀸즐랜드의 특수교육 부문은 가장 진보하고 지속적인 집중적 상호작용 관행을 가지게 되었다.

빅토리아

- 호주 집중적 상호작용: drmarkbarber@hotmail.com
- 베이사이드 특수 발달 학교: www.baysides.vic.edu.au/home.html

퀸즐랜드

제니 윌리암슨(Janee Williamson)은 집중적 상호작용 코치이자, 퀸즐랜드의 집중적 상호작용을 사용하는 학교 네트워크의 센터이다.

핀란드

티코텍키(Tikoteekki)는 핀란드의 지적 및 발달적 장애 협회의 일원이다. 말-언어치료사들과 집중적 상호작용 코디네이터 카이사 마티카이넨(Kaisa Martikainen)과 캇자 버락오프(Katja Burakoff)가 집중적 상호작용 관행의 체계적인 출시(전시)roll-out를 이끌고 있다. 그들은 이 책의 초판보다 먼저 나온 '집중적 상호작용에 대한 실질적 가이드'를 번역하였다. 집중적 상호작용은 핀란드어로 'voimauttava vuorovaikutus'라고 불린다.

- www.tikoteekki.fi
- kaisa.martikainen@kvl.fi
- katja.burakoff@kvl.fi

덴마크

심리학자이자 집중적 상호작용 코디네이터인 디테 로즈 앤더슨(Ditte Rose Andersen)은 덴마크에서 급성장하고 있는 집중적 상호작용 보급 프로젝트를 이끌고 있다. 디테(Ditte)는 이 책의 초판을 번역했다.

- www.intensiveinteraction.dk/kontakt/
- ditte@intensiveinteraction.dk

그리스

저명한 말-언어치료사인 야니스 보진드로카스(Yiannis Vogindroukas)는 그리스의 훌륭한 실무자들 사이에서 집중적 상호작용 계획을 주도해 왔다. 그리스어 버전의 '집중적 상호작용에 대한 실질적 가이드' '집중적 상호작용 팩' 및 집중적 상호작용 DVD도 있다.
- vogindroukas@yahoo.com
- vogindroukas@ieel.gr

독일

독일에서는 이 계획이 아직 초기 단계에 있으나, 다양한 분야의 매우 열정적인 몇몇 전문가들이 이 연구소와 협력하여 전파하고 있다. 사라 클러그(Sarah Klug)는 이 책을 번역하고 있다.

'Institut für Unterstützte Kommunikation und Intensive Interaction'이다. 웹사이트는 www.uk-intensiveinteraction.de이다.

다른 국가들

데이브 휴이트와 그의 동료들은 최근 홍콩, 러시아, 헝가리, 타지키스탄, 뉴질랜드, 사이프러스, 남아프리카 및 포르투갈에서 서비스를 제공하고 있다. 이전에는 스리랑카, 루마니아, 슬로바키아, 트리니다드와 토바고, 체코를 방문한 적이 있다.

찾아보기

인명

내용

데이브 휴이트 Dave Hewett

데이브 휴이트 박사는 40년 동안 특수교육 분야에서 일해 왔다. 그는 1980년대 동안 하퍼베리 병원 학교의 수석교사였으며, 그곳에서 그와 그의 팀은 '집중적 상호작용'의 개발에 힘썼고 '집중적 상호작용'에 대한 첫 번째 출판물과 연구 성과를 학계에 발표하며 박사학위를 취득했다.

그는 1994년 멜라니 닌드와 함께 첫 번째 '집중적 상호작용' 책을 발표했다. 1990년부터 그는 독립 컨설턴트로 활동하며 광범위한 출판 활동과 이에 대한 접근 방식의 개발과 보급 작업을 이어 가고 있다.

데이브는 또한 이 책의 도전적 행동 섹션에서 '행동의 어려움은 의사소통의 어려움'이라는 주장의 내용을 발표하고 강의를 한다. 그것은 별개의 주제가 아니다. 그는 현재 인텐시브 인터렉션 인스티튜드(Intensive Interaction Institute)의 책임자로, 전 세계를 돌아다니며 집중적 상호작용에 대한 메시지를 널리 알리고 있다.

마크 바버 Mark Barber

마크 바버 박사는 호주로 이주하기 전에 20년간 영국에서 특수교육자(special educator)로 일했으며 그곳에서 그는 90개 이상의 학교에서 집중적 상호작용 및 심각한 학습 장애를 가진 학습자를 위한 서비스를 도입했다. 마크는 현재 멜버른에 있는 베이비사이드(Bayside) 특수발달 학교에서 집중적 상호작용 코디네이터 및 대표교사로 일하고 있으며 또한 중중 지적 장애에 대한 컨설턴트로 일하면서 다양한 환경에서 학교와 실무자들에게 교육 및 지원을 제공하고 있다. 그는 호주와 뉴질랜드 전역에서 집중적 상호작용에 대해 코디네이트를 하고 있다.

줄리 캘버리 Julie Calvary [BSc(Hons), RNLD]

줄리 캘버리 박사는 독립 컨설턴트이며 인텐시브 인터렉션 인스티튜드(Intensive Interaction Institute)의 일원이다. 그녀는 집중적 상호작용 코디네이터 과정을 이끌며, 학습 장애, 자폐증, 뇌 손상 및 치매환자들에 대한 전문가, 부모 및 보호자들을 교육하고 조언한다. 줄리는 대학에서 심리학과 간호학을 공부하고 공인 학습 장애 간호사로 일하고 있다. 그녀는 1992년부터 보건, 사회복지, 교육 분야에서 일했고 2008년에 연구 박사학위를 받았다. 줄리는 두 명의 아이를 입양했는데, 그중 둘째 아이가 자폐증 진단을 받았다. 그녀는 여행에 대한 열정과 함께 국제적으로 집중적 상호작용 실행(practice)의 보급에 힘쓰고 있다.

그래함 퍼스 Graham Firth (BSc, MA Ed)

그래함 퍼스는 리드 파트너쉽 NHS 트러스트(Leeds Partnership NHS Trust)의 집중적 상호작용 프로젝트의 리더이다. 1980년대에 그래함은 영국 리즈(Leeds)의 학습 장애가 있는 성인을 위한 대형 관내 병원에서 6년간 간호 보조사로 일하다가 교사 커리어에 종사하기 위해 그곳을 떠났다. 초기에는 초등학교에서 몇 년간 일을 하였고, 그 후 매우 심각한 학습 장애를 가진 성인들을 가르쳤다. 그가 사회교육학에 만족하지 못하게 되면서, 그는 집중적인 상호작용을 자신의 주요 교육 전략으로 공식적으로 채택하였고 더욱 상호작용적으로 작업했다. 2003년 그는 리즈 파트너쉽 NHS 트러스트에 합류하여 다른 사람들의 집중적 상호작용 연습 및 서비스를 채택, 유지 및 개발할 수 있도록 지원하고 있다. 그는 현재 영국 인텐시브 인터렉션 뉴스레터(Intensive Interaction Newsletter) 및 리즈 파트너쉽 NHS 트러스트-인텐시브 인터렉션 웹페이지[Leeds Partnership NHS Trust-Intensive Interaction webpage(at www. leedspft.nhs.uk)]의 편집자이며, 트러스트 중중 도전행동 팀(Trust's Severe Challenging Behavior Team)의 일원이다.

탠디 해리슨 Tandy Harrison

탠디 해리슨은 케임브리지 대학 교육학과에서 교사 자격을 받았고 케임브리지 소재 칼리지 널서리 스쿨(Colleges Nursery School)에서 가르치면서 놀이, 상호작용 및 학습 장애에 대한 관심을 발전시켰다. 그녀에게는 조지, 루시라는 두 자녀가 있다. 그녀는 프리랜서 컨설턴트로 일하며 2009년 집중적 상호작용 코디네이터가 되었다.

줄스 맥킴 Jules Mckim (BSc, MSc)

줄스 맥킴은 옥스퍼드 건강 NHS 재단 트러스트(Oxford Health NHS Foundation Trust)의 집중적 상호작용 코디네이터이자 Intensive Interaction Institute의 일원이다. 그는 옥스퍼드서(Oxfordshire) 전역의 성인 학습 장애 팀에서 일하고 있으며 현재는 옥스퍼드서, 버킹검서(Buckinghamshire) 및 윌트셔(Wiltshire) 전역의 어린이 및 노인 서비스로 이 작업(연구)을 확장하고 있다. 주간 센터에서 보조 근무자로 시작한 이후, 줄스는 거의 20년 동안 주간 서비스에서 일했고 주거, 임시 서비스를 계속 지원했다. NHS 내에서 집중적인 상호작용의 사용과 이해를 개발하는 그의 작업은 2007년에 시작되었다. 특히 그의 관심 있는 분야는 언어를 사용하는 사람(people who are verbal)과 치매환자들과의 집중적 상호작용의 사용 및 돌봄 서비스 내에서의 마음챙김(mindfulness)이다.

아만딘 무리에르 Amandine Mouri'ere (BA, MA)

아만딘 무리에르는 학습 장애와 자폐증을 가진 아동과 성인을 대상으로 10년 동안 다양한 환경에서 일해왔다. 그녀는 학교에서 조교로 일하면서 자폐증에 깊은 관심을 갖게 되었고, 그 지점에서 집중적 상호작용을 알아냈다. 그녀는 집중적 상호작용 코디네이터 과정을 수행했고 집중적 상호작용 커뮤니티에서 매우 활발한 구성원이 되었다. 아만딘은 현재 프리랜서 자폐증 및 학습 장애 컨설턴트이자 인텐시브 인터렉션 인스티튜드(Intensive Interaction Institute)의 일원이다. 그녀는 데이브 휴이트와 함께 일하면서 연구와 출판을 계속하고 있다.

역자 소개

이경아

자폐성장애를 가진 아들과 가족의 삶을 이해하고자 특수교육학을 공부하여 정서행동장애 및 자폐성장애 전공으로 박사를 받고 부모상담과 자폐성장애 관련 영역에서 대학과 종사자 강의를 하고 있다. 청소년상담사 1급 자격을 취득하고 경계선지능, 학습 장애, 정서행동문제를 가진 아동과 청소년, 청년의 학교중재상담, 가족상담과 지역사회 지원을 17년 이상 하고 있으며 현재 도닥임아동발달센터를 운영하고 있다.

김희영

서강대학교 영어영문학과를 졸업하고 이화여자대학교에서 특수교육학 석사, 단국대학교에서 청각언어장애아교육 박사를 받았다. 언어재활사 1급으로 운영하고 있으며 '문장이 술술' 시리즈를 비롯해 언어치료자료를 출간하고 있다.

안유인

서울대학교 의류학과를 졸업하고 동대학원에서 복식미학으로 석사학위를 취득했다.
덕성여자대학교, 한남대학교 등에서 강단에 섰으며 현재 번역가로 활동하고 있다.

지적 장애와 자폐 아동을 위한
집중적 상호작용 핸드북
The Intensive Interaction Handbook, Second Edition

2024년   6월   20일   1판   1쇄   인쇄
2024년   6월   30일   1판   1쇄   발행

엮은이 • Dave Hewett
옮긴이 • 이경아 · 김희영 · 안유인
펴낸이 • 김진환
펴낸곳 • ㈜ **학지사**

　　　　04031 서울특별시 마포구 양화로 15길 20 마인드월드빌딩
대표전화 • 02-330-5114　　팩스 • 02-324-2345
등록번호 • 제313-2006-000265호

홈페이지 • http://www.hakjisa.co.kr
인스타그램 • https://www.instagram.com/hakjisabook

ISBN 978-89-997-3105-1 93180

정가 23,000원

출판미디어기업 **학지사**

간호보건의학출판 **학지사메디컬** www.hakjisamd.co.kr
심리검사연구소 **인싸이트** www.inpsyt.co.kr
학술논문서비스 **뉴논문** www.newnonmun.com
교육연수원 **카운피아** www.counpia.com
대학교재전자책플랫폼 **캠퍼스북** www.campusbook.co.kr